解码
智能汽车

车百智库◎编

Decoding
Intelligent
Vehicle

人民邮电出版社
北京

图书在版编目（CIP）数据

解码智能汽车 / 车百智库编. -- 北京 ：人民邮电
出版社，2025. -- ISBN 978-7-115-66892-9

Ⅰ. F407.471

中国国家版本馆 CIP 数据核字第 20251H2K98 号

内 容 提 要

  本书系统梳理了汽车智能化的整体现状与趋势，从背景、功能和产业 3 个层面分别进行
了深入分析。在背景层面，本书探讨了推动汽车智能化的关键因素，包括政策支持、市场需
求变化以及产业生态的转变。在功能层面，本书详细介绍了智能驾驶、智能座舱等关键技术
的应用现状与发展趋势。在产业层面，本书聚焦智能化关键零部件，分析产业链中的关键环
节和潜在瓶颈。针对智能化主题，本书创新性地展望了 2030 年全球汽车智能化的发展趋势。
通过预测未来的市场格局和技术突破，展示了未来汽车发展的新生态与新格局。书中提出了
多项具体的发展建议，旨在帮助行业参与者更好地应对挑战，抓住机遇，推动汽车产业向更
加智能、高效和可持续的方向发展。

  本书适合从事智能化汽车及其上下游产业的战略研究、市场营销和企业技术管理的专业
人士，以及科技和产业决策人员阅读。此外，本书也可给相关专业的学生及所有对汽车智能
化感兴趣的读者提供参考。

◆ 编　　　　车百智库
　　责任编辑　陈灿然
　　责任印制　王　郁　胡　南

◆ 人民邮电出版社出版发行　　北京市丰台区成寿寺路 11 号
　　邮编　100164　电子邮件　315@ptpress.com.cn
　　网址　https://www.ptpress.com.cn
　　北京天宇星印刷厂印刷

◆ 开本：720×960　1/16
　　印张：23　　　　　　　　　2025 年 4 月第 1 版
　　字数：252 千字　　　　　　2025 年 4 月北京第 1 次印刷

定价：119.00 元

读者服务热线：(010)81055410　印装质量热线：(010)81055316
反盗版热线：(010)81055315

编委会

前　言

　　全球汽车产业正在向智能化方向转型。我国汽车产业智能化发展领跑全球，2024 年上半年的新车市场数据显示，我国智能座舱的渗透率超过 70%，高阶智能驾驶的渗透率则达到 11%，这两项指标均高于全球平均水平，并且呈现出加速提高的趋势。随着技术的不断进步与成本的逐步降低，智能座舱正在向 AI 化方向发展，集成更多的 AI 功能，为用户提供更加个性化和人性化的体验；智能驾驶技术也在迅速发展，不仅提高了自动驾驶系统的可靠性和安全性，还持续优化了驾驶体验。这些变化将极大地改善整车的用户体验，并重塑汽车产业的竞争格局。

　　本书系统地梳理了汽车智能化的整体现状与发展趋势，从背景、功能和产业 3 个层面分别进行了深入分析。在背景层面，本书探讨了推动汽车智能化的关键因素，包括政策支持、市场需求变化以及产业生态的转变。在功能层面，本书详细介绍了智能驾驶、智能座舱等关键技术的应用现状与发展趋势。在产业层面，本书聚焦智能化关键零部件，分析了产业链中的关键环节和潜在瓶颈。

　　本书不仅对汽车智能化的整体现状进行了全面剖析,还针对智能化主题,创新性地展望了 2030 年全球汽车智能化的发展趋势,通过预测未来的市场格局和技术突破,展示了未来汽车产业发展的新生态与新格局。书中提出了多项具体的发展建议,旨在帮助行业参与者更好地应对挑战,抓住机遇,推动汽车产业向更加智能、高效和可持续的方向发展。

　　由于编者水平有限,书中难免有疏漏之处,恳请广大读者提出宝贵意见。

车百智库

2025 年 3 月

目　录

01

第一章

智能汽车进入加速发展新阶段

汽车产业在快速发展中，正向智能化转型。在传统燃油车时代，竞争主要围绕底盘和发动机等硬件展开；在电动汽车时代，电池、电机、电控系统等电动化技术成为核心竞争力。如今，随着人工智能（Artificial Intelligence，AI）的兴起，智能化已经成为企业在市场中竞争的关键，特别是对于一些年轻消费者，智能驾驶与智能座舱的吸引力超过了续驶里程等传统因素。同时，我国汽车产业正成为全球智能汽车产业创新的中心，随着创新技术的应用，智能化的迭代速度显著加快。在智能化趋势下，车企的竞争要素正转向软硬件集成能力，如何提升用户体验和技术创新成为产业竞争点。跨界企业在智能汽车产业中扮演着重要角色。随着信息与通信技术（Information and Communication Technology，ICT）的进步，传统汽车产业与互联网、消费电子和通信等产业的融合为汽车产业带来了创新的动力。国内来自其他行业的造车新势力通过精准的用户定位和软件开发改变了汽车产业的竞争格局，互联网、通信类企业则带来了快速需求响应、数据驱动创新能力。未来，随着电动化、智能化和网联化进程的加速，汽车产业将形成新型服务体系，包括充电、车辆数据服务等，进一步拓展市场。

第一节　智能化成为汽车产业竞争焦点

汽车产业竞争正在进入快速迁移阶段。根据动力形式、智能化水平、汽车产业发展可分为三个阶段。第一阶段是 19 世纪、

20 世纪的燃油车时代，底盘、发动机、内燃机是汽车产业竞争的关键技术。历经百年，形成了以欧洲、美国、日本为主导的世界汽车产业竞争格局，并成就了丰田（日本）、大众（德国）、现代（韩国）、起亚（韩国）、通用（美国）等汽车年销量超过 500 万辆的大型跨国企业。第二阶段是 21 世纪汽车产业逐渐步入新能源时代。电动化主导的新的技术路线改变了全球汽车产业的发展格局，电池、电机、电控系统成为新的竞争关键技术。在这一阶段中，我国的车企和电池厂商迅速崛起，2023 年比亚迪新能源汽车销量超过 300 万辆，成为全球第一；2024 年上半年，宁德时代、比亚迪、中创新航、亿纬锂能、国轩高科 5 家动力电池厂商进入全球销量前十。第三阶段是电动化变革尚未完成的情况下智能化、AI 化变革加速推进。在这一阶段中，汽车产业的竞争格局发生了新变化，中国成为最活跃、最庞大的智能汽车创新市场，芯片、激光雷达、智能座舱等智能化零部件和智能驾驶等智能化功能快速迭代，并在市场侧取得很大成功。尤其是 2023 年以来，汽车产业与以大算力、大数据、大模型为代表的 AI 加速融合。在智能驾驶领域，基于数据驱动的端到端智驾方案大幅提升技术上限和缩短迭代周期，实现智驾研发的"工业革命"，让突破长尾场景和边缘场景成为可能；在智能座舱领域，AI 大模型的应用正颠覆用户体验，推动汽车座舱成为消费者在家、职场外的第三空间，形成基于汽车的原生"好玩"体验。

在产业层面，汽车产业竞争焦点正加速从电动化转向智能化。随着国内汽车电动化转型进入规模化发展阶段，电动化已逐步成为企业基本能力，且不再能够决定产品的差异化水平。而现阶段差异化显著的智能驾驶、智能座舱等智能化功能成为车企布局焦点，比亚迪、长安汽车、奇瑞汽车等车企均将智能化作为 2025年及之后的重要发展战略。此外，在零部件层面，与汽车芯片、操作系统、感知零部件、智能驾驶和智能座舱解决方案等有关的智能化软硬件供应商均加大布局力度，尤其是在高速领航辅助驾驶（Navigate On Autopilot，NOA）、城市 NOA 及基于 AI 大模型的智能座舱等领域，国内企业已走在行业技术创新和推广应用前列。

在用户层面，智能化功能成为消费者购车关注的核心因素。过去消费者关心的续驶里程、拥车成本等购车影响因素几乎已不再是决定性因素，而是转向了智能驾驶、智能座舱等智能化功能。尤其是在年轻消费者中，超四成"Z 世代"消费者会将智能驾驶水平作为购车时的重要考量因素，且已完成由"能不能用"到"好不好用"的转变。消费者愿意为颠覆性功能和体验支付额外费用，比如 90% 的消费者愿意为高阶智能驾驶服务额外付费；30% 的消费者甚至愿意为此支付 1 万元以上的额外费用。

第二节　智能汽车行业的竞争点转向智能化软硬件

智能汽车行业的竞争点正在从传统的硬件性能转向智能化关键软硬件的整合能力和技术创新。在传统燃油车时代，汽车的核心竞争力更多依赖于动力总成、底盘和外观设计等传统硬件方面；在电动汽车时代，汽车的核心竞争力则是电机、电池、电控系统等关键"三电"部件；在智能汽车时代，汽车已逐步从单纯的交通工具转变为智能终端，强调软硬件的深度协同与新技术的集成，软硬件集成的能力成为汽车行业竞争的关键点。

在汽车智能化进程中，硬件是基础，软件决定功能与用户体验。智能驾驶系统的传感器（如摄像头、激光雷达等）、处理器芯片以及执行系统（如电机和控制器）等硬件，构成了汽车感知周围环境和实现自动驾驶的基础。但仅靠硬件无法实现复杂的智能应用，必须依靠软件算法才能实现路径规划、环境识别和驾驶决策等高级功能。智能座舱系统（如增强现实导航、语音助手、车内娱乐系统等）取决于硬件（如屏幕、语音麦克风、车机芯片等）和软件（如用户界面设计、语音识别算法等）的高度协作，如果软硬件优化不当，用户会感受到响应迟钝、体验不流畅等问题，直接影响用户满意度。这种软硬件结合的技术创新直接决定着汽车厂商在汽车智能化赛道的竞争力。

智能化技术的快速迭代正加速重塑汽车产业链格局。智能汽车的发展不仅依赖单点技术的突破，更要求车企具备系统集成能力，车企需要与智能化核心软硬件（如芯片、操作系统、传感器等）供应商深度合作，共同完成整合。传统车企以往通常注重硬件研发，软件研发能力较弱，面对智能化浪潮和新的竞争态势，这些企业积极布局软硬件协同开发，如大众设立软件子公司 CARIAD；丰田构建 Arene 软件平台；奔驰则以"软件驱动"为核心，专注于 MB.OS 操作系统的研发。造车新势力，如特斯拉、小鹏、蔚来、理想等，通过软硬件一体化设计，摆脱了传统车企"硬件外包、软件分散"的模式，从架构层面提升了车辆的智能化水平。以特斯拉为例，其自研的整车架构与 OTA（Over the Air，空中激活）

功能使汽车能够持续迭代、优化。

　　未来智能汽车行业将呈现动态化和生态化的发展趋势。车企之间的竞争将不再局限于传统的硬件性能比拼，而是转向软硬件一体化能力的较量。开源操作系统、自动驾驶算法、云计算平台等关键技术将成为各企业抢占技术制高点的重要战场。同时，企业合作将更加紧密，车企、科技公司、供应链上下游企业之间的协作边界变得模糊，汽车生态逐渐从"工具"向"平台＋服务"演进。

第三节　跨界企业是重要参与者

　　跨界融合发展是实现汽车强国的重要途径。跨界融合发展可以确保汽车产业走稳网联化、智能化和出行服务创新的道路。当前我国新能源和智能网联汽车产业正在不断地发展壮大，传统燃油车产业链不涵盖电动化、网联化、智能化等新领域、新产业、新技术，单一行业或企业无法完全承载该发展。互联网、消费电子、通信等行业的跨界新力量与传统车企具有天然且极强的互补性。在网联化、智能化阶段，汽车产业与其他行业发挥各自的优势，融合发展才能激发内生动力，推动自主品牌创新、产业整体转型升级。

　　智能汽车的竞争也是国家间的竞争。美国、日本、中国等工业大国纷纷制定国家战略，推动汽车产业的发展。当前智能汽车正处于技术快速演进、产业加速布局的商业化前期阶段。只有准确把握汽车发展新形势，通过融合发展抢抓

汽车发展新机遇，才能逐步解决智能汽车关键技术空心化
问题。

在智能汽车涉及的多个产业中，我国具有显著优势。在 ICT
领域，我国正处于世界第一梯队，并培育壮大了一批国际领军
企业，如华为、百度、阿里巴巴、滴滴等。在 AI 领域，2020
年，我国 AI 产业规模为 5080 亿元，同比增长 18%[1]。我国拥有
267.4 万余家 AI 类企业[2]，正式迈入全球第一梯队，过去十年我
国 AI 专利申请量位居世界第一。百度发挥在搜索领域积累的深
度学习技术、语音识别技术、自然语言处理技术优势，推出自动
化驾驶出租车（Robotaxi）出行服务、文心一言；阿里云发挥云
计算、AI 视觉识别和数据技术优势，推出智慧交通大脑；滴滴
拓展出行平台服务至城市交通管理。在网络通信领域，我国已建
成全球最大的 4G 和 5G 独立组网网络，截至 2024 年底 5G 基站
总数量突破 420 万个，5G 标准必要专利声明数量保持全球领先。
5G 商用进程加快推进，华为和大唐已开发商用芯片，多家车企
均积极表示支持，应用实践的领先帮助我国在 C-V2X 标准的制
定过程中具备话语权。科技企业通过赋能传统汽车产业的合作方
式，将"自主创新"基因带入汽车领域，支撑我国汽车智能化、
网联化的高速发展。

跨界融合企业具备推动我国汽车产业发展的优势。ICT 已经
成为汽车产业颠覆性创新的主要驱动力量。汽车产业正向电动化、
智能化、网联化、数字化高速发展，以物联网、云计算、边缘计

1　数据由中国信息通信研究院测算。

2　数据来源于天眼查。

算、大数据、AI 为代表的 ICT 正在促进车联网、智能驾驶、智能座舱、智慧出行、智慧交通等丰富的智能网联应用快速普及。一是基于深度学习的 AI 技术的应用，形成了包括智能座舱内的语音识别、手势识别、驾驶员监控等汽车智能化的技术基础，并为智能驾驶提供决策能力。二是基于 5G、C-V2X 的车联网通信，为车辆提供实时、全面的外部信息，加速无人驾驶的实现。三是在 AI、生物识别、AR/VR 等 ICT 加持下，智能座舱内的空间将充满想象力，成为能聚合不同场景的移动第三空间。四是通过物联网和车联网技术，从车上和路上可以获得更多数据，以及通过大数据和 AI 为智慧出行和智慧交通提供更便捷、高效的出行方案和更优的交通规划建设。

造车新势力是我国汽车产业的跨界先锋。在我国新能源汽车产业起步阶段，国内外造车新势力给汽车产业注入了新的基因、新的理念、新的思维和新的技术，特斯拉、比亚迪、蔚来、理想、小鹏等加速了汽车产业变革。造车新势力引领"软件定义汽车"，通过实现 OTA 在线功能升级和软件自研不断进步，以智能化定位打造差异化卖点。这些造车新势力靠精准定位用户群体，先形成小范围"粉丝"消费，后实现销量的持续攀升。造车新势力的成功为产业跨界融合提供了丰富的经验和极大的信心。我国互联网企业能更好地把握和满足本土消费者的诉求。

我国互联网行业具有快速发展和活跃多变的特点。一方面，我国消费者更愿意接受新兴应用，但需求变化非常快。以智能手机 App 下载安装和使用数据为例，我国 43% 的 App 仅被使用一次，美国这一比例只有 25%；我国仅有 15% 的 App 能被使用超过 10 次，相比之下美国达到 37%。此外，很多新应用和服务在我国的渗透速度超过美国。同时，我国移动支付、即时通信、移动出行、短视频服务在本土市场的渗透率高于美国。另一方面，腾讯、阿里巴巴、爱奇艺、字节跳动等国内互联网企业对网民的心理状态、诉求有深入的理解，产品开发策略也高度适应用户需求变化。这些互联网企业在快速需求响应、数据驱动创新方面具备优势，能满足新消费群体对未来汽车"千人千面"的极致需求。

跨界融合为汽车带来新商机和新增长极。"软件定义汽车"时代加速到来，形成新软件生态。一是操作系统供应商在汽车智能化转型过程中扮演着重要角色，操作系统是承载所有软件、应用、服务和商业模式创新的软件基础设施。二是车企需要完整的研发、设计和测试软件工具链，以完成应用基础软件的自动集成，为多种不同场景的驾驶应用提供支持，这包括ECU软件的测试和验证、自动驾驶系统（Autonomous Driving System，ADS）的仿真测试等。三是软件体系差异化成为汽车价值差异化的关键。未来主机企业很有可能以接近成本的价格销售汽车，主要通过软件为用户提供价值。在初期新能源车企出售自动驾驶软件包，在中期软件功能将向智能手机功能靠拢，在后期自动驾驶系统解放驾驶员双手之后将扩展更多应用场景和实现更多附加功能，从而逐步扩大汽车的软件增值服务市场空间。2030年，汽车软件市场规模将攀升至840亿美元，全球汽车市场中，软件部分占比将达到30%，较2016年提升近3倍[1]。

1　数据来源于美国麦肯锡全球研究院。

汽车产业将衍生出车辆全生命周期的新型服务体系。电动化进程促进了充电换电、电池回收、电池租赁等围绕动力系统的全生命周期服务的诞生。完全自动驾驶落地后将加快无人驾驶出行、无人配送、车辆运营服务规模化。在汽车成为移动智能终端后，车企通过获取驾驶员行为数据，利用大数据、机器学习等技术系统地生成针对座舱和驾驶场景的各类衣食住行服务的智能化推送。服务公司通过高精地图、自动驾驶数据仿真、云计算与控制平台，为车企提供工具链、数据管理、定位等核心技术，支持其自动驾驶技术能高效率、低成本和规模化落地。

02

第二章

智能驾驶

　　智能驾驶系统通过多种传感器感知周围环境，并结合地图与定位信息，采用先进的算法进行环境理解、路径规划和驾驶决策，从而实现车辆的部分或完全自动驾驶，其目标是提升驾驶的安全性和便利性。智能驾驶按照驾驶员与车辆在操控中的分工，划分为 L0 至 L5 共 6 个级别，其中 L0 ～ L2 以"人驾"为主，归类为辅助驾驶；L3 及以上级别以"车驾"为主，归类为自动驾驶。近年来，随着感知技术的持续突破、算法的快速迭代升级、芯片算力的显著提升以及硬件成本的不断下降，智能驾驶正进入快速普及和商业化阶段。L2 及以下级别的智能驾驶渗透率增长迅速，同时高速或高架 NOA、城市 NOA 等高阶功能正在由"能用"向"好用"方向演进，为用户带来更加便捷的体验。L3、L4 级别的自动驾驶已进入特定场景示范运行，例如无人驾驶出租车（Robotaxi）、无人物流配送、自主代客泊车（Automated Valet Parking，AVP）等，部分场景已实现商业化落地。智能驾驶技术正从小规模应用走向大规模商业应用，行业生态正处于高速发展与变革时期。

第一节　汽车智能驾驶分级

一、国际汽车智能驾驶等级划分

　　目前，国际公认的汽车智能驾驶技术分级标准由美国国家公路交通安全管理局（National Highway Traffic Safety Administration，NHTSA）和国际自动机工程师学会（Society of Automotive Engineers，SAE）提出，在 SAE 制定的最新修订版 SAE J3016（TM）《标准道路机动车驾驶自动化系统与定义》标准中为车辆驾驶自动化定义了 6 个级别，即从无驾驶自动化（L0）到完全驾驶自动化（L5）（见表 2-1）。

表 2-1　美国驾驶自动化等级划分

	等级	名称	DDT		DDT 后援	ODD
			持续的车辆横向和纵向运动控制	OEDR		
驾驶员支持	L0	无驾驶自动化	驾驶员	驾驶员	驾驶员	无
	L1	驾驶辅助	驾驶员和驾驶自动化系统	驾驶员	驾驶员	有限制
	L2	部分驾驶自动化	驾驶自动化系统	驾驶员	驾驶员	有限制
自动驾驶	L3	有条件驾驶自动化	驾驶自动化系统	驾驶自动化系统	DDT 后援用户	有限制
	L4	高度驾驶自动化	驾驶自动化系统	驾驶自动化系统	驾驶自动化系统	有限制
	L5	完全驾驶自动化	驾驶自动化系统	驾驶自动化系统	驾驶自动化系统	无限制

注：信息来源于 NHTSA，由中国电动汽车百人会车百智库汽车产业研究院整理。

（1）L0（无驾驶自动化）：由驾驶员执行整个动态驾驶任务（Dynamic Driving Task，DDT），即使在主动安全系统的加持下也是如此。

（2）L1（驾驶辅助）：由驾驶自动化系统持续并针对设计运行范围（Operational Design Domain，ODD）执行 DDT 的车辆横向或纵向运动控制子任务，再由驾驶员执行 DDT 的剩余部分。

（3）L2（部分驾驶自动化）：由驾驶自动化系统持续并针

对 ODD 执行 DDT 的车辆横向和纵向运动控制子任务，再由驾驶员完成目标和事件探测与响应（Object and Event Detection and Response，OEDR）子任务并监测驾驶自动化系统。

（4）L3（**有条件驾驶自动化**）：在 ODD 内 ADS 持续执行整个 DDT，当超出 ODD 以及车辆系统中与 DDT 性能有关的系统故障时，由 DDT 后援用户接收 ADS 发出的预请求，并做出适当的响应。

（5）L4（**高度驾驶自动化**）：由 ADS 持续并针对 ODD 执行整个 DDT 和 DDT 接管。

（6）L5（**完全驾驶自动化**）：由 ADS 持续和无条件地（即不针对 ODD）执行整个 DDT 和 DDT 接管。

二、我国智能汽车等级划分

我国于 2022 年 3 月 1 日起实施的《汽车驾驶自动化分级》是智能网联汽车标准体系的基础标准，它规定了汽车驾驶自动化分级遵循的原则、分级要素、各级别定义和技术要求。该标准参照国际共识，结合我国国情，基于驾驶自动化系统能够执行 DDT 的程度，根据在执行 DDT 中的角色分配以及有无设计运行条件限制，将驾驶自动化分为 0～5 级。其中，0～2 级为驾驶辅助，即系统辅助人类执行 DDT，驾驶主体是驾驶员；3～5 级为自动驾驶，即系统在设计运行条件下代替人类执行 DDT，当功能激活时，驾驶主体是系统。

（1）**0 级驾驶自动化（应急辅助）**：驾驶自动化系统不能持续执行 DDT 中的车辆横向或纵向运动控制，但具备持续执行 DDT 中的部分 OEDR 的能力。0 级驾驶自动化不是无驾驶自动化，驾驶自动化系统仍然可以感知环境，并提供提示信息或短暂介入车辆控制以辅助驾驶员避险，包括车道偏离预警（Lane Departure Warning，LDW）、前向碰撞预警（Forward Collision Warning，FCW）、自动紧急制动（Autonomous Emergency Braking，AEB）等应急辅助功能。

（2）1级驾驶自动化（部分驾驶辅助）： 驾驶自动化系统在其设计运行条件下持续地执行DDT中的车辆横向或纵向运动控制，且具备与所执行的车辆横向或纵向运动控制相适应的部分OEDR的能力。典型的功能为制动防抱死系统（Anti-lock Brak System，ABS）、电子稳定系统（Electronic Stability Program，ESP）等。

（3）2级驾驶自动化（组合驾驶辅助）： 驾驶自动化系统在其设计运行条件下持续地执行DDT中的车辆横向和纵向运动控制，且具备与所执行的车辆横向和纵向运动控制相适应的部分OEDR的能力。与1级驾驶自动化的差别在于，2级驾驶自动化同时控制车辆横向和纵向运动。典型的功能包括自适应巡航控制（Adaptive Cruise Control，ACC）、交通拥堵辅助（Traffic Jam Assist，TJA）、自动泊车辅助（Automatic Parking Assist，APA）等。

（4）3级驾驶自动化（有条件自动驾驶）： 驾驶自动化系统在其设计运行条件下持续地执行全部DDT。预备的接管者可以是驾驶员，也可以是乘客或者远程驾驶员。在接管请求未及时得到响应时，驾驶自动化系统适时采取降低风险的措施。

（5）4级驾驶自动化（高度自动驾驶）： 驾驶自动化系统在其设计运行条件下持续地执行全部DDT并自动执行最小风险策略。当系统发出接管请求时，若用户无响应，系统具备自动达到最小风险状态的能力。

（6）5级驾驶自动化（完全自动驾驶）： 驾驶自动化系统在任何可行驶条件下持续地执行全部 DDT 并自动执行最小风险策略。当系统发出接管请求时，用户可不进行响应，系统具备自动达到最小风险状态的能力。5级驾驶自动化在车辆可行驶环境下没有 ODD 的限制。

驾驶自动化等级的划分取决于车辆控制、监控以及驾驶任务是由驾驶员执行的还是由系统执行的。根据不同等级驾驶自动化的定义，不同等级驾驶自动化有不同的驾驶辅助功能或自动驾驶功能（见表2-2）。

表 2-2   不同等级驾驶自动化的功能

驾驶自动化等级	功能
0级	FCW、AEB、变道辅助（Lane Change Assist，LCA）、车门开启预警（Door Open Warning，DOW）、交通标志识别（Traffic Sign Recognition，TSR）、前方穿行交通预警（Front Cross Traffic Alert，FCTA）、车距检测预警（Headway Monitoring Warning，HMW）
1级	ACC、车道保持辅助（Lane Keeping Assist，LKA）、ABS、自动变道辅助（Auto Lane Change，ALC）、行人自动紧急制动（Autonomous Emergency Braking for Pedestrians，AEBP）、车速辅助系统（Speed Assistance System，SAS）、定速巡航（Cruise Control，CC）、车道偏离干预（Lane Departure Prevention，LDP）
2级	APA、自动驶出车位（Automated Parking-Out）、远程泊车辅助（Remote Parking Assist，RPA）、TJA、高速公路辅助（Highway Assist，HWA）、集成式巡航辅助（Integrated Cruise Assist，ICA）、集成式自适应巡航控制（Integrated Adaptive Cruise Control，IACC）
3级	交通拥堵领航（Traffic Jam Pilot，TJP）、高速驾驶领航（Highway Pilot，HWP）、城市场景领航（City Pilot）
4级	自主代客泊车（Automated Valet Parking，AVP）、高度驾驶自动化（High Driving Automation，HDA）
5级	完全驾驶自动化（Full Driving Automation，FDA）

第二节　辅助驾驶技术进入加速渗透阶段

一、辅助驾驶技术的发展现状

辅助驾驶通常指 L3 以下的驾驶自动化，包括 L0、L1、L2、L2+ 和 L2++，其中 L2+（或 L2.5）、L2++（或 L2.9）在 L2 的基础上增加了高速或高架 NOA 和城市 NOA 功能，通常被称为高阶智驾。

辅助驾驶技术正在进入加速渗透阶段。在供给方面，智驾软硬件加速迭代推动体验升级。激光雷达、摄像头、毫米波雷达等硬件的性能不断优化，成本持续下降；车载计算平台（如英伟达 Orin、华为 MDC）提供强大算力支撑；AI 大模型算法不断加强，让车辆对复杂场景的感知、决策、执行能力进一步增强。在需求方面，消费者对汽车智能化的需求不断上升，对智能辅助驾驶功能（如自适应巡航控制、自主代客泊车）接受程度大幅提高，特斯拉、鸿蒙智行等品牌的推广也在提升用户熟悉度与信任度。在我国，汽车智能化程度已成为影响消费者购买新能源汽车排名第二的因素，超过 60% 的购买者将辅助驾驶作为选车的重要参考指标（见图 2-1）。在这一趋势下，我国 L2 及以上级别的辅助驾驶技术渗透率快速增长，从 2021 年的 23.5% 快速增长至 2024 年上半年的 55.7%（见图 2-2）。

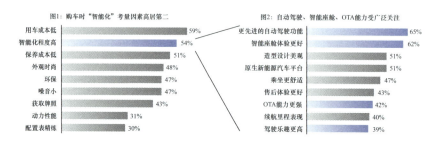

图2-1 中国消费者购车中自动驾驶重要性

注：信息来源于麦肯锡，由中国电动汽车百人会车百智库汽车产业研究院整理。

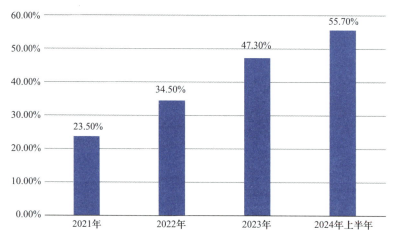

图2-2 2021—2024年上半年我国L2及以上级别的辅助驾驶技术渗透率

注：信息来源于中华人民共和国工业和信息化部，由中国电动汽车百人会车百智库汽车产业研究院整理。

中美高阶智驾技术应用领先，欧洲强于传统方案整合。 美国引领高阶智驾技术发展，特斯拉量产车型搭载技术从传统基于规则式到端到端技术路线持续带动行业创新；英特尔子公司 Mobileye 是全球中低阶智驾方案领导者。我国正快速追赶，在高阶智驾方案方面，华为、小鹏、Momenta、元戎启行等公司已实现基于端到端技术路线的高阶智驾方案上车；在中低阶智驾方案方面，福瑞泰克、佑驾创新、智驾科技等提出的国产解决方案也已批量上车。同时，我国高阶智驾方案正走向全球化，华为、Momenta 等企业正与奥迪、丰田等跨国企业开展高阶智驾方案研发合作。欧洲企业在 L0 至 L2 的中低阶智驾方案方面具有优秀的系统集成能力，博世、大陆集团等结合零部件提供智驾整合方案，如博世结合刹车系统提供 AEB 解决方案。

二、辅助驾驶技术的发展趋势

低阶辅助驾驶技术逐步成为标配。随着全球主要国家和地区加速推动关于主动安全的政策、法规，特别是日本和欧盟已将 AEB 列为强制配置，美国也在研究将其纳入联邦机动车安全标准，我国虽然尚未强制要求配置但已发布 AEB 的推荐性国家标准，以及全球主要汽车测试体系如欧洲 E-NCAP、美国 IIHS 及中国 C-NCAP 对 AEB 相关测试场景要求不断强化，这些因素共同推动了 AEB 市场需求的持续增长，结合 AEB 及相关 L1 的低阶辅助驾驶技术逐渐成为新车标配。

高阶智能驾驶技术加速渗透。随着技术路线的逐渐清晰，消费者重视程度提升，高阶智驾正加速普及。到 2024 年上半年，在我国 L2+ 及以上级别的辅助驾驶中，高速 NOA 与城市 NOA（不包含既具备高速 NOA 又具备城市 NOA 功能的车型）的渗透率已分别达到 7.6%、3.4%，合计渗透率达 11%，相较于 2022 年实现了超过 160% 的增长。中低价位车型正加速应用高阶智能驾驶技术。从价位来看，高阶辅助驾驶技术在 20 万元～ 30 万元车型中普及率较高，但随着行业竞争加剧，厂商正加速开发高阶智驾功能用于低价位车型。如在供应商方面，卓驭科技（原大疆车载）推出 7 V+32 TOPS 方案，在支持 L2+（高速或高架 NOA）功能的基础上，将整体硬件成本控制在 3000 元以内；在车企方面，支持城市 NOA 的广汽埃安 AION RT 的起售价仅为 15.28 万元，小鹏 MONA 系列的价格更是低至 15.58 万元，而支持高速或高架 NOA 的比亚迪海欧智驾版的起售价降至 7.88 万元。预计到 2030 年，我国 L3 及以上级别的高阶辅助驾驶技术渗透率有望接近 30%（见图 2-3）。

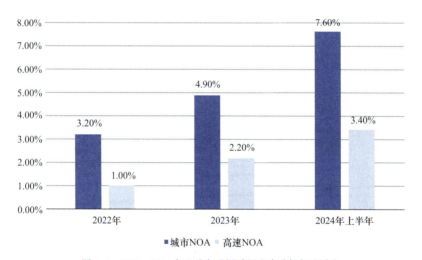

图 2-3　2022—2024 年上半年我国乘用车高阶智驾渗透率

注：信息来源于佐思汽研，由中国电动汽车百人会车百智库汽车行业研究院整理。

端到端技术路线推动高阶辅助驾驶用户体验升级。端到端技术路线在智能驾驶中是指通过 AI 和深度学习技术，从数据输入到决策输出的全过程由一个统一的模型直接完成，而不是依赖于传统的多模块（如感知、定位、规划、控制等模块）分工。这种技术路线能够高效利用数据，减少信息损失，提升系统的适应性和鲁棒性，从而优化智能驾驶和用户体验，让驾驶员像"老司机"中的"好司机"；对极端场景覆盖能力好，但也对智驾算法、芯片算力提出了很高要求。当前主要车企已开展端到端技术路线布局，如特斯拉 2024 年 1 月向北美用户正式推送 FSD V12，成为首个在量产车型上实现端到端技术路线落地的公司；国内供应商与车企正加速技术落地，如华为、Momenta、元戎启行等供应商，以及理想、小鹏、智己汽车等车企已实现端到端技术路线智驾上车，正加速产品迭代。

第三节　高阶自动驾驶技术实现区域示范

一、无人驾驶出租车：加速无人化、规模化、商业化落地探索

我国已从技术探索阶段进入商业化落地示范阶段。自 2018 年 2 月起，百度、小马智行等公司组建了无人驾驶出租车车队，成为较早开展公开道路自动驾驶测试的公司。2019 年 1 月，北京市自动驾驶测试管理联席工作小组发布首批 T4 级别自动驾驶测试牌照，百度成为我国第一家获得此级别牌照的企业。2019 年 9 月，武汉市交通部门向百度、海梁科技、深兰科技等 3 家公司颁发了自动驾驶车辆商用牌照，该牌照的颁发意味着获牌企业可以在特定区域内开展载人自动驾驶探索。2022 年国内以商业化探索为主，4 月小马智行宣布中标广州市南沙区 2022 年出租车运力指标，这是国内首个颁发给自动驾驶企业的出租车经营许可；北京市发放"无人化示范应用道路测试"通知书，百度和小马智行成为首批获准的企业，百度旗下的自动驾驶出行服务平台萝卜快跑和小马智行正式开启无人化自动驾驶出行服务。2022

年 8 月，重庆、武汉两地率先发布自动驾驶全无人商业化试点政策，并向百度发放全国首批无人化示范运营资格，允许车内无安全员的自动驾驶车辆在社会道路上开展商业化服务。2023 年，深圳实施国内首个自动驾驶地方性法规，北京、广州、成都也将立法列入工作计划；武汉成为国内首个实现城区市区到机场间的自动驾驶出行接驳服务的城市（见表 2-3）。

表 2-3　国内主要城市探索自动驾驶的关键时间节点

城市	开放载人道路测试	发放自动驾驶路测牌照	示范应用扩大	发放自动驾驶商用车测试牌照	发放自动驾驶出租车牌照
北京	2019.12	2019.12	2022.04	2021.07	2022.04
上海	2019.09	2019.09	2020.07	2021.08	—
广州	2018.12	2019.06	2021.07	—	2022.04
深圳	2020.07	2018.05	—	—	—
武汉	2018.12	2020.01	2021.11	2019.09	—
长沙	2019.09	2018.10	2021.04	—	2022.04
重庆	2021.12	2018.04	2021.12	—	—
成都	—	2022.02	—	—	—
合肥	2019.07	2020.08	—	—	—
南京	2020.12	2020.12	—	—	—
杭州	2019.05	2018.09	—	—	—
沧州	2019.11	2019.10	—	—	—

注：数据来源于公开资料、中金资本，由中国电动汽车百人会车百智库汽车产业研究院整理。

美国企业的商业化落地进程较我国略快。自 2017 年起，Waymo 一直在美国凤凰城测试自动驾驶汽车。2018 年 10 月，Waymo 成为全球首家获得美国加利福尼亚州许可、在无驾驶员的情况下进行无人驾驶车辆测试的公司。2018 年年末，其对外推出名为 Waymo One 的有限场景下的公共网约车服务，但驾驶位仍然有安全员，以应对自动驾驶系统无法应对的场景。2019年 10 月，Waymo 宣布将取消无人驾驶车辆的安全员，通过远程控制为车辆提供应对突发状况的保障。2021 年 9 月 30 日，美国加利福尼亚州机动车管理局向 Waymo 和 Cruise 颁发了无人驾驶出租车收费许可。

各城市加速开放多区域、多等级测试道路。 截至 2021 年底，北京、广州、上海、深圳等城市累计开放超过数千千米的测试道路（见表 2-4），并覆盖多个应用场景。

表 2-4　2021 年国内主要城市自动驾驶的相关路测情况 1

城市	测试范围和里程	投放车辆	主要的测试及运营公司
北京	6 个区、278 条、1028 千米	170 辆	百度、蔚来、小马智行、滴滴、奥迪、四维图新等 16 家
上海	615 条、1290 千米	295 辆	滴滴、上汽、AutoX、百度、丰田等 25 家
广州	6 个区、135 条、758 千米	142 辆	小马智行、文远知行、AutoX、百度等 11 家
深圳	9 个区、103 条、145 千米	22 辆	百度、AutoX 等 6 家
武汉	经开区、15 条、321 千米	53 辆	文远知行、元戎启行、百度等
长沙	湘江新区、48 条、130 千米	45 辆	百度、深兰科技等 5 家

注：数据来源于中金资本，由中国电动汽车百人会车百智库汽车产业研究院整理。

路测表现更好的公司，其无人驾驶出租车业务商业化推进速度更快（见表 2-5）。 一方面，百度、小马智行、滴滴等企业向

1　数据来源于各城市 2021 年智能网联汽车道路测试报告。

多个城市部署自动驾驶出租车服务；另一方面，大多数企业的测试车辆超过几百辆、测试里程已突破千万千米。

表 2-5   部分自动驾驶公司的无人驾驶出租车业务商业化进展

公司	成立时间	总部	路测车辆／辆	路测里程／万千米	路测城市／个	专利数量
Waymo	2016 年	加利福尼亚州	690+	3000+	—	3200+
百度智行科技	2017 年	北京	—	5000+	30+	4600+
小马智行	2016 年	广州	200+	1900+	7+	—
文远知行	2017 年	广州	300+	1100+	15+	—
毫末智行	2019 年	北京	—	550+		
滴滴	2016 年	北京	100+	530+	3+	—
元戎启行	2019 年	深圳	200	1000+	3+	400+

注：数据来源于公开资料、中金资本，由中国电动汽车百人会车百智库汽车产业研究院整理。

Robotaxi 行业参与主体有自动驾驶初创公司、科技公司孵化平台、主机厂三大类。自动驾驶初创公司有小马智行、文远知行、毫末智行、元戎启行等；科技公司孵化平台有百度智行科技、滴滴自动驾驶技术研发部门、腾讯的自动驾驶业务中心等；主机厂有奥迪、丰田、上汽、广汽、吉利等。目前自动驾驶初创公司业务进展最快，其次是科技公司孵化平台，主机厂的进展相对较慢。

Robotaxi 行业的业务模式主要有独立运营、合资运营、与第三方运营平台合作（见表 2-6）。独立运营模式，是指同时负责自动驾驶车队的建立、运营等整套流程的实现，成本较高，代表公司是 Waymo，但其 4 年前宣布采购 62000 辆 Pacifica 混动厢式车用于打造自动驾驶出租车队，实际投放车辆不足 1000 辆，进展不及预期。

　　合资运营模式，是指由自动驾驶公司自建车队，提供"无人网约车服务"。例如，文远知行与广州市白云出租汽车集团有限公司成立了合资公司文远粤行，实现了自动驾驶出租车的落地运营，此后将合资公司"复制"到了多个城市，又分别成立了文远苏行、文远豫行、文远楚行；百度则推出了专门的自动驾驶出行服务平台萝卜快跑，在北京市的海淀区、通州区、顺义区、亦庄、石景山首钢园等服务运营。

　　元戎启行与曹操出行、小马智行与如祺出行等采用与第三方运营平台合作模式，把Robotaxi带入成熟出行市场。2020年8月，元戎启行与曹操出行联合宣布在杭州进行自动驾驶车辆的测试运营合作。2022年4月，小马智行宣布与广汽旗下的移动出行平台如祺出行共建的百辆规模自动驾驶出行车队在广州开启示范运营，并投资了该出行平台；Momenta除了在苏州自建车队之外，还与上汽的享道出行合作。

表 2-6　国内部分自动驾驶公司的 Robotaxi 运营模式

公司	主要合作车厂	运营公司	第三方运营平台
百度	北汽、红旗	萝卜快跑	—
小马智行	一汽、广汽	—	如祺出行
文远知行	广汽集团	文远粤行、文远苏行、文远豫行、文远楚行	—
毫末智行	长城汽车	—	—
滴滴	广汽集团、比亚迪等	—	—
元戎启行	东风汽车、上汽	—	曹操出行
Momenta	上汽	—	享道出行

注：信息来源于中金资本，由中国电动汽车百人会车百智库汽车产业研究院整理。

二、干线物流：由技术驱动转变为由干线场景驱动

早期阶段，全球自动驾驶干线物流技术主要由原始设备制造商（Original Equipment Manufacturer，OEM）[1]推进，以列队跟驰形式发展。欧盟在 2014 年发布的《2030 年气候与能源政策框架》中明确提出在 2030 年实现温室气体排放量削减40%。基于此目标，国外 OEM 率先开始研究自动驾驶干线物流技术，通过 V2X（Vehicle to Everything，车辆与万物互联）实现列队跟驰，以减少风阻的方式提高跟随车辆能源利用效率，从而降低温室气体排放量。从 2015 年开始，戴姆勒（已更名为梅赛德斯－奔驰）、斯堪尼亚、沃尔沃等 OEM 在欧洲、北美洲开展测试。在初期测试阶段，卡车仅具备 L1 辅助驾驶功能，同步加速或制动，逐级向 L3 以上级别的自动驾驶迭代。我国商用车头部主机厂从 2016 年开始研发自动驾驶技术，中国重汽发布搭载集防追尾、溜车与自适应巡航控制等功能的第一代智能重卡，并小批量交付物流企业投入使用。2019 年，福田汽车、东风商用车、中国重汽先后在天津完成列队匀速跟随、变道跟随及紧急制动跟随的安全性验证，实现我国商用车自动驾驶干线物流技术初期探索。

自动驾驶科技公司、OEM 等加速向 L4 自动驾驶干线物流发展。国外自动驾驶卡车科技公司多集中在美国，如 Uber（收购otto）、Waymo、图森未来（美国）等。2017 年 8 月，Waymo率先在美国亚利桑那州开展 8 级自动驾驶重卡测试；2019 年 3 月，

1　在汽车制造行业，OEM 通常指主机厂。

戴姆勒公司收购自动驾驶科技公司 Torc Robotics 并在美国弗吉尼亚州高速公路开展 L4 自动驾驶卡车测试。2018 年我国干线物流 L4 自动驾驶赛道进入爆发期，智加科技、主线科技、赢彻科技、宏景智驾等科技公司先后成立并开始进行测试验证。2018 年，主线科技、智加科技等陆续获批商用车智能网联汽车道路测试牌照。

欧美自动驾驶干线物流已率先进入商业化运营阶段。 由于欧美地区路权与商业部署等政策和环境开放，多家企业已率先开展货运服务。Einride 获批在瑞典使用其制造的无舱纯电卡车送货；Gatik 为美国沃尔玛提供每天 12 小时的"配送中心 – 门店"不间断货运服务；Waymo 在美国得克萨斯州为家居厂商提供 L4 商业化运营服务。欧美自动驾驶干线物流商业版图不断扩大。图森未来在美国亚利桑那州凤凰城、图森市、埃尔帕索和达拉斯之间的 7 条不同线路进行自动驾驶干线物流商业运输服务（见表 2-7）。

我国自动驾驶干线物流已实现 L3 量产落地，部分企业积极探索列队跟驰。 L4 自动驾驶重卡的量产有待路权放开及技术不断成熟，多数企业选择率先实现 L3 自动驾驶，通过"单驾"模式实现初步降本增效。2021 年 7 月，一汽解放实现搭载智加科技研发的自动驾驶系统的全球首台前装车规级高等级辅助自动驾驶重卡的小批量交付（见表 2-8）。为进一步降低人力成本，部分企业将列队跟驰技术作为自动驾驶干线物流重点突破技术，在保留头车安全员的前提下实现跟随车辆无人驾驶。

国内自动驾驶干线物流开展落地应用。 突发事件造成的运力紧张，推动了自动驾驶干线物流的应用。在突发事件中，自动驾驶干线物流可缓解司机短缺、部分场景需少人化等问题，同时验证了自动驾驶干线物流场景的稳定性与适用性。如在 2022 年交通运输人力短缺的突发事件中，赢彻科技投放 10 台自动驾驶重卡，通过"单驾"司机与自动驾驶技术结合的模式，配合顺丰、京东执行泰州、扬州等多地物资运输；主线科技联合北奔重汽在内蒙古满都拉口岸开展自动驾驶集装箱卡车无人化通关应用，以提高通关效率、缓解通关不畅问题，力争实现年通关量达到 1500 万吨。

表 2-7   国外主机厂及科技公司自动驾驶干线物流测试与应用场景落地进展

企业	开始测试时间	自动驾驶等级	目前发展阶段	近年研发进展
戴姆勒	2016 年	L3/L4	测试	2016 年，在德国首次测试 L1 自动驾驶卡车，以列队形式从德国斯图加特行至荷兰鹿特丹，车间距离 15 米，实现 0.1 s 内伴随车队紧急制动
				2019 年 7 月，开始量产 L2 自动驾驶卡车并在北美开始销售，同年收购 Torc Robotics 多数股权，合作开发 L4 自动驾驶卡车
				目前 L3 ～ L4 自动驾驶卡车仍处于研发和商用测试阶段，全新福莱纳 Cascadia 已于 2022 年 7 月实现量产
沃尔沃	2016 年	L4	测试	2016 年，推出首辆自动驾驶矿用卡车，并于 2018 年在美国北卡罗来纳州的高速公路进行自动驾驶车队技术测试
				2018 年，推出完全无人自动驾驶纯电动卡车 Vera
				2021 年，与 Aurora 合作，联合发布自动驾驶半挂卡车原型，将 Aurora L4 自动驾驶系统融合进 Volvo VNL 760 车型中
Uber	2016 年	L4	暂停开发	2016 年 8 月，收购自动驾驶卡车公司 Otto；2018 年 7 月宣布停止开发自动驾驶卡车

续表

企业	开始测试时间	自动驾驶等级	目前发展阶段	近年研发进展
Waymo	2017 年	L4	商业化试运营	2017 年，在美国加利福尼亚州和亚利桑那州进行自动驾驶卡车测试；2018 年 3 月开始为谷歌数据中心运送货物
				2019 年 6 月，重启自动驾驶卡车测试；2020 年 8 月在得克萨斯州开展自动驾驶卡车测试
				2022 年 6 月，在美国得克萨斯州为家居厂商 Wayfair 提供为期 6 周的 L4 商业化试运营，车辆配备一位驾驶员及一位工程师，全程在车上参与试运营
特斯拉	2017 年	L4	测试	2017 年 11 月，推出电动卡车 Semi，可跟随驾驶，一名司机便可驾驶一个卡车车队
				目前已具备量产能力，在美国、加拿大、荷兰等国家开放预定渠道
现代	2018 年	L3	测试	2018 年，获得韩国国土交通部批准，在高速公路上开展自动驾驶卡车列队测试
				2018 年，将 L3 自动驾驶技术应用于 40 吨的创虎（XCIENT）重卡，在 40 千米的高速公路上成功试驾
曼恩	2018 年	L3	交付	2019 年，向德铁信可（DB Schenker）交付了互联卡车列队路测车辆
		L4	测试	2018 年 9 月，推出 L4 自动驾驶卡车 aFAS，用于高速公路维护工作
福特	2018 年	L4	测试	2018 年，发布 L4 自动驾驶电动概念卡车 F-Vision

续表

企业	开始测试时间	自动驾驶等级	目前发展阶段	近年研发进展
THOR	2018 年	L3/L4	测试	2018 年，发布电动半自动驾驶卡车，并与 UPS 合作研发电动自动驾驶送货卡车
Embark	2018 年	L4	商业运营	2018 年 2 月，完成横跨美国东西海岸的自动驾驶测试，全程 2400 英里（约 3860 千米）
				2019 年 1 月，亚马逊使用该公司开发的自动驾驶卡车沿 I-10 号高速公路运输部分货物
				2022 年 2 月，完成行业内首次冬季雨雪条件下测试，在克林顿与米苏拉之间的 60 英里的环线公路上安全运行行驶。在 2024 年实现量产，目前已收获 14200 份订单
Einride	2018 年	L4	商业运营	2018 年，推出 T-Pod 卡车，由德国 DB Schenker 在瑞典进行商业测试
				2018 年 12 月，与迪拜道路和运输管理局合作进行自动驾驶卡车商业化
				2019 年 5 月，瑞典批准 Einride 电动自动驾驶卡车上路送货，最高时速 50 千米
				2022 年 6 月，NHTSA 批准 Einride 在公开道路上进行测试，后续将为通用电气交付实际商业运营
Gatik	2019 年	L4	商业运营	2021 年 11 月，在美国使用 L4 自动驾驶卡车为沃尔玛提供货运服务，在总长为 11 千米的"配送中心–门店"公路上全天运营 12 小时
UD Trucks	2019 年	L4	测试	2019 年，日本物流公司 Nippon Express 及 HOKUREN 协同组合联名会联合 UD Trucks 进行封闭路段测试

表 2-8 中国主机厂及科技公司自动驾驶干线物流测试与应用场景落地进展

企业	开始测试时间	自动驾驶等级	目前发展阶段	近年研发进展
一汽解放	2017 年	L2+/L3	小批量量产，封闭路段，商业运营	2016 年 9 月，发布第一代智能卡车，搭载 L1 辅助驾驶功能
				2021 年 7 月，作为搭载智加科技研发的自动驾驶系统的全球首台前装车规级高等级辅助自动驾驶重卡实现定制化小批量生产，主要用于高速环境的物流运输，实现高速公路全速自动巡航与自动变道
				2021 年 10 月，智加科技与荣庆物流联合运营我国首条量产智能重卡运营专线，联通长三角、京津冀和环渤海等 3 个大型经济圈
	2018 年	L4	测试	2018 年 4 月，拿到国内首张卡车企业"智能互联网汽车道路测试"牌照，主要应用场景为高速编队；预计在 2025 年前实现量产
福田汽车	2018 年	L3	测试	2018 年 2 月，在北京市首个自动驾驶车辆封闭测试场"国家智能汽车与智慧交通（京冀）示范区海淀基地"完成路测
				2019 年 12 月，在京礼高速完成车路协同自动驾驶列队跟驰测试
东风商用车	2018 年	L4	测试	2018 年 5 月，在天津参与列队跟驰试验
陕汽	2017 年	L2/L3	量产	2017 年 12 月，发布德龙 X6000 系列、德龙 H6000 系列、德龙 M6000 系列以及德龙 L6000 系列，搭载 L3 辅助驾驶系统
				2020 年 11 月，德龙 X6000 系列实现量产，具备点对点运输、带挂自动泊车功能
	2020 年	L4	测试	2020 年 11 月，牵引车 X6000 旗舰版宣布配备 L4 自动驾驶系统

企业	开始测试时间	自动驾驶等级	目前发展阶段	近年研发进展
智加科技	2018 年	L2+/L3	量产交付	搭载智加科技研发的自动驾驶系统的一汽解放智能重卡已经实现小批量量产，并于 2021 年启动生产规模化量产
				2022 年 8 月 16 日，完成了面向荣庆物流的 100 台我国最大前装量产自动驾驶重卡订单的首批交付
			商业运营	携手荣庆、申通、德坤等合作伙伴开启前装量产智能重卡联合运营
		L4	"全无人驾驶"测试	2021 年 6 月底，在五峰山过江通道公路上，完成了全球首个智慧高速公路上满载重卡全无人驾驶与社会车辆混行测试
赢彻科技与东风商用车或中国重汽	2019 年	L3	量产	2021 年 12 月，与东风商用车及中国重汽合作开发两款 L3 自动驾驶重卡，实现前装量产规模化下线
			商业运营	2022 年，与东风商用车合作量产的智能重卡执行上海物资运输工作，配合京东物流执行多地至上海、太原等城市的物资运输任务，商业运营里程超 200 万千米
		L4	"主驾无人"测试	2022 年 6 月，在浙江德清获颁国内首张 L4 "主驾无人"自动驾驶重卡公开道路测试牌照
图森未来与 Navister	2017 年	L4	商业试运营（美国）	2017 年，获得加利福尼亚州路测牌照，2018 年 10 月获得上海路测照
				2020 年 7 月，与 UPS、U.S. Xpress 等合作推出全球首个自动驾驶货运网络。目前在凤凰城、图森市等 7 条路线上进行运输

续表

企业	开始测试时间	自动驾驶等级	目前发展阶段	近年研发进展
图森未来与Navister	2017 年	L4	商业试运营（美国）	2021 年 12 月，在美国完成长达 80 多英里（约 120 千米）的夜间全无人化测试
				2020 年，获美国卡车制造商 Navistar 投资，共同研发 L4 自动驾驶卡车
图森未来与斯堪尼亚	2020 年	L4	测试（瑞典）	2021 年 2 月，获得瑞典运输署许可，在一名司机的监控下，在南泰利耶和延雪平之间的 E4 高速公路上测试自动驾驶卡车
主线科技	2018 年	L4	测试	2021 年 7 月，获得北京市首批商用车自动驾驶路测牌照，并开展常态化路测
				2022 年 3 月，助力建设中蒙智慧通关项目，打造口岸全无人驾驶卡车解决方案
				2022 年 12 月，与中储智运正式达成战略合作，并启动业内首个大宗智慧物流联合运营项目
宏景智驾与江淮商用车	2021 年	L3	量产准备	联合打造干线物流智能重卡 HyperTruck One，目前进入量产阶段
百度DeepWay	2021 年	L3/L4	测试	2021 年 9 月发布，率先实现 L3 自动驾驶在高速干线上的落地，并计划未来 3～5 年内实现高速 L4 自动驾驶
				2021 年 12 月于天津进行路测，具备巡航、换道等高速公路典型自动驾驶功能

注：信息来源于公开资料，由中国电动汽车百人会车百智库汽车产业研究院整理。

三、无人配送：细分应用场景，加速商业化进程

无人配送细分应用场景促进商业化运营。 由于各应用场景的特点不同（见表 2-9），对车辆性能、参数等要求也不同，市面上运营模式较成熟的无人配送企业多聚焦在其中某一特定应用场景。

表 2-9　无人配送应用场景特点汇总

应用场景	服务内容	配送模式	时效性	覆盖半径	典型企业
快递配送	一般包裹配送	两段式：物流点－个人（B-C）	2～3 天	2～5 千米	新石器、京东、菜鸟、中国邮政、顺丰等
		三段式：物流点－驿站－个人			新石器、顺丰、中通等
商超配送	配送超市物品、生鲜等	商超－个人（B-C）	1 小时	5 千米	新石器、美团、白犀牛、毫末智行等
移动零售	移动销售食品、饮料等	规定范围内灵活配送	无时效性要求	1～2 千米	新石器、行深智能等
餐饮配送	外卖类即时配送	小商家－个人（C-C）	30～45 分钟	3 千米	优时科技、真机智能等

注：信息来源于公开资料，由中国电动汽车百人会车百智库汽车产业研究院整理。

快递配送以互联网电商企业应用为主。 目前，互联网电商企业多采用零部件、整车外购或改装＋软件算法自研方式实现车辆运营，依靠自身场景资源、技术积累优势在应用场景中占据主导。例如，物流截至 2022 年 5 月底，京东已在北京、天津、常熟等全国超 25 个城市投放近 400 辆无人配送车，实现常态化运营。快递公司选择直接购买无人配送车或与初创企业达成战略合作等方式进行小范围试点。例如，顺丰于 2022 年 3 月在深圳益田村

采用新石器研制的无人配送车完成小区内 2000 多件快递的配送。

商超配送基于小范围、低时效性等特点，可实现快速落地。 商超配送范围为门店附近 3 ～ 5 千米内，1 小时内送货上门，与无人配送车可形成完整的工作机制。一种模式是，以美团为代表的电商平台选择自营无人配送车队尝试落地。无人配送车行至用户门口或小区门口后通过电话提醒用户，用户自行打开货箱取货即可。另一种模式是，以永辉超市、物美、多点等传统零售企业选择与自动驾驶初创企业合作进行试点应用。例如，毫末智行研制的"小魔驼"（见图 2-4）已在北京市顺义区为物美、多点等商超完成超 9 万单配送。同时，通过无人配送，可有效缓解节庆、促销期间配送人力短缺问题，分担末端配送压力。

图 2-4　毫末智行"小魔驼"无人配送车

注：信息来源于公开资料，由中国电动汽车百人会车百智库汽车产业研究院整理。

移动零售新业态实现了"货找人"的创新零售模式，为品牌进行 IP 引流。 以新石器、行深智能为代表的自动驾驶初创企业，选择在无人移动零售领域深耕，目前其产品多应用于人流集中、顾客更重视时间成本的园区、地铁口及商圈等场景。用户通过招手、触摸显示屏等方式叫停移动零售车后，扫码支付购买餐食。借助该创新销售渠道，商家将营业范围从门店周边 1 ～ 2 千米扩展至 5 千米内，大幅提升成交量。部分企业选择与餐饮 IP 合作打造定制化零售车辆，以提高产品曝光度及影响力，如肯德基、必胜客、钟薛高等。以上海陆家嘴中心为例，新石器与必胜客合作定制的 5G 移动早餐餐车在早上 8 点至 10 点移动售卖 4 种套餐，满足早高峰时段激增的消费需求（见图 2-5）。

图 2-5　新石器与必胜客定制的 5G 移动早餐车

注：信息来源于公开资料，由中国电动汽车百人会车百智库汽车产业研究院整理。

餐饮配送受高时效性、高难度交互及路线规划制约，主要在商场或半封闭场景内应用。其制约因素包括一是外卖食物对储存环境卫生、温度、时效性等方面的要求较高；二是在外卖 C2C 模式下，配送员需按照系统指派到不同商家自行取货；三是外卖配送路线不固定且多为人流、车流密集区域；四是外卖配送在履约交付环节经常涉及楼宇内作业，实现特定楼层、特定门户配送。以现阶段无人配送车感知、决策能力及智能楼宇交互水平很难实现高效、安全、准时地送达外卖，因此在此领域深耕的企业较少。目前，仅部分大型室内购物中心或室外购物步行街采用无人餐饮配送，以饮品店为主。例如，优时科技在北京朝阳大悦城、枫蓝国际购物中心、前门大街、后海商业街等投放无人配送车，与鹿角巷、四云奶盖贡茶、快乐柠檬等知名品牌合作，向商场内客户进行配送（见图 2-6）。

图 2-6 优时科技无人配送车

注：信息来源于公开资料，由中国电动汽车百人会车百智库汽车产业研究院整理。

无人配送整体市场渗透率仍然较低。2021 年全场景无人配送车的渗透率约为 0.07%，实际落地数量较市场总体需求相差较大，其主要覆盖快递市场和外卖市场。在快递市场中，每个快递员的工作效率约为每日配送 100 单，理想情况下一辆无人配送车至少可以达到两位快递员，故假设快递无人配送车每日配送量为 200 件[1]。我国 2021 年全年快递配送量为 1083 亿件（日均约 2.97 亿件）[2]，可以推算快递市场所需无人配送车数量约为 148 万辆。在外卖市场中，根据美团 2021 年的订单量（144 亿单），假设市场平均订单价格相同，参照美团市场份额占比（68%），可以推估 2021 年我国全年外卖配送量为 212 亿单。美团全职骑手每天接单数量超过 20 单，同样假设一辆无人配送车至少可替代两位外送员，得出外卖无人配送车每日配送量为 40 单。因此，使用"替代快递市场和外卖市场需求所需的无人配送车总数"除以"2021 年无人配送车落地数量"，可以估算出 2021 年全场景无人配送车的渗透率约为 0.07%（见表 2-10）。

---

1 数据来源于 36Kr 市场调研。

2 数据来源于国家邮政局。

表 2-10   2021 年无人配送车渗透率估算过程

渗透率估算过程	数值
全年快递配送量 / 亿件	1083
日均快递配送量 / 亿件	2.97
快递无人配送车每日配送量 / 单	200
快递所需无人配送车数量 / 万辆	148
全年外卖配送量 / 亿件	212
日均外卖配送量 / 亿件	0.58
外卖无人配送车每日配送量 / 单	40
外卖所需无人配送车数量 / 万辆	145
总需求无人配送车辆 / 万辆	294
2021 年无人配送车落地数量 / 万辆	0.2
2021 年无人配送车市场渗透率	0.07%

注：信息来源于国家邮政局、36kr、美团、中金资本，由中国电动汽车百人会车百智库汽车产业研究院整理。

　　特殊场景应用加速无人配送的商业化应用进程。在部分特殊场景下，如节庆、电商大促、人工运力紧张等，无人配送车成为有效补充力量。领先企业以此为契机不断扩大车辆投放规模，在"实战"中验证场景适用性与稳定性，持续优化车辆性能与商业模式。据不完全统计，自 2022 年以来，已有 10 余家无人配送企业共投入近 800 辆无人配送车用于物资配送，累计服务单次超过 173 万次，总行驶里程超过 13 万千米（见表 2-11）。从 2020 年的试验性部署到 2022 年的多场景常态化运营，无人配送企业在应对突发物流需求、远程部署方面的能力得到显著提升，产品应用范围拓展明显，缓解了配送人员不足的困境，让更多人看到了无人配送潜在的价值。

表 2-11 国内部分企业的无人配送车投放情况

企业名称	2022 年投入无人配送车数量	应用城市	累计服务单次 / 次	行驶里程	应用场景
京东	137 辆	上海、广州	38 万次	—	社区、园区
美团	超 100 辆	北京、上海、深圳等 5 个城市	73 万次	3.8 万千米	社区、园区、校园
新石器	209 辆	北京、上海等 8 个城市	超 80 万次	超 5 万千米	社区、园区、校园
行深智能	120 辆	上海、广州、长沙、深圳、苏州等	近 8 万次	超 3000 千米	社区、校园
白犀牛	超 30 辆	北京、上海、深圳、苏州	近 2.8 万次	超 4 万千米	社区、商超
毫末智行	超 20 辆	北京、上海等	—	6000 千米	社区、商超
易咖智车	超 100 辆	上海	数万次	—	社区、园区
爱上智能	超 50 辆	北京、武汉等 8 个城市	—	超 2 万千米	社区、园区、商区、校园、警务站
一清创新	10 辆	深圳、济南	3000 次	超 2000 千米	社区、酒店
驭势科技	4 辆	上海、广州、浙江	1500 次	750 千米	社区

注：数据来源于各企业提供，由中国电动汽车百人会车百智库汽车产业研究院整理。

四、矿区物流：海外智能矿区发展领先，国内通过大规模示范应用快速追赶

海外矿区自动驾驶技术商业化应用已超 10 年，相比国内，矿区生产效率高且作业成本低。美国卡特彼勒公司和日本小松公司自 20 世纪 80 年代末开始研究自动驾驶矿用卡车（见表 2-12）以来，自动驾驶矿用卡车供应量占全球的 86.5%。例如，2017 年底，必和必拓联合卡特彼勒在 Jimblebar 矿区投放了 50 辆 793F

自动驾驶矿用卡车；小松于 2019 年在巴西卡拉加斯铁矿增加了
37 台 930E 自动驾驶矿用矿车。此外，ASI、日立集团等在矿区自
动驾驶领域也有布局。矿山效益和作业安全方面已取得明显效果。
一方面，经济效益显著提高。铁矿石商力拓集团（Rio Tinto）
在皮尔巴拉（Pilbara）地区部署的自动驾驶矿用卡车平均运行
时间较有人驾驶卡车多 700 小时，矿场运营成本较其他矿场低约
15%。福特斯克金属集团（FMG）通过部署约 193 辆自动驾驶矿
用卡车，将铁矿石生产成本从 2015 年的 27.15 美元 / 湿吨（Wet
MetricTon，WMT）降低至 13.11 美元 / 湿吨，自动驾驶矿用卡
车经济性优势凸显。另一方面，矿区生产作业安全系数得到提高。
根据澳大利亚皮尔巴拉地区 Jimblebar 矿区生产报告，自动化运
输系统运营较传统运输卡车安全事故减少了 80%，大幅降低了设
备碰撞损失费用。

表 2-12　卡特彼勒公司和小松公司的发展历程

公司	国家	时间	发展历程
卡特彼勒	美国	20 世纪 80 年代末	开始对自动驾驶矿用卡车进行研究，改装出自动化卡车 AMT
		1996 年	在美国国际矿业博览会（MINExpo）上首次展示自动化技术
		2008 年	完成开发 793F 无人驾驶卡车
		2012 年	为所罗门铁矿提供自动驾驶矿用卡车试运营。首次实装 Minestar 系统
		2013 年	部署首批 6 辆商用自动驾驶矿用卡车，首次进行商用
		2018 年	自动驾驶矿用卡车 795F 累计行驶超过 3500 万千米，运送物料超 10 亿吨
		2020 年	运营 276 辆自动驾驶矿用卡车，运行里程达 6760 千米，运送物料达 20 亿吨
		2021 年	运送物料累计 30 亿吨，生产力提升超 30%

续表

公司	国家	时间	发展历程
卡特彼勒	美国	2022 年	运输量达 40 亿吨，运行里程超过 1 亿 4500 万千米
小松	日本	20 世纪 80 年代末	开始研究矿山运载设备的无人驾驶技术
		1996 年	自动驾驶矿用卡车在澳大利亚试运行
		2005 年	自动运输系统在智利铜矿测验，改装运输卡车，命名自动化管理系统为 AHS
		2008 年	在智利铜矿商业化部署，成为全球无人驾驶矿用卡车领域的领导者
		2016 年	发布取消司机驾驶室的自动驾驶矿用卡车
		2017 年	自动驾驶矿用卡车数量超过 100 台，运输物料超 10 亿吨
		2020 年	运输物料达 20 亿吨，运行里程达 6760 千米
		2021 年	运输物料达 30 亿吨，生产力提升超 30%
		2022 年	输送矿岩总量超过 40 亿吨，创造运输领域纪录

注：信息来源于公开资料，由中国电动汽车百人会车百智库汽车产业研究院整理。

澳大利亚作为全球最大的铁矿生产及出口国，自动驾驶矿用卡车商业化部署领先全球。澳大利亚拥有全球最多的自动驾驶矿用卡车，截至 2022 年 5 月，共有 706 辆分布在 25 个矿山（见图 2-7）。其中，澳大利亚皮尔巴拉地区的露天铁矿资源丰富，自动驾驶矿用卡车部署数量多。2016 年，皮尔巴拉地区率先开始 24 小时运营 150 余台自动驾驶矿用卡车。目前，皮尔巴拉地区多处矿场已完成自动驾驶矿用卡车的部署。例如，2020 年，首台自动驾驶矿用卡车在古涅拉（Goonyella Riverside）煤矿运行。2022 年 5 月，该矿区已部署 95 辆自动驾驶矿用卡车。力拓集团与卡特彼勒合作推进库戴德利（Gudai-Darri）矿区自动驾驶等一系列里程碑建设。一方面，2021 年 6 月力拓集团宣布在库戴德利矿区部署卡特彼勒生产的全球第一辆全自动洒水车；另一方面，力拓集团于 2022 年和卡特彼勒开展原型蓄电池动力卡车研究。开发后在库戴德利矿区部署 35 辆新款 793 型零排放自动驾驶矿用卡车，这是 793 型卡车在全球首次投入生产应用。

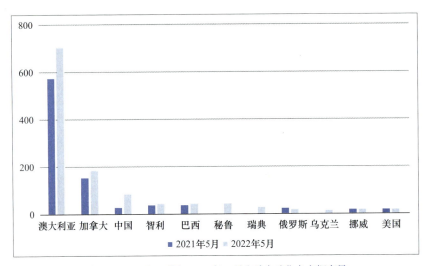

图 2-7　2021 年 5 月和 2022 年 5 月全球自动化卡车拥有量

注：数据来源于公开资料，由中国电动汽车百人会车百智库汽车产业研究院整理。

国内自动驾驶矿用卡车多用于露天煤矿。对比露天煤矿，井工矿山光照不足、开采难度较大、产量低。在井工矿山中，自动驾驶矿用卡车多运用于辅助运输或支持工作面到转载点的运输，应用范围相对狭窄。目前已实现煤矿井下远程驾驶应用，初步开展井工矿山辅助运输系统测试验证及应用。例如，国家能源集团神东上湾煤矿、陕西陕煤榆北煤业有限公司曹家滩煤矿等。

近年来伴随国内大型矿山对生产运营安全逐渐重视，自动驾驶应用占比有所提升（见表 2-13）。国内矿山自动驾驶技术发展较晚，但近年来以国家能源集团宝日希勒矿区、华能集团伊敏矿区为代表的大型矿山积极进行智慧化改造项目，对矿山自动驾驶技术起到示范和引领的作用。截至 2022 年 5 月，国内矿山累计使用 69 辆自动驾驶矿用卡车，已基本实现矿业软件应用和主体设备自动化，部分矿山还实现了生产管理远程化、遥控化和无人化。例如，2018 年踏歌智行在白云鄂博矿区完成 MT3600B、NTE150t 两台大型矿用卡车和一台同力 90 吨宽体车无人化升级改造及矿车无人驾驶管理系统的开发；2019 年，河南能源化工集团焦煤公司与中国移动开展 5G 战略合作协议，实现 10 台钻机、13 台挖掘机和 60 台矿用卡车远程控制与自动驾驶，使露天矿区铲、装、运工序全部无人化；2022 年希迪智驾（长沙智能驾驶研究院）与台湾水泥股份有限公司在江苏句容水泥矿区落地 14 台无人纯电矿用卡车，已实现在装、运、卸、泊车全流程 7×16 小时无人安全接管常态化生产运输。在市场和政策的推动下，截至 2022 年 11 月已新增落地近 20 个矿区无人驾驶示范项目（见表 2-13）。

表 2-13　2022 年国内部分新增落地矿区无人驾驶项目

公司	自动驾驶解决方案	时间	示范应用地区	项目介绍
慧拓	"愚公"	1 月	华联锌铟矿区	有色金属行业内世界首个实现矿用卡车全无人编组运行
		5 月	阳泉冀东水泥矿	国内水泥行业首个纯电动、数字化智慧绿色矿山项目
		8 月	中煤集团平朔东露天煤矿	常态化编组运行 5G+ 无人驾驶智慧矿山
踏歌智行	"旷谷"	3 月	鄂尔多斯市永顺矿区	顺利进入"安全员下车"常态化阶段，现已实现 7×24 小时多编组宽体车无安全员作业
		6 月	白音华一号露天煤矿	14 台全新的无人驾驶矿用自卸卡车落地

续表

公司	自动驾驶解决方案	时间	示范应用地区	项目介绍
踏歌智行	"旷谷"	6月	魏家峁露天煤矿	对载重220吨的大型矿用卡车进行底盘的线控化改造、智能化改造
		7月	霍林河南露天煤矿	5台无人驾驶自卸卡车
			五矿云山石墨矿区	5G无人矿用卡车
		8月	贺斯格乌拉矿区南露天煤矿	24台载重百吨的大型矿用卡车完成无人化改造
易控智驾	整体解决方案	5月	内蒙古宝利煤矿	矿山行业的首台氢能源运输用车落地
		6月	新疆准东露天煤矿	无人驾驶宽体车安全员常态化下车
伯镭科技	伯镭多运	2月	攀钢朱兰铁矿	有人驾驶和无人驾驶矿用卡车的混行作业
		6月	酒钢西沟矿	近4千米海拔下实现24小时全矿无人生产
			四川金顶	纯电无人驾驶矿车落地
希迪智驾	元矿山整体解决方案	11月	江苏句容水泥矿	全流程7×16小时无人安全接管常态化生产运输。国内水泥建材行业首家单次投入最大、无人矿用卡车最多、全前装量产的全自动驾驶纯电矿用卡车项目
海螺水泥	—	5月	海博矿区	无人驾驶矿车运输系统已与箬帽山南山适配
路凯智行	整体解决方案	8月	新疆	国内首个科研立项的宽体车无人驾驶项目

注：信息来源于公开资料，由百人会车百智库汽车行业研究院整理。

先进企业利用现代通信技术、大数据及云计算技术，加速智慧绿色矿山建设进程。一方面，5G赋能智慧矿山建设。如宝日希勒露天煤矿、哈尔乌素露天煤矿、准东露天煤矿等矿山开展的"5G+无人驾驶矿车"项目，利用5G网络低时延、高速率、高可靠性的特点，采用控制精度达厘米级的自动驾驶矿用卡车。其中，哈尔乌素露天煤矿在矿坑下特意增设一座可移动式 5G 信号基站，方便进行网络调试。另一方面，在国家"双碳"目标下，福建马坑矿业、阳泉冀东水泥、内蒙古宝利煤炭等公司积极推广电动卡车的应用。如阳泉冀东水泥于 2022 年开展国内水泥行业首个纯电动、数字化智慧绿色矿山项目，使用中科慧拓自主研发的"愚公"平行矿山操作系统指挥纯电动自动驾驶宽体矿车工作。

目前，我国矿山自动驾驶技术发展提速，打破海外技术长期垄断的格局。2022 年 8 月，慧拓与江西铜业集团有限公司共同打造国内首台无人铰接式矿用卡车自动驾驶项目，实现铰接式矿用卡车无人驾驶技术国产化。铰接式矿用卡车对恶劣气候、复杂地形适应性强，但改装技术难度大。一方面，对比刚性矿用卡车，铰接式矿用卡车运动轨迹影响因素多元和复杂，没有可参考的车辆动力学模型；另一方面，铰接式矿用卡车车内空间小，安装各类配件难度大。慧拓实现了铰接式矿用卡车自动驾驶技术的创新，为我国智慧矿山建设带来了积极影响：一是打破国外工程机械厂商在这一技术上的垄断；二是提升中国矿企、工程机械厂商综合实力；三是为中国矿业技术全球化提供有力支撑。

五、港区物流：港口物流自动驾驶引领国际发展，机场物流应用有限

1. 港口物流：国内发展水平领先，并赋能海外码头自动化升级

我国港口物流自动驾驶发展全球领先，多地已开展商业化运营，同时赋能海外码头自动化改造。目前国内已有 13 个重要港口实现自动驾驶部署，其中多数已进入商业化运营阶段（见

表2-14）。2018年4月，青岛港集装箱码头首次采用一汽解放
与智加科技合作制造的自动驾驶集装箱卡车完成水平运输作业，
实现装卸、行驶、转向、停车、加油等操作完全无人化。随后，
珠海港、唐山港、天津港等12个港口先后开始自动驾驶部署，
通过深度融合5G、北斗卫星导航系统、物联网、边缘计算等多
种技术，目前多数自动驾驶部署已实现商业化运营落地。与此同
时，海外国家基于我国自动驾驶港区发展超前性，积极合作。我
国自动驾驶科技公司在技术迭代、场景理解、系统调试、生产效
率优化等方面全球领先，在"一带一路"双边贸易合作背景下，
欧洲、中东等地区的"一带一路"合作伙伴积极采用我国的方案
进行码头自动化改造，包括阿联酋阿布扎比中远海哈里法二期码
头、瑞典和黄CTN码头、泰国林查班码头在内的几十余家海外
港口已与中国企业西井科技合作开发自动化水平运输解决方案，
推动场景技术出海赋能（见表2-15）。

表2-14　港区物流自动驾驶国内应用情况（截至2022年9月）

港口/码头	时间	参与企业	项目进展
河北曹妃甸港	2022	友道智途、上汽红岩	示范运营
	2018	图森未来、陕重汽	测试
宁波舟山港	2022	友道智途、上汽红岩	测试
	2021	主线科技、中国重汽	商业化运营
	2018	畅行智能、吉利新能源	试运营
	2018	飞步科技、振华重工	商业化运营
山东日照港	2021	经纬恒润、中国重汽	商业化运营
厦门港	2021	东风商用车、斯年智驾	商业化运营
武汉阳逻港	2021	东风商用车	商业化运营
深圳妈湾智慧港	2020	畅行智能、比亚迪	试运营
	2020	主线科技、中国重汽	商业化运营
	2020	中科云杉、威驰腾汽车	商业化运营
	2020	三一海工、AutoBrain	商业化运营

续表

港口／码头	时间	参与企业	项目进展
天津港	2020	主线科技、中国重汽	商业化运营
上海临港和洋山港（东海大桥）	2020	图森未来、陕重汽	测试
	2019	友道智途、上汽红岩	商业化运营
广州南沙港	2019	振华重工	商业化运营
唐山港	2019	经纬恒润、一汽解放	试运营
深圳盐田国际集装箱码头	2018	西井科技	商业化运营
珠海港	2018	西井科技	商业化运营
青岛港	2018	智加科技、一汽解放	商业化运营

注：信息来源于公开资料，由中国电动汽车百人会车百智库汽车产业研究院整理。

表 2-15 自动驾驶港区物流技术出海情况

国家－港口／码头	时间	参与企业	项目情况
泰国－林查班码头	2020.3	西井科技	● 采用西井科技无人驾驶卡车，实现无人集装箱卡车与有人集装箱卡车混行。 ● 持续运营平均效率超越人工效率（28 move/h）
瑞典－和黄 CTN 码头	2020.3	西井科技	● 采用 8 台振华重工与西井科技自研的智能无人跨运车。 ● 通过各项 AI 管理系统对码头集装箱的水平运输和堆场装卸、仓储进行管理，适用于目前各类型码头不同的 TOS 系统
阿联酋阿布扎比－中远海哈里法二期码头	2021.10	西井科技	● 采用西井科技研发的无人驾驶卡车及运营服务，为中东地区率先部署无人驾驶的码头

注：信息来源于公开资料，由中国电动汽车百人会车百智库汽车行业研究院整理。

欧洲港口物流自动驾驶自主研发进程较缓，仅德国进入初期测试阶段。 欧洲集装箱码头自动化发展早、程度高，早期水平运输解决方案老化问题严重。以荷兰鹿特丹港 ETC 码头为代表的第一代自动化集装箱码头自 1993 年起开始使用自动导引车

（Automated Guided Vehicle，AGV）进行水平运输，以在地下预埋磁钉的方式辅助车辆定位，目前硬件老化及高额维修成本问题严重。各港口积极寻找替代解决方案，但自研进程较缓，仅德国进入初期测试阶段。2018年，德国汉堡港与传拓集团旗下的曼恩开展联合测试项目，人工驾驶集装箱卡车进入港区闸口后，由无人驾驶系统接管完成港区内装卸任务，目前第一阶段测试已结束，未来将对闸口外自动驾驶干线物流场景接泊开展进一步测试。

美国由于工会反对，目前港口自动化程度较低。港口自动化改造将带来大量工人失业问题，因此遭到美国以西海岸国际码头及仓储工会为代表的港口工会坚决反对，导致美国港口自动化程度较低。同时，美国诸多自动驾驶科技公司主要布局无人出租车、干线物流、无人配送等场景，几乎未涉及港区物流，限制了场景发展。

2. 机场物流：国内外机场积极部署行李货运自动驾驶商业化运营和示范

我国机场物流自动驾驶目前已在行李货运方面实现商业化运营，承担国际进港货物转运，提升自动化运输效率。以香港国际机场为例，自2018年起，已有20辆驭势科技研发的自动驾驶物流牵引车负责全天候行李货物转运，覆盖各种恶劣、复杂天气条件及地上、地下、室内、隧道等多种地理环境，尤其针对国际进港货物，可减少人力成本，减少工人在恶劣环境中的操作时间，减少操作失误导致的错运漏运等问题。除此之外，北京大兴国际机场、广州白云国际机场、乌鲁木齐地窝堡国际机场等均已部署无人行李货物运输车辆（见表 2-16），为机场的运行安全、效率及经济性赋能，减轻工人工作压力。

表 2-16 自动驾驶在我国机场的应用情况

机场	时间	产品	参与企业	应用情况
香港国际机场	2018 年	自动驾驶物流牵引车	驭势科技	每天可处理约 2000 件行李
北京大兴国际机场	2019 年	无人巡逻车		承担机场安保巡逻工作
长沙黄花国际机场	2020 年	自动驾驶物流牵引车		货站区进行货物配送
厦门高崎国际机场	2021 年	自动驾驶物流牵引车		自 T2 航站楼 Z5 站坪区域至 T4 航站楼 205 桥位待运区、215 桥位待运区无人驾驶往返运行
香港国际机场	2021 年	无人巡逻车		巡逻
乌鲁木齐地窝堡国际机场	2021 年	自动驾驶物流牵引车		极冷、极热环境下运行
广州白云国际机场	2021 年	自动驾驶物流牵引车		国内、国际出港业务动线上替代人工运输
鄂州花湖国际机场	2022 年	自动驾驶物流牵引车		机坪货物运输

注：信息来源于公开资料，由中国电动汽车百人会车百智库汽车产业研究院整理。

英国、德国、挪威等国家积极部署机场行李货运、清扫自动驾驶示范运营。 货运类自动驾驶应用代表为英国希思罗机场，清扫类应用代表为德国法兰克福机场。希思罗机场采用 Aurrigo 研发的无人行李物流转运车，基于现有手推车加装激光雷达和 GPS 实现自动驾驶。法兰克福机场采用戴姆勒研发的自动驾驶机场扫雪机，由奔驰 Arocs 牵引车改装，通过远程控制实现扫雪，最多同时控制 14 辆车（见表 2-17）。

表 2-17   自动驾驶机场海外应用情况

机场	时间	产品	参与企业	项目情况
德国法兰克福机场	2017 年	自动驾驶机场扫雪车	戴姆勒	由奔驰 Arocs 牵引车改装而来,用于自动除雪作业、更精准地清理机场、跑道积雪,可降低成本
挪威奥斯陆机场和法格内斯机场	2018 年	自动驾驶机场扫雪车	YETI Snow Technology	1 小时内清扫 0.3 平方千米积雪,机器自动驱动,在可访问性、环境和安全性方面具有较大潜力
英国希思罗机场	2019 年	无人行李物流转运车	Aurrigo	借助激光雷达和 GPS 技术,1 小时内行驶 8 ~ 16 千米,减少 53% 的行李延误率
美国辛辛那提北肯塔基国际机场	2019 年	无人行李物流转运车	ThorDrive	北美第七大货运机场,通过使用无人行李物流转运车,航空公司可以在任何时间安全、高效地处理货物运输
新加坡樟宜机场	2019 年	无人行李物流转运车	仓擎智能	提供整体自动驾驶解决方案,解决廊桥等遮挡导致的定位不准和漂移问题
日本成田国际机场	2022 年	无人行李物流转运车	法国 TLD 集团	处理大件行李及贵重物品的转运工作,约占总行李量的 5%,运行路线全程为 1.2 千米

注:信息来源于公开资料,由中国电动汽车百人会车百智库汽车产业研究院整理。

未来,机坪飞机引导车将加入机场自动驾驶体系,进一步优化机场运营方案。2022 年 7 月,鄂州花湖国际机场采用仓擎智能研发的无人驾驶飞机引导车实现飞机自动泊位作业,该引导车可准确完成对航空器的等待、识别、引导、入位、脱离、回位等工作,替代地勤人员驾驶引导车及夜间 LED 助航引导方式,以避免人为失误,降低安全事故发生率及地勤人员工作强度,进一步优化机场运营方案。

六、自主代客泊车：重车端方案率先量产，重场端方案加速落地

特斯拉、宝马等国外车企已实现 L3 RPA 量产。2016 年 1 月，特斯拉通过升级 7.1 OTA 率先将"遥控召唤"泊车功能投入应用，经过多次更新已搭载于全系车型。车主挂好倒车挡后即可下车，在车外通过手机 App 或实体钥匙触摸屏实现 70 米内平缓路面泊入、泊出、直进、直出，针对狭小空间停车场景提供便利泊车服务。头部国外车企均较早开始布局 RPA 功能并已实现量产，例如宝马 5 系、7 系和奥迪 A8 等。

德国率先改造停车场，赋能应用生态构建，以场端技术路线实现 AVP 量产。2019 年 7 月，由德国联邦汽车运输管理局（Kraftfahrt-Bundesamt，KBA）审批、莱茵集团（TÜV Rheinland，TÜV）作为第三方认证机构，戴姆勒联合博世获得特别许可证以推进全球首例 AVP 合法应用。该技术由改装奔驰 E 级在梅赛德斯 – 奔驰博物馆停车场进行测试，完成测试后伴随 2020 年奔驰 S 级改款正式实现前装 AVP 量产。基于博世场端 AVP 技术路线，奔驰联合欧洲停车场管理供应商 Apoca 对斯图加特机场的 P6 停车场进行智能基础设施改造：一是助力实现车辆自动识别、进场、付款、开发票等无人化服务，搭建全链条智能停车应用生态；二是实现 AVP 智能基础设施统一接口，提高后续推广应用效率。

百度联合威马率先实现国内 AVP 量产。2022 年 5 月，威马 W6 宣布搭载百度 Apollo 公共停车场无人免学习代客泊车（PAVP）智驾系统，其以视觉感知为主要定位手段，并以场端标识（见图 2-8）、云端高精地图为辅助实现由停车场入口至泊

车位的自主代客泊车、自动排队、跨层泊车等高阶服务。该系统基于5个摄像头和12个超声波雷达，采用AVP专用车载计算平台，全面部署AUTOSAR，硬件安全岛设计达到功能安全最高等级（ASIL D）。但当时威马仅限北京、上海、成都、深圳4个城市的5个具备高精地图的停车场内部体验（见图2-9）。

图2-8　百度 & 威马 Apollo PAVP 系统场端标识

注：信息来源于公开资料，由中国电动汽车百人会车百智库汽车产业研究院整理。

图2-9　威马基于高精地图的泊车功能

注：信息来源于公开资料，由中国电动汽车百人会车百智库汽车产业研究院整理。

我国智能泊车功能渗透率不断提升。低阶辅助功能应用增长，L2 APA系统应用范围拓宽，但以高端车型为主。伴随车辆感知能力、计算平台算力等性能提升，我国新乘用车APA系统搭载渗透率达到11.9%，同比增长17.8%，其中50万元以上车型占比约为 81.0%。高阶辅助功能研发应用加速，国内车企、科技公司开始集中研发 L4 家庭自主代客泊车（HAVP）。相较于 PAVP 对停车场改造需求较大，HAVP 商业化阻碍较小。以威马、小鹏、广汽埃安、长城哈弗为代表的自主、新势力品牌自 2021 年开始寻求通过教学、学习、复现等流程实现 HAVP 应用。例如，小鹏 P7 基于全栈自研车端路线发展 HAVP 功能，支持单车最多 100 条、每条 2 千米的记忆路线。目前应用仍需车主留在车内对车辆进行随时接管，利用真实车主泊车学习数据迭代系统（见表 2-18）。

表 2-18　国内外各厂家在 AVP 领域的动向

AVP 技术路线	技术方案提供商	主机厂	时间	动态
车端	纵目科技	一汽红旗	2020.12	搭载 AVP 功能的红旗 E-HS9 上市，可实现自主定位、车位智能寻找、全自动泊车入位以及送车等功能
	百度	威马	2021.4	威马 W6 上市，搭载联合百度 Apollo 开发的"云端智能无人泊车系统"，其具备 HAVP 功能
			2022.5	威马 W6 通过 OTA 升级 PAVP Beta 2.0，可实现自动排队、跨层停车等任务
		长城哈弗	2021.12	哈弗全新 SUV 神兽上市，搭载 5G HAVP 技术，选装售价 1 万元，最多可记忆 10 个停车地点
		广汽埃安	2022.1	广汽埃安 LX Plus 上市，搭载 HAVP 功能，执行条件为车速高于 5 km/h，记忆距离最长为 150 米
	采埃孚	—	2021.4	采埃孚与天瞳威视（CalmCar）在上海车展联合发布 AVP 系统，在不涉及大规模的车辆改造和车端成本的前提下，依靠建图和车端摄像头就能完成相应的智能驾驶升级服务
	驭势科技	五菱	2018.11	搭载驭势科技研发的 AVP 系统的宝骏 E200 陆续交付，总交付量在 100 台左右

续表

AVP技术路线	技术方案提供商	主机厂	时间	动态
车端	德赛西威	小鹏	2018.6	签署自动驾驶战略合作，其中包括 AVP 系统
	—		2022.3	小鹏 P5 OTA 升级发布跨楼层记忆泊车功能，依靠激光雷达的安全冗余、海量数据采集和见图性能优化，实现物理空间的突破
场端	博世	戴姆勒	2019.7	改装后的奔驰 E 级经 KBA 审批、TÜV 作为第三方认证机构，在梅赛德斯－奔驰博物馆进行内部测试
			2020.10	奔驰新款 S 级搭载 AVP 系统，在德国斯图加特机场的 P6 停车场率先投入使用
		宝马	2021.9	参与德国汽车工业协会（VDA）AVP 项目，在 2021 慕尼黑车展中展示研究成果，仍处于测试阶段
		福特	2021.9	参与 VDA AVP 项目，在 2022 慕尼黑车展中展示研究成果，仍处于测试阶段
		合创汽车	2021.9	博世与合创汽车合作开发自主代客泊车，于 2022 年将该技术升级并搭载在合创 Z03 上
车场协同	华为	极狐	2022.5	极狐阿尔法 S 全新 HI 版搭载华为 PAVP 系统，可支持空间、水平、垂直等多种类型车位，适配室内外停车场，并支持多楼层停车场的跨楼层泊车
	禾多科技	—	2018.11	推出 HoloParking 自动驾驶代客泊车产品

注：信息来源于公开资料，由中国电动汽车百人会车百智库汽车产业研究院整理。

03

第三章

智能座舱

　　智能座舱是通过融合传感器、计算机、通信等先进技术，为用户打造便捷、安全的驾乘场景的系统。目前，智能座舱的具体定义尚未统一，一般而言，配备中控屏、语音交互、车联网功能，并支持 OTA 升级的座舱系统即可称为智能座舱。从功能划分来看，智能座舱可涵盖显示终端、语音交互、监测识别、万物互联、环境交互、手势操作、多模态交互等多个应用领域。此外，根据人车交互的智能化水平，智能座舱通常分为 L0～L4 这 5 个等级。

　　近年来，智能座舱在中国市场 10 万元及以上车型中基本普及，而未来趋势聚焦于硬件性能的迭代升级与软件生态的多样化。然而，目前多数智能座舱仍以硬件和功能堆叠为主，部分功能用户感知较弱。随着 AI 大模型在汽车领域的深入应用，智能座舱将逐步具备更主动的硬件调用与服务调配能力，使车辆从工具属性向具备思考能力、更懂用户需求的 AI 智能体转变。届时，智能座舱将不再局限于驾驶工具，而有望成为继家庭和办公场所之后的"第三空间"。

第一节　智能座舱发展现状

一、智能座舱的发展与分级

　　智能座舱采用先进的传感器、计算机和通信等技术，对车辆内部环境进行实时感知、分析、调节及控制，以提供舒适、便捷和安全的车内环境。智能座舱可通过感知驾乘人员的身体姿态、生理状态、行为习惯等信息，与汽车控制系统进行数据交互和协同，实现"千车千面"的个性化驾乘体验。

汽车座舱功能的发展大体可以分为 3 个阶段：机械化阶段、电子化阶段和智能化阶段。20 世纪 80 年代前为机械化阶段，此阶段的汽车座椅、方向盘等部件均为机械件，仪表盘采用简易的机械指针，配置简单的收音机，控制开关主要采用物理按键，各部件相互独立，功能单一。20 世纪 80 年代到 2015 年前后为电子化阶段。随着博世与英特尔联合开发控制器局域网络（Controller Area Network，CAN）总线系统，车载电子进入高速发展阶段。车载嵌入式电子产品种类日益增加，出现车载信息娱乐系统（In-Vehicle Infotainment，IVI）；2001 年电子显示屏开始应用，极少数高端车型开始应用全液晶仪表；部分物理按键替换为触摸开关，娱乐与导航功能的渗透率持续增长，汽车内饰科技感不断增强。但此阶段的电子显示屏分辨率较低、响应速度慢，座舱内功能集成度与智能化程度较低。2015 年后开始进入智能化阶段，全液晶仪表、大尺寸中控屏、多联屏、流媒体后视镜、语音交互、抬头显示等新技术开始应用，智能感知和场景化服务不断增强，车载信息娱乐系统功能逐渐丰富，交互方式趋于多样化，智能座舱功能集成度持续提高。

智能座舱按照人机交互、网联服务、场景拓展，可分为 L0 ～ L4 这 5 个等级（见表 3-1）。目前，智能座舱已完成 L0、L1 技术迭代。随着 AI 大模型的发展，智能座舱正步入 L2 阶段，即具备在舱内外部分场景下的主动感知与主动执行能力，可持续升级的云服务能力逐渐普及。

（1）**L0 功能座舱：**任务执行发生在舱内场景；座舱被动式响应舱内驾驶员和乘员需求；具备车机服务能力。如驾乘人员可以在车内使用导航、音乐、电话等功能。

（2）**L1 感知智能座舱：** 任务执行发生在舱内场景；座舱在部分场景下具备主动感知舱内驾乘人员的能力，任务执行需要驾驶员授权；具备面向驾乘人员的舱域服务能力。如座舱感知到舱内温度偏高时，根据舱域服务主动向驾驶员询问是否需要打开周围的空调出风口，并将温度降低，获得驾驶员授权后，调整空调温度和风量。

（3）**L2 部分认知智能座舱：** 任务可跨舱内外部分场景执行；座舱具备舱内部分场景主动感知驾乘人员的能力，可主动执行部分任务；具备可持续升级的网联云服务能力。如座舱可以识别不同驾驶员，主动推荐驾驶员当前时段（如上下班）常用功能（空调、音乐）。根据驾驶员到家时间，选择打开家里的智能家居产品，如空调、热水器等。

（4）**L3 高阶认知智能座舱：** 任务可跨舱内外部分场景执行；座舱具备舱内全部场景主动感知驾乘人员的能力，可主动执行部分任务；具备开放的网联云服务能力。如座舱感知到某位乘客行为状态参数有异常，初步诊断为紧急情况，需要去医院就诊，其立刻通过开放的网联云服务平台主动联系就近的医院就诊，同时主动联系乘客家属或紧急联系人。

（5）**L4 全面认知智能座舱：** 任务可跨舱内外全部场景执行，舱内可以无驾驶员；座舱具备舱内全部场景主动感知舱内人员的能力，可完全主动执行任务；具备云控平台服务能力。如在自动驾驶车辆行驶过程中，感知到某位乘员行为状态参数有异常，根据云控平台服务快速诊断为某急性疾病，其立刻通过云控平台主动联系就近的医院急诊，并找到最优路线，尽快到达医院，并联系医护人员等待。

表 3-1　汽车智能座舱分级

层级	主要特征	人机交互	网联服务	场景拓展
L0 功能座舱	任务执行发生在舱内场景，座舱被动式响应舱内驾驶员和乘员需求，具备车机服务能力	被动交互	车机服务	舱内部分场景
L1 感知智能座舱	任务执行发生在舱内场景，座舱在部分场景下具备主动感知舱内驾乘人员的能力，任务执行需要驾驶员授权，具备面向驾乘人员的舱域服务能力	授权交互	舱域服务	舱内部分场景
L2 部分认知智能座舱	任务可跨舱内外部分场景执行，座舱具备舱内部分场景主动感知驾乘人员的能力，可主动执行部分任务，具备可持续升级的网联云服务能力	部分主动交互	可升级网联云服务	舱内外部分场景
L3 高阶认知智能座舱	任务可跨舱内外部分场景执行，座舱具备舱内全场景主动感知驾乘人员的能力，可主动执行部分任务，具备开放的网联云服务能力	部分主动交互	开放网联云服务	舱内全部/舱外部分场景
L4 全面认知智能座舱	任务可跨舱内外全场景执行，舱内可以无驾驶员，座舱具备舱内全场景主动感知舱内人员的能力，可完全主动执行任务，具备云控平台服务能力	主动交互	云控平台服务	舱内外全部场景

注：信息来源于《汽车智能座舱分级与综合评价白皮书》，由中国电动汽车百人会车百智库汽车行业研究院整理。

二、智能座舱的市场规模

消费者对座舱科技配置的需求逐渐提升，汽车智能座舱市场规模快速增长。随着智能座舱向"第三空间"转变，其科技水平已成为用户购车的关键考量，据 Omdia（原 IHS）数据，61.3%的用户认为良好的座舱体验将极大提升购车概率，是第二大类关键要素。2023 年全球智能座舱的渗透率约为 55%，预计到 2030年全球智能座舱的渗透率将达到 80%，智能座舱有望成为标配，智能座舱的市场规模将达到近 681 亿美元（见图 3-1、图 3-2）。

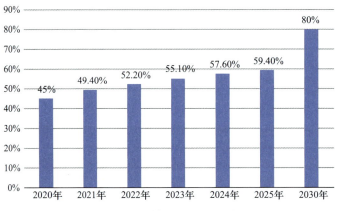

图 3-1　全球智能座舱的渗透率

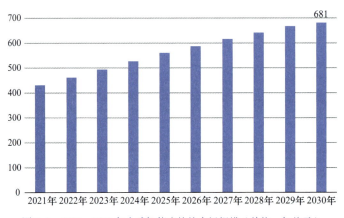

图 3-2　2021—2030 年全球智能座舱的市场规模（单位：亿美元）

注：数据来源于 Omdia，由中国电动汽车百人会车百智库汽车产业研究院整理。

　　我国智能座舱发展正领跑全球。得益于高度发达的 ICT 产业和丰富的跨界企业生态，我国在 5G、AI、大数据等领域的技术进步为智能座舱的发展奠定了坚实的基础。同时，随着智能手机、智能家居设备等智能设备的普及，消费者对智能设备的高接受度和使用习惯促进了这一趋势。我国的智能座舱市场不仅涵盖了传统的汽车制造商，还吸引了众多科技公司、互联网巨头和初创企业。这些跨界企业通过技术创新和合作，不断推动智能座舱功能的升级和完善。2023 年，我国智能座舱的渗透率约为 61.5%（见图 3-3），高于全球平均水平近 6 个百分点。未来，随着更多创新技术和应用场景的出现，预计我国智能座舱市场将继续保持快速增长，并在全球范围内发挥引领作用。

图 3-3 中国智能座舱渗透率

注：数据来源于 Omdia，由中国电动汽车百人会车百智库汽车产业研究院整理。

智能座舱是传统汽车制造业向智能汽车产业生态升级的入口，对行业和企业发展都具有重要的现实意义和战略意义。 智能座舱是汽车行业技术创新的增长点，涵盖 ICT、AI、人机交互、认知科学等诸多领域，具有高新技术和交叉技术双重特征，既是技术创新的爆发区，又是消费者直接面对的领域。同时，智能座舱是汽车智能化的突破口，主要聚焦于人机交互与消费者体验。消费电子技术可快速迁移至智能座舱，技术实现难度低、用户感知度高，可形成与外界连接的移动智能空间，带动消费电子、汽车电子、集成电路、软件服务等大量相关产业发展。此外，智能座舱有望成为智能汽车与交通、城市融合发展的关键节点，智能汽车可通过人机交互、网联服务、场景拓展的深化，全面融入智慧交通、智慧城市生态。因此，综合来看，智能座舱是智能汽车各类新技术的综合应用空间，将直接影响车企竞争，进而影响全球汽车产业市场格局。

第二节　智能座舱正进入加速普及阶段

智能座舱具备一系列功能，作为复杂的集成化系统，其所覆盖的具体功能在行业中暂无明确定义，通常认为同时搭载大尺寸中控屏，具备语音交互、车联网及 OTA 功能的座舱为智能座舱。车内屏幕、语音交互、影音系统搭载率与质量将持续提升。同时，伴随着 AI 大模型的迭代更新，全球智能座舱将加速 AI 化发展。例如，中控屏、语音交互、车联网、液晶仪表等硬件或功能已经成为许多智能座舱的标准配置（见图 3-4）。

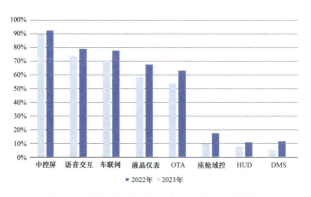

图 3-4　我国智能座舱核心产品 / 功能的渗透率

注：信息来源于盖世汽车，由中国电动汽车百人会车百智库汽车产业研究院整理。

具体来看，智能座舱按照功能应用可划分为监测识别、语音交互、手势交互、显示交互、环境交互、多模态交互、万物互联七大类（见图 3-5）。

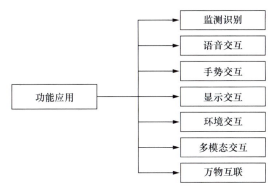

图 3-5 智能功能分类

一、显示终端

车载显示终端是人机交互的主要入口，被赋予越来越多的功能，应用场景不断丰富，主要包括液晶仪表盘、中控屏、后座显示屏、电子外后视镜、平视显示器（Headup Display，HUD）等，可为驾乘人员提供车辆信息，以及导航、娱乐等

车载显示终端正呈现大屏化、多屏化发展趋势。显示屏从传统的中控屏扩展到副驾屏、后座显示屏等，屏幕数量增加。同时，车载显示技术在不断升级、演进，从最初的液晶显示器（Liquid Crystal Display，LCD）技术，逐渐向有机发光二极管（Organic Light Emitting Diode，OLED）、次毫米发光二极管（Miniature Light Emitting Diode，MiniLED）和微发光二极管（Micro Light Emitting Diode，MicroLED）等更先进的显示技术过渡，OLED 以其自发光特性提供了更深的黑色和更广的色域，而 MiniLED 和 MicroLED 通过更精细的局部调光实现了更高的亮度和对比度。此外，各种创新显示方案在不断推出并逐步落地。光场屏技术结合了 LCD 技术与空间光学技术的显示屏，主要通过光的折射与反射特性来实现远距成像显示效果，可实现更大显

示面积并缓解视觉疲劳；全息显示技术可以在空气中生成三维图像；AR HUD 可以将导航箭头、速度信息等直接投射到前挡风玻璃上，使驾驶员不需要低头查看仪表盘，从而提高了行车安全性。车载显示技术的进步不仅提升了用户的娱乐体验，还增强了驾驶的安全性和便利性。

全球车载显示终端市场规模持续增长，2023 年前装市场出货约 2.1 亿片，市场规模约为 90 亿美元；预计到 2028 年，出货量、市场规模将分别达到 2.7 亿片、180 亿美元。从区域分布来看，全球车载显示终端出货量集中于中国、日本和韩国。中国结合新能源汽车与显示产业的领军地位，在全球车载显示终端市场占有率中位居第一，合计市场占有率超过 72%，主要代表企业包括天马微电子、京东方、友达光电等。日本在全球车载显示终端市场中位居第二，市场占有率为 19%，主要代表企业包括 JDI 等。韩国主要聚焦于中高端车载显示终端市场，如 LTPS LCD 及 OLED 等技术，并在超大型 P-OLED、透明 OLED、裸眼 3D 仪表板等超高端市场取得了一定突破（见图 3-6）。

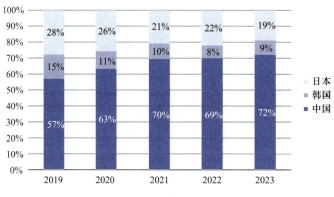

图 3-6   2019—2023 年全球车载显示终端市场占有率

注：数据来源于群智咨询，由中国电动汽车百人会车百智库汽车产业研究院整理。

1．中控屏

中控屏通常是座舱内最大的车载显示终端，是车载信息娱乐系统功能的主要端口，可用于提供车辆信息、娱乐和通信。中控屏除了可以显示导航、音频、电话、车载应用等信息外，还可以与车辆的控制系统进行连接，实现对车辆设置的控制，如空调温度调整、座椅加热等。

从布局上看，中控屏可分为单屏（横屏或竖屏）、双联屏、多联屏等；从表现形式上看，中控屏可分为内嵌屏、悬浮屏、重叠屏、升降屏、翻转屏、旋转屏、滑移屏等。目前，悬浮屏和内嵌屏较为普遍。

中控屏的渗透率高，目前市场朝着大屏化、高清化、交互多模态化和多屏化方向发展。目前国内中控屏的渗透率超过 90%，是智能座舱各零部件中渗透率最高的产品（见图 3-7）。

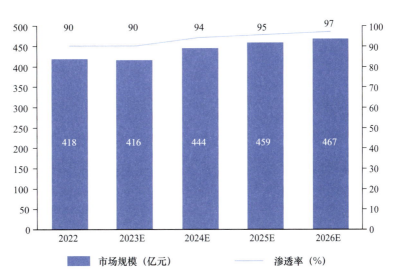

2022—2026年中控屏渗透率及市场规模（亿元）

图 3-7 2022—2026 年中控屏渗透率及市场规模

2. 液晶仪表盘

液晶仪表盘是一种使用 LCD 技术的汽车仪表盘，它替代了传统的机械指针式仪表。液晶仪表盘提供了丰富和灵活的信息显示方式，不仅可以显示各种车辆信息，如车速、转速、燃油量、里程数等，还增强了驾驶的便利性和安全性。

液晶仪表盘正在向大屏化方向发展。2024 年 1 ～ 8 月，在中国液晶仪表盘市场中，全液晶仪表盘的渗透率已经达到73.4%，基本实现普及。其中，大于 12 英寸的液晶仪表盘占比29%，8 英寸以上的液晶仪表盘占比达到 68%，而 5 英寸及以下的液晶仪表盘占比大幅缩减，从 2023 年的 21% 下降至 2024 年的 13%。

3. HUD

HUD 是将车速、油耗、胎压、导航信息、中控娱乐信息等显示在驾驶员面前介质上的系统。车载 HUD 可减少驾驶员低头观察液晶仪表盘或中控屏的频率，从而提高驾驶安全性。HUD由投影单元和显示介质这两大关键部件组成。投影单元内部的控制单元通过车辆数据总线获取车况、路况、导航等信息，再通过投影仪输出图像。根据显示技术不同，HUD 可分为薄膜晶体管（Thin Film Transistor，TFT）、数字光学处理器（Digital Light Processor，DLP）及硅基液晶显示器（Liquid Crystal on Silicon，LCOS）三类；而根据显示介质的不同，HUD 可以分为组合式抬头显示（Combiner-HUD，C-HUD）、风挡式平视显示器（Windshield-HUD，W-HUD）和增强现实式抬头显示（Augmented Reality HUD，AR-HUD）3 类（见表 3-2）。

表 3-2　HUD 根据显示介质方案分类

HUD 方案	C-HUD	W-HUD	AR-HUD
原理	将图像与信息投射到立在前置的一块单独玻璃上	将图像与信息投射到汽车前挡风玻璃上	采用 AR 技术将图像与信息投射到前挡风玻璃上
投影方案	TFT 为主	DLP 为主	TFT、DLP、LCOS 等
优势	安装便利，成本低，图像明亮、清晰	支持更大的成像区域和更远的投影距离；投影内容多，信息量大，拥有 3D AR 效果，信息更为直观	成像区域较大，可以投影更多信息，包括车况、车速、油耗等
劣势	成像区域小，可显示信息较少；投影质量差，存在色差；以配件形式加装，发生事故时容易造成二次伤害	光学结构复杂，成本较高；夜间行车存在一定干扰，存在安全隐患	成本相对较高，装置空间相对较大；对软件算法能力提出更高要求
发展现状	市场份额逐步减少	当前市场的主流方案	处于起步阶段，逐步提高市场份额

注：信息来源于《智能座舱白皮书》，由中国电动汽车百人会车百智库汽车产业研究院整理。

HUD 的渗透率将持续提高，其中 AR-HUD 有望成为市场主流。W-HUD 仍是市场主要组成部分，但随着 AR-HUD 日渐成熟，产业链逐步稳定，成本逐渐降低，有望提升市场渗透率。国内厂商持续加大对 AR-HUD 的研发力度，近年来，在 AR-HUD 的市场份额占比中，国内厂商的占比持续提高。2024 年上半年，中国 HUD 装配量共计 135.56 万台，同比增长 45.82%；渗透率达 14.01%，同比增长 4.47 个百分点。其中，AR-HUD 占比达 26.4%，同比增长 20.6 个百分点（见图 3-8）。

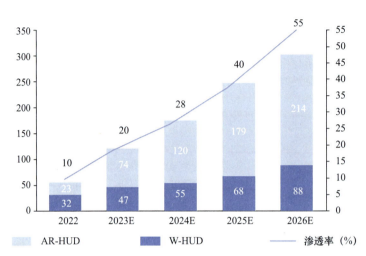

图 3-8　2022—2026 年 HUD 的渗透率及市场规模

4．电子外后视镜

电子外后视镜（CMS）是由车载摄像头和车载显示器组成，用于替代传统光学后视镜的产品。历史上汽车后视镜经历了光学平面镜到光学曲面镜，再到电子外后视镜的发展，以及从商用车到乘用车的推广。相较于传统光学后视镜，电子外后视镜具有风阻低、显示清晰、视野盲区小、受环境影响小等优势，有望成为行业发展趋势。据 IHS Markit 预测，到 2026 年中国市场将有 100 万套电子外后视镜的配置，预计有超过 120 亿元的市场规模。

5．其他车载显示终端

娱乐屏能让用户更好地与车辆进行交互和娱乐，非常适用于多人出行和通勤时间较长的场景，可按位置分为副驾屏和后排液晶屏，主要配备于中高端车型。2024 年 1 ～ 8 月，副驾屏与后排液晶屏的渗透率分别为 5.9% 和 2.2%，相较于 2023 年同期分别同比增长 2.5 个百分点和 0.6 个百分点。车载光场屏有望成为娱乐屏的新发展趋势。车载光场屏基于空间光学增加视距，能在车内有限的空间内提供 3 米外 35 寸以上的远投大屏观影效果，大幅缓解车载近距离用屏的视疲劳和晕车感，其独特的视场角更好地保护了屏幕观看的私密性和减少了对主驾的干扰，有望成为车载显示终端领域的"新物种"。

全息、透明屏等创新显示方案有望改变人车交互方式。全息显示通过核心产品负折射平板透镜，应用光场重构原理，将发散的光线在空中重新汇聚，从而形成不需要介质承载的实像，再结合红外感应或超声波等交互控制技术，可实现人与空中实像的直接交互。全息显示技术颠覆性地改变了传统显示及人机交互方式。目前宝马、丰田、大众、长城、吉利、长安、华为、江淮、红旗等企业已陆续展示其全息显示方案。透明屏可将车身近 60% 的玻璃作为显示屏，有望成为新一代人机交互方案。根据技术路线，透明屏可分为 LCD、OLED 或 MicroLED 等方案。目前，三星、LG、京东方、天马微电子、友达光电等已陆续展示其透明屏方案，主要采用 OLED 或 MicroLED 方案。

二、语音交互

语音交互是人机交互的重要方式，车载语音交互系统允许用户使用语音指令来控制车辆。它通过语音识别技术，将人的语音转化为文字，再通过自然语言处理技术，使车辆理解这些文字的含义，从而执行相应的操作，如调节音量、更改音乐、设置导航目的地、拨打电话等，而无须分散注意力，提高驾驶安全性，同时为乘客提供更加便捷的语音控制服务。

车载语音交互系统经历了从基础识别功能到个人智能助理的3个发展阶段。第一个阶段主要为2020年之前，车载语音交互系统主要实现基础识别功能，如电话拨打、导航控制等。这些功能相对简单，主要用于提高驾驶过程中的安全性和便利性。第二个阶段为2020年到2024年，在此阶段，车载语音交互系统开始扩展其功能，增加对车辆内部设备的控制能力，例如空调、天窗、座椅等。同时，语音交互能力得到了显著提升，并融合了车端和云端的互联服务，使得系统能够提供更加多样化和智能化的功能。例如，用户可以通过语音命令调整车内温度、开启天窗，甚至查询天气信息和新闻。当前正进入第三个阶段，车载语音交互系统更多地担任个人智能助理的角色，以人机对话为核心，融合了智能导航、多媒体娱乐、车身控制等多种智能座舱的人机交互需求，具体体现在语言模型定制、个性化语音合成、对话逻辑定制等。同时，车载语音交互系统开始进入舱内多模态交互的系统构建阶段。此外，当前阶段的车载语音交互系统开始整合更多的智能服务，如智能家居控制、车机手机互联等，进一步拓展了智能座舱的应用场景。

全球车载语音市场以美国为主导，依托其优质的IT产业基础，为全球提供先进的车载语音交互服务，代表企业包括Cerence、亚马逊、谷歌和微软等。这些企业在语音识别、自然语言处理和AI领域拥有深厚的技术积累，能够提供高度智能化和个性化的解决方案。相比之下，我国市场对本土化要求较高，厂商在智能化水平方面也表现出色，代表企业包括科大讯飞、赛轮思、大众问问、百度和思必驰等。这些本土企业在技术创新和市场适应性方面具有显著优势，占据了超过 90% 的市场份额。

三、监测识别

监测识别技术通过传感器捕捉用户的生理特征，为车辆提供个性化和安全的访问控制。监测识别技术可分为图像识别、指纹识别、其他生物特征识别。此外，通过监测识别技术，如面部识别、指纹识别等，车辆可以实现个性化设置的自动调整，如座椅位置、气候控制和娱乐偏好等，从而为用户提供更加便利和个性化的驾驶体验。

1．舱内监测系统

舱内监测系统使用传感器来分析驾驶员的状态，并且在必要时向驾驶员发出警告，以及采取刹车措施或启用自动驾驶车辆转向功能，包括驾驶员监测系统（Driver Monitoring System，DMS）、乘客监测系统（Occupant Monitoring System，OMS）等。舱内监测系统通过多种技术，如计算机视觉、红外传感器、生物识别等，不仅可以实时监测车内乘客的状态和行为，还可以识别驾驶员的身份、疲劳状态、危险行为等。

随着全球法律法规的发布，DMS 的渗透率将快速提升。我国自 2024 年 7 月 1 日起正式实施《中国新车评价规程（C-NCAP）2024 版》，新增了 DMS 作为主动安全板块的评估项目；美国国家运输安全委员会 2020 年建议将 DMS 作为 L2 辅助驾驶系统的有效安全保障手段；欧盟通用安全法规（General Safety Regulation，GSR）规定从 2024 年 7 月起，所有进入欧盟市场的新车都必须安装驾驶员疲劳监测系统，从 2026 年 7 月起，所有新车都必须安装驾驶员分心监测系统。预计到 2029 年，驾驶员监测系统全球渗透率将超过 90%。在全球市场中，美国、日本、欧盟大部分 Tier 1 已推出完整解决方案，包括法雷奥、博世、大陆集团、电装、伟世通等。在中国市场中，2023 年前 10 个月，DMS 装配率为 12.4%，解决方案商主要包括地平线、商汤、虹软等。

2．生物监测系统

生物监测系统通过直接或间接感知技术，检测车内是否存在生物的情况，如检测车内是否有被遗留的儿童或宠物。当检测出车内有被遗留的生物时，该系统会阻止车门上锁并发出警报以提醒驾驶员、乘客或者周围的人，以防止生物在车内发生意外。如在夏季高温，有些车主会粗心地将儿童遗留在车内，导致儿童中暑甚至死亡的严重后果，该系统可有效避免危险的发生。目前生物监测系统仍处于发展早期，渗透率不足 1%。

3．身份识别系统

身份识别基于人体固有生理特性和行为特征实现，可分为指纹识别、面部识别、虹膜识别等。在汽车上基于安装在方向盘、B 柱、后视镜等临近主驾驶位置的指纹、面部、声线等识别设备，身份识别系统通过面部扫描、虹膜扫描、声纹识别、指纹跟踪等手段，确认驾驶员的身份，确认身份后可解锁车门、后备箱和车机系统。受限于安全、稳定、成本等因素，当前身份识别技术在汽车上的应用尚处于初级阶段，如现代汽车部分型号搭载指纹识别开门系统。

4．健康监测系统

利用方向盘和安全带上的一系列传感器来监测驾驶员的健康状态。例如，利用安全带上的压电传感器捕捉呼吸、红外传感器测量体温、导电传感器测量心率。通过健康监测系统分析驾驶员心率、血压等信息，车辆可调整照明系统，帮助驾驶员缓解压力或实现健康提醒。当监测到驾驶员出现紧急情况时，车辆会发出语音提醒以提示驾驶员放慢车速或主动拨打紧急求助电话。

四、万物互联

万物互联是指座舱和外部终端的连接和协议交互，为驾乘人员提供来自外部终端的信息娱乐、语音服务、拨打电话、地图定位、数字钥匙等服务，在形式上包括但不限于座舱与手机互联、座舱与穿戴智能设备互联、座舱与智能家居互联等。

1．手机车机互联

手机车机互联是一种实现手机与车载系统的信息互通与功能共享的技术。手机通过有线或无线等近场方式与汽车车机进行连接，这些方式可以融合汽车和手机的技术优势，手机可以使用车辆丰富的硬件资源，比如大屏幕、多分区麦克风、传感器等；车机可以使用手机丰富的软件生态、AI芯片算力、5G通信速率、手机厂家特有的内容服务等。同时，由于车机研发周期长、更新换代时间慢，通过对接互联标准，借助更新迭代快、硬件升级迅速的手机终端，可以实现车辆智能化长时间延续。

手机车机互联生态主要由手机厂商主导，包括苹果CarPlay，谷歌Android Auto，华为HiCar，OPPO、vivo和小米为主导的 ICCOA CarLink，还包括百度 CarLife、亿联和各类车企自研的互联软件（蔚来 NIO Life、宝马 iDrive、东风纳米等）（见表 3-3）。2023 年，中国手机互联映射功能在新车市场的渗透率约为 56.4%，其中百度 CarLife 和苹果 CarPlay 依然是主流方案，它们 2023 年的渗透率分别为 33.4% 和 30.7%，同时华为 HiCar 的搭载率在持续提升，2023 年配置率达 8.5%（单一车型可支持多种互联映射协议）。

表 3-3　手机车机互联状况

互联系统	出品厂商	车机支持情况	手机支持情况	手机 App 支持情况
CarPlay	苹果	主流车型都支持	苹果手机	主流导航和音乐 App 都可用
Android Auto	Google	国内支持的车很少	安卓手机	只有谷歌生态
HiCar	华为	新车开始逐渐支持	华为手机	主流导航和音乐 App 都可用
ICCOA CarLink	OPPO、vivo 和小米	新车开始逐渐支持	OPPO、vivo 和小米等手机	主流导航和音乐 App 都可用
CarLife	百度	主流车型都支持	Android、iOS	较少
亿联	亿联	支持 Android 和 WinCE 车机	Android、iOS	较少

注：信息来源于公开资料，由中国电动汽车百人会车百智库汽车产业研究院整理。

2. 数字钥匙

数字钥匙是一种虚拟钥匙，没有实体形态，用户通过手机或智能穿戴设备，只需要走近车辆，即可实现钥匙功能。根据技术原理，数字钥匙技术方案可分为 NFC、蓝牙、超宽带（UWB）等。蓝牙是手机标配，成本较低，是数字钥匙技术主流方案，国内市场搭载率高达 94.33%，但存在应用场景覆盖不足、信号容易受干扰的问题；UWB 具有厘米级定位和强抗干扰能力，市场占有率快速提升，据盖世汽车统计，2024 年中国乘用车上 UWB 技术方案的渗透率接近 3%。

数字钥匙正快速普及，据高工智能汽车研究院统计，2024 年上半年，中国乘用车上数字钥匙（含蓝牙、NFC 或 UWB）的搭载率已达 42.54%，供应商以本土企业为主，如银基科技、埃泰克、远峰科技、亿咖通、博泰等，市场占有率分别为 21.61%、9.13%、8.56%、8.22%、5.31%。此外，随着汽车网联化程度越来越高，通过手机 App 远程控制汽车开始成为主流。2023 年，中国手机 App 远程控制功能渗透率突破了 60%，其中车辆监控、远程控制、服务预约等功能的渗透率均超过 50%。

3. 其他汽车万物互联

随着物联网兴起，汽车可与各类设备互联，如智能穿戴设备、智能家居设备等。智能手表、健康手环等智能穿戴设备与汽车及座舱系统连接，可实现数据共享和功能协同，如通过智能穿戴设备监测驾驶员的心率、血压等生理指标，并在检测到异常时提醒驾驶员休息或寻求帮助；使用智能穿戴设备作为解锁车门、启动车辆的身份验证工具；根据智能穿戴设备上的用户信息自动调整座椅位置、调整空调温度等，提供个性化的驾驶环境。汽车座舱系统与家中的智能家居设备连接起来，可实现远程控制和数据同步。如可以在回家的路上提前开启家中的空调、热水器等设备，或者在离开家时关闭所有电器；当车辆接近家时，智能家居系统可以自动打开车库门、点亮室内灯光等；通过车载屏幕查看家中的摄像头画面，确保家庭安全。如华为鸿蒙智行可与华为旗下的智能穿戴设备、智能家居设备互联；小米提供对第三方开放的CarIoT 生态，实现人、车、家生态闭环；星际魅族 MYVU AR智能眼镜、智能指环未来都能参与到智能座舱当中。目前此类万物互联仍处于发展前期，跨设备的数据安全、生态协同尚待实现。

五、环境交互

1. 智能灯语

智能灯语是指以外部车灯（远近光灯、外部信号灯、外部氛围灯等）和车内灯具（氛围灯、室内灯等）为载体，可通过自定义显示亮度、动态点亮效果，甚至投影图案、视频动画等方式，实现对灯与驾驶员或其他道路使用者进行提醒和互动的交互技术。

车内氛围灯是一种安装在汽车内部，用于营造舒适氛围的照明设备。它通常采用 LED 作为光源，通过 RGB 色彩模式实现丰富的色彩变化，可以安装在车门、中控台、脚踏板等多个位置，通过精准控制实现不同区域的独立照明和色彩调节。氛围灯正快速普及，根据佐思汽研发布的数据，2023 年，中国汽车新车氛围灯的渗透率为 44.1%，预计到 2025 年将达到近 60%。

外部车灯能够实现自动驾驶辅助、车外交互、投影娱乐等功能。根据技术路线，外部车灯可分为 DLP 大灯、数字大灯、可编程大灯、精密 ADB 大灯等；根据光源，外部车灯可分为LED、卤素、激光等（见表 3-4）。外部车灯正与其他部件融合，形成新应用。如"灯屏一体"（采用显示屏进行车外照明与显示）、"灯面一体"（将智能表面技术融入照明系统，主要用于外部格栅灯以及车内氛围灯或门灯）、"感知照明"（在车灯内集成传感器，提升智能化）等。以智能车灯的交互功能为例，其主要通过大灯投影图像和 LED 显示屏显示图形，传达车主的意图并与行人、车辆进行交互。该技术主要通过像素大灯的投影和可编程大灯的灯语模式实现。2023 年，搭载智能灯语系统的车型开始迎来爆发期，安装量超过 33 万辆，渗透率为 1.6%。

表 3-4　智能车灯典型功能与车型

功能	典型技术	代表车型
智驾辅助	精密 ADB 大灯、矩阵式大灯、DLP、MicroLED	问界 M9、极越 01 等
交互	可编程大灯、DLP、MicroLED	极氪 007 和 001、星途星纪元 ES、阿维塔 12、宝马 iX1、飞凡 R7 等
娱乐	可编程大灯、像素大灯、DLP、MicroLED	问界 M9 等

注：信息来源于公开资料，由中国电动汽车百人会车百智库汽车产业研究院整理。

2. 噪声检测

噪声检测是指通过检测座舱内噪声指数，可使用主动或被动降噪方式降低座舱噪声。相较于传统的通过阻隔吸声的方式实现降噪，主动降噪可以利用麦克风侦听噪声声波，然后经过处理发出反向声波，使二者在传播过程中相互干涉抵消，进而将噪声中和。如 Bose 推出发动机降噪系统 EHC，而哈曼推出的噪声管理方案 HALOsonic 可处理胎噪和路面噪声等。在主动降噪技术的基础上，衍生出一系列音频技术。如华为推出隐私声盾技术，通过发出反向声波，避免二排乘客对话被司机听到，可以自适应跟随主驾头部进行声音屏蔽，开启后，可屏蔽 90% 的二排对话。2023 年，在我国主动降噪功能的渗透率为 7.4%，主要集中于 15 万元至 35 万元车型（见图 3-9，价格单位万元）。

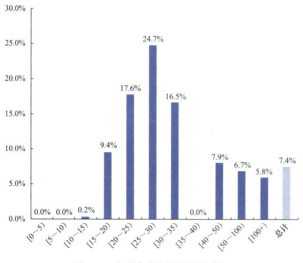

图 3-9　主动降噪分价格段渗透率

3．音效控制

音效控制是指通过音效芯片、功率放大器和车载音响，提升座舱声音的空间感、立体感，增加驾乘人员的听觉体验。座舱声学系统包含车载扬声器、车载功率放大器、车辆声学警报系统、麦克风等。座舱声学系统作为智能座舱的声音解决方案，能够带来更高的用户感知价值和更好的用户体验。随着消费者对声学体验要求的提升，扬声器市场呈现出快速增长的态势，目前已经成为旗舰车型和中高配车型的核心卖点之一。乘用车整体市场中扬声器数量主要集中在 6 ～ 10 颗，而新能源乘用车扬声器数量在10 颗以上的比例接近 30%，在 20 颗以上的比例达到 5%。除硬件外，调音技术和声学处理在座舱声学系统中占据核心地位，如 AI 在音乐处理、平衡音或场景音改变等方面的应用，可提升用户听感。扬声器数量、音质、音效等正持续升级，通过搭载杜比音效、AR 技术、全场景环绕等高级声学技术，打造更具竞争力的座舱体验。全球车载扬声器市场以欧美日传统声学企业为主，代表企业包括日本先锋、JVC、松下、索尼等，美国 Bose、Sound United，欧洲丹拿、B&O 等。我国企业主要居于白牌市场，缺少品牌效应，如上声电子的全球市占率为 12% ～ 13%。

4.其他环境交互

环境温度感知系统通过检测座舱内温度，动态调节空调控制器，保持座舱内部处于舒适温度。如特斯拉可将温度控制设置为自动，此时系统会自动调节风量分配和风扇转速，保持驾驶室处于选定的温度。

可通过检测座舱环境是否含有污染物，使用净化过滤等方式提高座舱内部空气质量。如部分车型配备了自动空气再循环系统，该系统可以自动检测车外空气的污染物浓度，如果发现污染物浓度过高，就会自动切换到再循环模式，车内空气将由空调系统进行过滤处理，以保证车内空气的清洁。

气味控制目前主要通过香氛来实现，可通过手动或自动的方式来调节座舱气味，增强驾乘人员嗅觉体验。例如，智能香氛系统可以根据设定控制开关，通过语音、手机小程序、智能控制面板等多种智能方式控制香氛的开闭，调节香氛浓度、模式和工作间隔时间，自由切换多种香味、安全驾驶提醒、手势感应、智能识别香味、隐藏式智能出风等独特设计为驾乘人员打造了清新、静谧、干净的车内环境，可营造良好的驾驶体验。

六、手势交互

手势交互是一种隔空交互技术，可以减少驾驶员操控屏幕引发的风险，提升驾驶便利性和安全性。根据技术路线，手势交互识别可分为基于摄像头和基于雷达的方案，前者是目前手势交互的主流技术路线，可细分为结构光、ToF（飞行时间）和双目视觉。目前，车企正积极推动手势交互功能布局，从控制车内信息娱乐系统，包括接挂电话、调整音量、控制导航等功能，发展到可控制车身硬件以及安全系统，如开启或关闭车窗、天窗或遮阳帘，以及关闭车门等功能。车外手势控制也是各大厂商积极拓展的技术领域。例如，魏牌摩卡已经实现了驾驶员可以在车外通过手势控制车辆点火、前进、后退、暂停、熄火操作。未来，手势交互功能将不再局限于驾乘人员，而会逐步实现对车外路人的动作识别，例如识别路上交警的指挥手势或汽车周围骑车人做出的手势。

七、多模态交互

多模态交互技术是指通过融合多个单模态交互，并结合座舱功能生成智能场景。在智能座舱领域，将视觉、语音、听觉、触觉、嗅觉全部调用起来，更好地实现智能座舱交互已成为重要的研究分支。目前已实现的多模态交互包括但不限于语音＋唇动识别、语音＋面部识别、语音＋手势识别、语音＋头姿、面部＋情绪识别、面部＋眼球追踪、香氛＋面部＋语音识别等。如睿蓝7、极狐考拉等车型在面部识别功能上融入情绪识别功能，提供主动交互功能，增强交互体验；蔚来EC7、睿蓝7等车型实现驾驶员监测系统与香氛系统联动，提升驾车安全性。

八、座舱域控制器

座舱域控制器是指集成了多个控制器和芯片的汽车电子设备，用于连接车内各种设备和系统，其正朝高算力、高集成度、高智能化方向发展。芯片算力决定了座舱操作运行流畅度，是座舱空间智能体验优劣的基础。同时，在 AI 大模型的支持下，智能座舱具备了更多、更好的个性化体验，并实现了实时信息处理、多模态交互、智能化与网联化等应用创新。

座舱域控制器芯片美国领先，中国加速追赶。美国企业座舱域控制器芯片的全球市场占有率超过 60%，高通、英特尔、AMD 等厂商复用其在消费电子领域深厚的技术积累进入座舱域控制器芯片领域，如高通 SA8155P、SA8295P 分别复用了其手机芯片骁龙 855 和 PC 芯片 8CX Gen2 的设计，大幅降低了研发成本。中国座舱域控制器芯片市场仍处于发展初期，代表企业主要包括华为、紫光展锐、杰发科技、全志科技、芯驰科技、芯擎科技等，但受限于芯片制造与开发周期，整体市场占有率不足 10%。韩国三星结合手机处理器推出座舱域控制器芯片产品猎户座 V 系列，最高端可达 5 纳米制程。此外，欧洲、日本的传统汽车芯片厂商在中低端市场仍有一席之地，如恩智浦 i.MX 8、瑞萨 R-Car H3 系列，但由于制程相对落后（14 ～ 28 纳米）、算力偏低、AI 支持不足，主要面向中低端市场。

基础软件由欧美日主导。车载操作系统多基于开源 Linux 操作系统定制开发，市场占有率超过 95%。日系车企主要围绕 AGL（Automotive Grade Linux）开发，欧美车企主要围绕 GENIVI 开发。同时，美国谷歌开发的车载 Android 操作系统凭借生态友好的特点，已成为车载操作系统的重要参与者，中国主流车载操作系统均基于此进行二次开发。中国自主车载操作系统内核已量产上车，典型代表包括华为鸿蒙操作系统、斑马智行 AliOS 等，目前已初具规模，如斑马智行累计合作量产智能化车辆超过 700 万辆，落地车型超 150 款。

AI 大模型以中美为技术主导。美国是全球 AI 大模型技术领导者，OpenAI、谷歌、Meta 等研发的 AI 大模型在参数量、模型评分等方面全球领先，奔驰、奥迪、通用等车企先后通过微软 Azure 云服务接入 OpenAI 的 ChatGPT，以增强车辆的语音控制能力。中国在 AI 大模型领域紧追全球先进水平，文心一言、通义千问、DeepSeek、豆包等 AI 大模型同样全球领先，目前中国主流车企如一汽、东风、长安、北汽、广汽、上汽等旗下的车型已陆续与百度、科大讯飞、华为等合作接入 AI 大模型，形成用车助手、娱乐助手、出行助手等方面的产品。

九、其他智能座舱应用

智能表面是指在汽车内饰中增加电子产品，让内饰实现触摸后光电显示、震动反馈等功能。智能表面按区域可分为中控台、氛围灯、方向盘、座椅等部位（见图 3-10）。如吉利极氪 X 的方向盘采用"触控按键 + 实体按键"共同操作的模式，在方向盘下方安装触控板，实现后备箱开关、车前玻璃加热等功能。

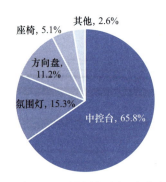

图 3-10　2023 年 1 ~ 9 月中国主要车型智能表面搭载部位

注：数据来源于佐思汽研，由中国电动汽车百人会车百智库汽车产业研究院整理。

智能座椅是指具备根据不同场景，将座椅调整到合适姿态温度等功能的汽车座椅。智能座椅除了支持水平、高度、靠背常规调节，还支持旋转、腿托、肩部、侧翼等方向调节来实现舒适坐姿，同时支持加热、通风、按摩、记忆、迎宾等功能，能满足驾驶和乘坐的舒适感需求。智能座椅还可实时监测驾乘人员的生理指标，包括人体温度、心率及呼吸频率等，并分析驾乘人员的健康状态，当识别到驾乘人员的生理指标异常时，智能座椅可以主动提供按摩、降温或加热等功能来帮助驾乘人员恢复到健康、舒适的状态。智能座椅采集到的生理特征数据可以传送到云端，以对驾乘人员进行健康管理，让驾乘人员实时了解身体状况。

第三节　AI 将赋能智能座舱走向主动服务

AI 大模型（简称大模型）是指以算力为基础、以数据为资源、以算法为放大器的技术范式，具有马太效应。大模型具备强大的理解能力，在单纯的交通工具属性基础上，科技属性与娱乐属性占比逐渐变大。结合多年发展的 AI 技术，大模型将给汽车带来全面、彻底的变化，让汽车成为更高层次、更多功能的超级智能体，变得会思考、懂用户的 AI 汽车，将汽车智能化向更高发展层次推进。大模型在智能座舱中的应用，解决的是汽车内部如何"更好玩、好用"的问题，与智能驾驶的"好开"形成互补。这主要体现在 AI 技术对汽车交互、娱乐、出行等功能的升级，将成为企业向"以用户为中心"战略转变的关键领域。

一、AI 在智能座舱的创新应用

AI 汽车的创新服务主要体现在 3 个方面。在人机交互方面，车机智能助手在大模型的赋能下，能更精准地理解驾驶员交互意图，结合多模态交互融合多种感官信息，可进一步提升车机智能助手的理解能力，实现智能、自然的交互体验。在场景式创新服务方面，大模型能够打通车机应用，由 AI 汽车助手控制、协调，通过"功能原子化＋个性化编排"的方式，实现跨应用的服务调用，将车内离散功能整合为系统性、连续性的场景式、个性化服务。在监测及安全服务方面，大模型能够跨域整合车载感知和功能模块，提升健康监测功能、安全预警功能、数据与网络安全防护功能，进而提升车辆智能化水平，为用户带来更安全、舒适的驾乘体验。

1. 人机交互

基于大模型的语音助手越来越人性化。大模型等 AI 技术可将传统的基于规则匹配的交互模式转变为基于自然语言的交互模式，叠加大规模语料库的训练和持续优化。车机智能助手不仅能识别和处理标准普通话指令，也能解析复杂指令和模糊指令，并理解各种方言和口语化表达，甚至可以根据上下文的语境分析语法和语义，推断用户的潜在意图和需求。车机智能助手还能与用户进行多轮对话，实现多意图的理解、贯穿上下文的深度理解，使车载语音交互更加自然和情感化，达到伙伴级水平，甚至可以与用户闲聊，提供情绪价值。此外，利用 AI 大模型，车机智能助手可以将用户自然语言需求转化为一系列复杂任务，并调用多个应用分步骤完成；也可以实现不同座位、不同乘员的并行多域交互，能满足多乘员场景下的复杂交互需求。结合降噪消音技术，车载音频系统可让驾驶员无法听到后排乘客的谈话内容，极大地提升车内隐私保护水平，并且避免驾驶员分心，提升行车安全性。问界 M9 配备了隐私声盾，可以避免驾驶员听到后排乘客对话，也可以自适应跟随主驾头部进行声音屏蔽。

在大算力平台和 AI 算法加持下，多模态交互能够融合文字、语音、视觉、动作等多种感官信息，让车机智能助手能够更准确、全面地理解复杂场景和任务，包括眼球追踪、语音识别、口语识别联动和驾驶员状态检测等。多模态大模型的应用，将形成"汽车 AI 大脑"，它能根据多模态信息准确理解人类意图，进而充分模拟人与人之间的交互方式，使车机智能助手兼具座舱控制和聊天服务功能。例如，在嘈杂环境下，"汽车 AI 大脑"除可以利用麦克风进行语音识别之外，还可以叠加摄像头确定音源并阅读唇语，甚至结合说话人员的表情和肢体动作，能够得到比单纯的语音识别更好的效果。这不仅能让人机交互更智能、更自然，还能极大地丰富驾驶舱场景，提升用户与汽车的互动体验。

2．场景式创新服务

（1）**娱乐服务**。AI 汽车助手能基于用户历史操作记录、地理位置、停留时间、点赞、收藏等多维度信息，分析用户喜好，向用户精准推荐个性化内容，并基于实时反馈机制快速调整推荐算法，提高推荐内容的准确性和个性化水平。例如，可以根据用户的播放历史、周围环境推荐更加符合当前情景的音乐或"播客"；还可以基于用户地理位置、车辆行驶环境及状态，向用户推送实时交通信息、天气预报等实用信息，提高出行便利性。AI 汽车助手还可以利用大模型的多模态交互、文生图、文生视频功能，感知车辆所处环境并依据用户要求，生成个性化壁纸、音乐 MV 等，并支持用户多轮的定制化修改。商汤绝影的 FlexInterface 能够结合天气、时间、节日、纪念日，以及周围环境变化，自动变换中控屏的桌面壁纸和图标。车端 AI 系统能够帮助用户在海量内容中快速找到自己感兴趣的内容，提高内容发现的效率，缓解用户的选择焦虑。对于内容提供商而言，提供更加贴近用户需求的内容，有助于增加用户的黏性，提高留存率和用户满意度。基于此，AI 汽车助手能通过精准投放广告等方式为车企、内容提供商创造新的盈利增长点。

（2）**出行服务**。在旅游出行方面，AI 汽车助手能自动收集和分析海量的地理数据、旅游景点数据、交通状况以及用户偏好等数据，用户只需用日常语言描述出行目的地和游玩需求，它就能迅速理解并进行相应的规划，用户不需要在众多的旅游攻略和地图中筛选信息、拼凑行程。在行程安排方面，大模型会合理分配时间，充分考虑景点的开放时间、游玩所需时间以及休息时间；可以随时随地为用户讲解景点特色，确保用户能够在有限的时间内充分享受旅行；能根据用户的独特兴趣、偏好和预算，与周边的服务实现无缝连接，为用户提供一站式的解决方案，使用户不需要在多个应用之间切换，极大提升出行的便利性和舒适度。在餐饮方面，AI 汽车助手根据用户的口味偏好和行程安排，推荐沿途的特色餐厅，并支持在线预订座位。在住宿方面，AI 汽车助手能够根据用户的预算和需求，筛选出合适的酒店、民宿，并提供预订服务。在购物方面，AI 汽车助手可以推荐当地的特色商店和购物中心，并提供商品信息和优惠活动。在娱乐活动方面，AI 汽车助手能提前为用户获取演出、节庆等活动信息，并协助预订门票。在停车方面，AI汽车助手能够为用户提供从寻找停车场、停车计费到支付的全流程一体式服务，还能够综合分析导航规划和已接入的停车场信息，给车主推荐最优的停车场，并与现有支付平台打通，直接在车机端提供自动计时、计费、支付、优惠券使用等服务。在能源管理方面，AI汽车助手能提供汽车充电管家服务，可综合考虑用户日常规划和习惯、车辆电池电荷状态、剩余续驶里程等，以及附近区域的充电桩类型、排队人数等因素，自主搜寻合适的充电桩位置，通过车载导航系统推送精确的地理导航信息，缩短查找时间。

（3）**生活服务**。在大模型的加持下，驾驶员的身份逐渐向乘客转变，汽车也将以乘坐体验为核心，车载语音助手能够进化为智慧生活助手，可以扮演导航员、导游、情感专家、心理疏导专家等角色，以满足用户在日常生活中复杂多样的服务需求。大模型通过深度学习和自然语言处理技术，使得AI用车顾问手册的内容呈现更加个性化，极大地提升了驾驶员的信息获取效率，还能够根据用户的驾驶习惯和偏好智能地调整显示的信息，为用户提供高质量的知识库。

3．监测及安全服务

利用健康知识大模型，打通用户健康监控系统、智能穿戴设备、车载健康联动系统，结合在线医疗平台，能够为用户打造车载智慧健康管家，其核心是将生物识别应用于出行的各个场景，形成长期、连续的健康监测档案，并与在线医疗资源、语音助手、紧急呼叫系统等连通，为用户提供全方位、全场景、全链条的健康服务。大模型对基于感知数据的目标识别更全面、准确，能够有效地融合和处理来自不同传感器的数据，简化数据流的处理，从而更全面地识别侧后方和盲区内的物体，提升车辆对周围环境的感知能力。大模型通过自然语音识别与交互，直接、快速地向用户告警，提升用车安全。它还能与先进驾驶辅助系统（Advanced Driver Assistance System，ADAS）集成，提供更高级别的驾驶辅助。另外，大模型能够融合毫米波雷达、360°环视摄像头等多种传感器的数据，从而感知车辆周围环境，增强DOW 系统的感知准确性，进一步降低开门导致的事故率。

二、智能座舱 AI 化发展阶段

AI 汽车的发展是一个动态概念，其不同技术与应用的各项价值和核心特征互相支撑，互相促进，逐步走向成熟。根据人机协作方式、汽车智能化与自主化程度，可将 AI 汽车发展分为 3 个阶段（见表 3-5）。

表 3-5   AI 汽车发展的 3 个阶段

发展方面	发展阶段		
	AI 汽车 1.0	AI 汽车 2.0	AI 汽车 3.0
AI 化领域	人机交互	智能座舱	整车
创新技术	大模型	大模型 + 功能信源互通	大模型 + 跨域融合 / 中央集成式架构
优化内容	自然语言、多模态	功能原子化 + 个性化编排	整车功能整合与调用
人车关系	人与工具	协作 + 监督	智能伙伴

注：信息来源于中国电动汽车百人会车百智库汽车产业研究院。

AI 汽车 1.0 阶段，汽车是多意图理解、被动执行的智能工具。在此阶段，汽车具备较强的对特定任务的理解能力，能够实现多指令识别，并被动执行座舱简单功能，人与汽车仍然是用户和工具的关系。在 AI 汽车 1.0 阶段，最核心的是大模型在车载助手中的应用，它改变了传统的指令式交互模式，提供文生图、文生视频、AI 用车说明书、闲聊等生活服务；也能通过自然语言处理技术实现车门、车窗和车灯的开关等简单的逻辑控制，不需要用户手动操作，提高了行车安全性、简化了交互流程，极大提升了人机交互体验；还能够理解用户的模糊意图，提供更加智能和人性化的服务。

在 AI 汽车 2.0 阶段，汽车进化为与人高度协同、主动服务的超级智能助手。在 AI 汽车 2.0 阶段，汽车将需求作为第一输入和基准，不需要用户下达具体任务，就可以自主规划执行步骤，将用户需求转化为一系列复杂的指令。通过 API 主动调用车端或云端的原子化功能模块，自动组合、编排并主动为用户提供无感服务。在这个过程中，汽车能依据用户中间反馈进行迭代优化，直至用户需求被满足。人与汽车的关系转变为以"监督"为核心的协同合作，汽车展现出出色的协调资源和解决问题能力，承担更多的控制责任。在 AI 汽车 2.0 阶段，汽车的基础是"功能原子化"。大多数车端应用设计以功能堆砌为主，并基于特定规则逻辑，将纷繁复杂的细分模块固定组合。AI 汽车将复杂的软硬件功能打散为一系列的原子化功能模块，在打通车端软硬件之间的信源前提下，整合成原子化功能组件体系，形成通用化、标准化的功能集成平台，能够支持按需编排、组合、调用。以办公软件为例，其由超过 1 万个细微功能组成，AI 汽车中的功能可能会更多。

在 AI 汽车 2.0 阶段，汽车的核心特点是"主动服务"。AI 汽车具备超强的泛化理解能力，能够结合用户需求进行自主决策。基于"服务个性化编排"的逻辑，AI 汽车能够基于具体应用场景，为用户提供个性化创新服务，实现真正的"千车千面"。例如，针对"用户需要与距离较远的朋友相约吃饭"的需求，车载智能助手可以将需求分解为路线规划、餐厅选取、订座等多个任务，并调用多个应用程序实现用户需求。首先通过车载导航地图找到中间地点，然后激活大众点评、抖音等应用程序寻找附近餐厅，并读取文字信息、图片信息、视频信息，再选择符合要求的餐厅，最后通过语音交互直接订餐、点单，同时将到餐厅的路线发送至导航软件。其间可以和车主反复交流修改出行路线、餐厅类型等。

在 AI 汽车 3.0 阶段，汽车具备更高的智慧，是能够达到甚至超越人类水平的超级智能体。它能够在与车内外环境交互的过程中不断学习和适应，并根据环境变化调整状态；能够在部分使用场景下根据用户实时状态独立调整功能，为用户提供最优的体验，而不需要用户直接干预。在此阶段，人与汽车之间的关系是用户负责授权，AI 汽车全面、自主地提供一体式服务，AI 汽车 3.0 将推动汽车进化为新形态，即汽车不仅是交通工具，而且是能够思考、感知并自主执行任务的智能伙伴。这个阶段的车内 AI 系统功能调用和车辆控制会更加深入，不仅局限在座舱，还能跨域完成感知、控车等复杂的车辆控制任务和提供涉及车辆控制的应用服务，提供更加丰富和个性化的服务，同时确保车辆的稳定性和安全性。这为未来的技术创新和应用开发提供了更多的可能性。

04

汽车芯片，又称车规级芯片，是电动化与智能化汽车的基础零部件。因其关乎行车安全，所以其对可靠性的要求远高于普通消费级芯片。为保证可靠性和安全性，汽车芯片通常需要满足AEC-Q100、IATF 16949、ISO 26262等一系列严格的国际标准。其中，AEC-Q100侧重于汽车芯片本身的可靠性认证；IATF 16949关注汽车芯片生产过程的质量管理体系；ISO 26262则针对汽车芯片的功能安全进行全流程管理。从功能上看，汽车芯片可分为计算、控制、功率、通信、存储、电源、驱动、传感、安全等多个类型。不同类型的汽车芯片，根据其所处的应用场景，需要符合相应的标准。

近年来，我国在汽车芯片的国产化方面取得了显著进展，尤其是在功率、电源、通信、传感和安全等类型芯片的国产化率上表现突出。然而，由于起步较晚，在控制、计算、存储和驱动等核心汽车芯片领域，我国的国产化率仍相对较低。造成这一现状的主要原因包括上游电子设计自动化（Electronic Design Automation，EDA）工具和IP授权受限，中游汽车芯片制造工艺和封装产能不足，以及下游软硬件生态和验证体系不完善。受这些因素的影响，我国汽车芯片的整体国产化率仅为约10%。

第一节　定义及分类

汽车芯片是指技术标准达到车规级，可应用于汽车控制的芯片。芯片分为消费级、工业级、车规级、军工级、航天级5个等级，其中车规级是适用于汽车电子元件的规格标准等级。不同于消费级和工业级芯片，车规级芯片对可靠性的要求更高，例如温度范围、湿度范围、出错率等（见表4-1）。车规级芯片主要通过复杂的芯片设计和生产流程控制来实现，从而在温度范围等方面得到更优的表现。

表4-1　消费级芯片与车规级芯片的差异

项目	消费级芯片	车规级芯片
整体开发时间	1～3年	4～8年
温度范围要求	–5～40℃（部分要求60℃）	–40～155℃
湿度范围要求	20%～75%	0%～100%
振动、冲击要求	正常	较高
出错率	小于3%	0
使用时间	1～3年	15年或20万千米
电路设计	防雷设计、短路保护、热保护等	多级防雷设计、双变压器设计、抗干扰技术、多重短路、多重热保护、超高压保护等
工艺处理	防水处理	增强封装设计和散热处理

注：信息来源于公开资料，由中国电动汽车百人会车百智库汽车产业研究院整理。

　　汽车芯片按照不同的维度有不同的分类方式。行业使用较为普遍的分类方式是从汽车芯片的应用、功能角度来划分。本书结合多方调研，将汽车芯片分为计算芯片、控制芯片、传感芯片、通信芯片、存储芯片、安全芯片、功率芯片、驱动芯片、电源芯片及其他芯片等十大类，并且下分更多子类（见图4-1）。

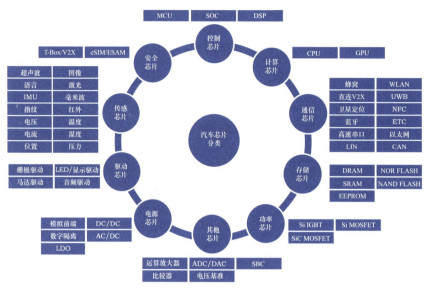

图 4-1　汽车芯片分类

注：信息由中国电动汽车百人会车百智库汽车产业研究院整理。

一、计算芯片

计算芯片主要指智能座舱域和智能驾驶域主控芯片（见表 4-2）。主控芯片多为异构芯片，集成 CPU（Central Processing Unit，中央处理器）、GPU（Graphics Processing Unit，图形处理单元）、NPU（Neural Network Processing Unit，神经网络处理单元）等模块，国内外主流企业有英伟达、高通、地平线、华为、黑芝麻智能、后摩智能、爱芯元智等。从性能上看，智能驾驶对算力要求较高，传统 L1 至 L2 辅助驾驶功能的算力需求通常在 5 ～ 30 TOPS（Tera Operations Per Second，每秒万亿次操作）；中高阶辅助驾驶功能的算力通常在 30 ～ 100 TOPS。随着"鸟瞰图（Bird's Eye View，BEV）+Transformer（变换网络，一种 AI 算法）"感知技术路线、端到端自动驾驶技术路线和"舱

驾一体"技术路线的应用，算力需求将超过 100 TOPS。智能座
舱域主控芯片对 CPU 算力要求较高。据机构测算，2021 年智能
座舱域主控芯片 CPU 算力要求在 25000 DMIPS，2024 年上升
到 89000 DMIPS（Dhrystone Million Instructions executed
Per Second，百万条指令每秒）。在智能座舱域主控芯片领域，
高通占据高端芯片 80% 的市场，高通 8155、8295 已成为车企智
能座舱主流选择；英特尔、AMD 的计算芯片也在汽车领域广泛
应用；国内华为、芯擎科技在中高端市场拥有一席之地；中低端
市场主要厂商包括海外的瑞萨、德州仪器、恩智浦，以及国内的
芯驰科技、瑞芯微、杰发科技等。

表 4-2　汽车计算芯片主要应用

芯片类别	芯片名称	系统	应用
计算芯片	系统级芯片（System on Chip，SoC）	座舱系统	车机或区域控制器
			多媒体显示终端
			音响
			电子式仪表
			HUD
			流媒体后视镜或信号处理芯片
			EDR
		智驾系统	智能驾驶感知、规划、决策
			360° 环视高速 DSP 图像拼接系统

注：信息来源于企业调研，由中国电动汽车百人会车百智库汽车产业研究院整理。

二、控制芯片

控制芯片主要是 MCU（Micro Control Unit，微控制单元），
又称单片微型计算机或单片机，它把 CPU 的频率与规格做适当缩减，
并将内存、计数器、A/D（Analog-to-Digital Conversion，模数转

换）、UART（Universal Asynchronous Receiver/Transmitter，
通用异步接收发送设备）、DMA（Direct Memory Access，直接
存储器访问）等周边接口，以及 LCD 驱动电路整合在单一芯片上，
形成芯片级计算机，为不同应用场景做不同组合控制。根据处理
数据位数，通常将 MCU 分为 8、16 和 32 位。根据技术要求（可
靠性、功能安全等）可将 MCU 分为高端、中端、低端 3 类，高
端 MCU 主要应用于动力域、高阶辅助驾驶，中端 MCU 主要应用
于座舱仪表和底盘域，低端 MCU 主要应用于座舱娱乐域和车身域
（见表 4-3）。随着汽车电子化程度提升，汽车 MCU 数量由过去
的数十个增长到现在的 100 个以上，高端智能汽车甚至超过 300
个。MCU 主要采用 40 纳米、45 纳米、65 纳米制程工艺生产，部
分高算力 MCU 采用 5 ～ 16 纳米先进制程工艺生产。由于 MCU
晶圆厂运营成本较其他类别更高，行业内先进制程普遍采用第三
方代工方式。全球范围内 70% 的 MCU 由头部芯片代工企业提供。

表 4-3 控制芯片的主要应用

芯片类别	芯片名称	系统	应用
控制芯片	MCU（包括部分 SoC、DSP）	动力系统	发动机控制单元 ECU
			电机控制器 – 主控芯片 MCU
			电池管理系统
			储氢系统 – 燃料电池控制器
			储氢系统 – 氢管理系统
		底盘系统	变速器 – 换挡控制或自动换挡控制单元
			胎压监测系统
			悬架控制器 ECU
			转向控制器 – 电控单元 ECU
			电子液压助力转向系统 – 电控单元 ECU
			ABS、ASR、ESP 或 ESC、HAS 系统 ECU
			EBS 系统 ECU
			ECAS 空气悬架控制系统 ECU

续表

芯片类别	芯片名称	系统	应用
控制芯片	MCU（包括部分 SoC、DSP）	车身系统	车身控制器
			安全气囊系统
			发动机防盗装置
			座椅控制器
			电子内后视镜
			外后视镜内屏
			组合前大灯
			组合尾灯
			车身位置灯、安全警示灯、流水灯、瀑布灯、迎宾灯等
			智能刮水器
			天窗控制器
			尾门控制器
			车门控制器
			遥控钥匙
			空调控制器
			空压机
			主动进气格栅
			国六排放终端
		座舱系统	车机或区域控制器
			多媒体显示终端
			音响
			机械式仪表
			电子式仪表
			HUD
			流媒体后视镜
			ETC
			EDR
		智驾系统	雷达
			定位系统
			局域网通信系统 – 区域控制器、网关
			无线通信系统 – 网关

注：信息来源于企业调研，由中国电动汽车百人会车百智库汽车产业研究院整理。

三、传感芯片

传感芯片是将现实世界的模拟信号转化为数字信号的工具，种类繁多，应用领域非常广泛，汽车上几乎所有的域都会不同程度地使用传感芯片。传感芯片的作用：一方面以获取外界信息来进行操作判断，如用于智能驾驶的各类传感器；另一方面以监视系统内部状态来确保安全，如用于监控电池包异常的温度传感器、压力传感器或者气体传感器。当前汽车应用十分普遍的传感器包括摄像头、毫米波雷达、超声波雷达、GNSS（Global Navigation Satellite System，全球导航卫星系统）、IMU（Inertial Measurement Unit，惯性测量单元）以及激光雷达等（见表 4-4）。由于各类传感器的波长特性、工作原理不同导致适用场景各异，当前大部分车辆采用多传感器融合模式，保证感知能力冗余以应对各种环境。

表 4-4   传感芯片的主要应用

大类	芯片类别	系统	应用
传感芯片	图像	座舱系统	摄像头 – CMOS 图像传感器
			流媒体后视镜 – CMOS 图像传感器
		智能驾驶系统	摄像头 – CMOS 图像传感器
	激光	智能驾驶系统	激光雷达
	毫米波	智能驾驶系统	单片微波集成电路、单片系统
	超声波	智能驾驶系统	超声波雷达信号调理芯片
	红外	座舱系统	主动红外
		智能驾驶系统	被动红外
	语音	座舱系统	硅麦传感器（微机电系统麦克风）
	IMU	智能驾驶系统	加速度计、陀螺仪
	指纹	车身系统	门锁 – 指纹传感器
	温度	动力系统	冷却系统 – 压力和温度传感器
			进气系统 – 进气温度传感器
			冷却系统 – 压力和温度传感器

续表

大类	芯片类别	系统	应用
传感芯片	温度	底盘系统	变速器 – 温度传感器
		车身系统	温度传感器
	湿度	座舱系统	温湿度传感器
	压力	动力系统	进气系统 – 进气歧管压力传感器
			增压机构 – 压力温度传感器总成
			排气系统 – 压差传感器
			供油系统 – 电控喷油装置或油轨压力传感器
			发动机控制单元 – 机油压力传感器、真空压力传感器
			冷却系统 – 压力和温度传感器
		底盘系统	变速器 – 压力传感器
			悬架控制系统 – 压力传感器
			胎压监测 – 压力传感器
			液压传感器
		车身系统	按压传感器
	电压	动力系统	电池寿命检测设备、充电电压监视设备
	电流	动力系统	电流传感器
	位置	动力系统	凸轮轴位置传感器、曲轴位置传感器、空挡位置传感器
			驱动电机 – 转子位置传感器
	角度	车身系统	转向盘 – 角度传感器
		底盘系统	制动、油（电）门 – 角度传感器
	环境光	车身系统	阳光或雨量传感器
		座舱系统	座舱主屏 – 环境光传感器

注：信息来源于企业调研，由中国电动汽车百人会车百智库汽车产业研究院整理。

四、通信芯片

汽车通信分车内通信和车外通信。车内通信根据传输速率的差异，可分为低速总线、高速总线等。低速总线的通信速率不超过 20 Mbit/s，包括 CAN、LIN（Local Interconnect Network，局域互联网）、FlexRay、MOST（Media Oriented

Systems Transport，面向媒体的系统传输）等；高速总线的通信速率从几百兆比特每秒至数吉比特每秒，包括以太网、FPD Link（Flat Panel Display Link，平板显示链接）、混合总线、USB（Universal Serial Bus，通用串行总线）、高速串行接口等。车外通信的通信速率从 1 Mbit/s 到数吉比特每秒，按照传输距离可以分为局域网通信和广域网通信。局域网通信包括蓝牙、Wi-Fi（Wireless Fidelity，无线保真）、UWB、V2X 等，广域网通信包括蜂窝移动通信、卫星通信（见表 4-5）。通信芯片中蜂窝移动通信芯片的制程正在向 5 纳米甚至 3 纳米发展，国内蜂窝移动通信技术以及芯片设计水平处于第一梯队，芯片技术储备较充分。

表 4-5　通信芯片的主要应用

芯片类别	芯片名称	系统	应用
通信芯片	CAN 收发器、CANFD 收发器、LIN 收发器、以太网芯片、车载高速 Serdes、音频接口芯片、射频芯片、蓝牙芯片、Wi Fi芯片、星闪芯片、基带芯片、导航芯片、UWB 芯片等	动力系统	发动机控制单元 ECU
			电池管理系统或通信芯片
			车载充电机
			主驱逆变
			储氢系统 FCU 或通信芯片
			储氢系统 HMS 或通信芯片
		底盘系统	变速器 – 换挡控制
			变速器 – 自动换挡控制单元
			电控单元 ECU 或 CAN transceiver
			胎压监测系统 /RF 模块
			悬架控制器 ECU
			制动电控单元
		车身系统	车身控制器

续表

芯片类别	芯片名称	系统	应用
通信芯片	CAN收发器、CANFD收发器、LIN收发器、以太网芯片、车载高速Serdes、音频接口芯片、射频芯片、蓝牙芯片、Wi-Fi芯片、星闪芯片、基带芯片、导航芯片、UWB芯片等	车身系统	座椅系统 - 座椅控制器
			安全气囊
			安全带
			发动机防盗装置
			灯光系统 - 前照灯、尾灯、氛围灯等
			天窗控制器
			尾门控制器
			车门控制器
			遥控钥匙
			国六排放终端
			空调系统 - 空调控制器
		座舱系统	车机或区域控制器
			多媒体显示终端
			音响
			机械式仪表
			电子式仪表
			HUD
			流媒体后视镜
			ETC
			EDR
		智驾系统	局域网通信系统 -ETH芯片
			局域网通信系统 -CAN总线芯片
			局域网通信系统 -LIN总线芯片
			无线通信系统 - 蜂窝芯片
			无线通信系统 - 蓝牙芯片
			无线通信系统 - 卫星通信芯片
			无线通信系统 - 无线局域网芯片
			无线通信系统 - 其他芯片

注：信息来源于企业调研，由中国电动汽车百人会车百智库汽车产业研究院整理。

五、存储芯片

车规级存储芯片整体分为 RAM（Random Access Memory，随机存储器）和 ROM（Read-Only Memory，只读存储器）两大类。RAM 主要包括 SRAM（Static Random Access Memory，静态随机存储器）与 DRAM（Dynamic Random Access Memory，动态随机存储器）两类。SRAM 主要集成在 MCU 中，与 MCU 的应用领域一致；DRAM 主要应用在智能驾驶系统和座舱系统。ROM 则可分为掩膜 ROM、闪存等，ROM 在汽车上的主流产品为 EEPROM（Electrically-Erasable Programmable Read – Only Memory，电擦除可编程只读存储器），主要应用于动力系统和座舱系统；闪存主要产品为 NAND Flash 与非型闪存和 NOR Flash（或非型闪存），主要应用于智能驾驶系统和座舱系统（见表 4-6）。此外，MRAM（Magnetic Random Access Memory，磁性随机存储器）、FeRAM（Ferroelectric Random Access Memory，铁电存储器）、RRAM（Resistive Random Access Memory，阻变式存储器）等新型 RAM 正开展车规级试验。不同类型的存储芯片的易失性、擦写次数、功耗等性能不尽相同。

表 4-6 存储芯片的主要应用

芯片类别	芯片名称	系统	应用
存储芯片	DRAM、SRAM、NOR Flash、NAND Flash、EEPROM 等	动力系统	电池管理系统 / 存储芯片
			储氢系统 FCU/RAM
			储氢系统 HMS/RAM
		车身系统	座椅控制器 DSM
			外后视镜内屏
		座舱系统	车机 / 区域控制器
			电子式仪表

续表

芯片类别	芯片名称	系统	应用
存储芯片	DRAM、SRAM、NOR Flash、NAND Flash、EEPROM 等	座舱系统	流媒体后视镜
			EDR
		智驾系统	360° 环视高速 DSP 图像拼接系统

注：信息来源于企业调研，由中国电动汽车百人会车百智库汽车产业研究院整理。

六、安全芯片

安全芯片是一种内部集成了密码算法并具备物理防攻击能力的集成电路，其拥有全方位的高可靠性、功能强大的安全机制，可保证汽车终端及链路数据免于遭到窃取或破解，进而保证汽车的数据安全乃至行驶安全。

安全芯片的关键性能指标主要包括兼容加密算法种类、验签速度、真随机数发生器的随机源数量。当前，安全芯片内部高性能对称运算速率可以达到 200 Mbit/s 以上，非对称运算速率可以超过 10000 次 / 秒，基本可以满足当前车用市场要求（基于芯片性能和成本综合考量）。对于智能驾驶域，安全芯片主要应用于 OBU（On-Board Unit，车载单元），对安全芯片处理性能（主要是加解密运算性能）和支持高吞吐 I/O（Input/Output，输入输出）通道的要求相对于其他系统较高。对于动力系统，安全芯片的主要需求来自国六排放标准的远程排放管理要求中"车载终端存储、传输的数据应是加密的，应采用非对称加密算法，可使用国密 SM2（椭圆曲线公钥密码）算法或者 RSA（Rivest-Shamir-Adleman）算法，并且需要采用硬件方式对私钥进行严格保护"。动力系统因不需要进行大规模高速运算，对安全芯片的性能要求不高。座舱系统和车身系统对安全芯片的运算性能并无特别高的要求，更多的是需要安全芯片具备较强的物理防攻击能力，以防止入侵者通过破解手段入侵车门及中控系统（见表 4-7）。

表 4-7　安全芯片的主要应用

大类	小类	应用域	技术要求			成本要求
			性能要求	可靠性	功能安全	
安全芯片	—	智能驾驶系统	兼容加密算法类型：全部加密算法（按需求选择）。真随机源数量：4 个以上（包含）。运算速率：对称运算大于 200 Mbit/s，非对称运算大于 10000 次 / 秒	Grade 2	ASIL B	1 ～ 10 元
		座舱系统	兼容加密算法类型：全部加密算法（按需求选择）。真随机源数量：4 个以上（包含）。运算速率：无要求	Grade 2	ASIL B	
		车身系统	兼容加密算法类型：全部加密算法（按需求选择）。真随机源数量：4 个以上（包含）。运算速率：无要求	Grade 2	ASIL B	
		动力系统	兼容加密算法类型：可使用国密 SM2 算法或者 RSA 算法。真随机源数量：4 个以上（包含）。运算速率：无要求	Grade 2	ASIL B	

注：信息来源于企业调研，由中国电动汽车百人会车百智库汽车产业研究院整理。

七、功率芯片

功率芯片是汽车电能转换和电路控制的核心，通过半导体的单向导电特性实现电源开关和电力转换的功能，主要用于改变汽车中的电压和频率、进行直流电和交流电的转换等。由于在新能源汽车动力产生和传输过程中需频繁进行电压变换和直流－交流转换，因此功率芯片是新能源汽车芯片价值量提升最多的部分。

功率芯片主要包括绝缘栅双极型晶体管（Insulated Gate Bipolar Transistor，IGBT）、金属－氧化物－半导体场效应晶体管（Metal-Oxide-Semiconductor Field Effect Transistor，MOSFET）、各种二极管和三极管。功率芯片在整车各个系统均有广泛应用（见表4-8）。在国产化方面，目前功率二极管、功率三极管、IGBT等分立器件大部分已实现国产化。在第三代半导体 SiC（碳化硅）、GaN（氮化镓）等新型半导体材料领域，国内企业已开始布局并实现了规模化应用。

表4-8　功率芯片的主要应用

芯片类别	芯片名称	系统	应用
功率芯片	IGBT、MOSFET、SiC 器件、GaN（氮化镓）器件等	动力系统	点火线圈总成（IGBT）
			电机控制器控制部分－低压二极管
			电机控制器控制部分－低压 MOS
			电机控制器驱动部分－三极管
			电机控制器驱动部分高压 MOS
			电机控制器驱动部分高压二极管
			电机控制器功率模块–IGBT
			电机控制器功率模块－功率二极管
			电机控制器功率模块–SiC 器件
			电池管理系统
			储氢系统 FCU、HMS
		底盘系统	变速器 /TVS、二极管
		座舱系统	音响

续表

芯片类别	芯片名称	系统	应用
功率芯片	IGBT、MOSFET、SiC 器件、GaN（氮化镓）器件等	车身系统	车身控制器
			照明系统
			多媒体显示终端
			机械式仪表
			电子式仪表

注：信息来源于企业调研，由中国电动汽车百人会车百智库汽车产业研究院整理。

八、驱动芯片

驱动芯片是指用在控制器与执行器之间的放大电路，它可被用于激活、控制和管理各种类型的设备。在汽车各类控制系统中，控制器发出的控制信号功率较小，不足以驱动各种执行器，需要在控制器和执行器之间设置由功率开关元件组成的放大电路，将控制信号放大，以驱动执行器产生相应动作。从负载角度来看，驱动芯片主要分为栅极驱动芯片、马达驱动芯片、显示驱动芯片、音频驱动芯片、LED 驱动芯片（见表 4-9）。目前，驱动芯片整体国产化程度较低，尤其随着车载应用场景更加复杂、驱动电压不断提升，国内技术追赶难度加大，例如车灯功率不断提升以及更复杂的功能需要更高耐压和集成度的 LED 驱动芯片、车载音响品质不断提升需要更大驱动功率的 D 类声频功率放大器（Class-D Amplifier）（简称 D 类功效）芯片。

表 4-9　驱动芯片的主要应用

芯片类别	芯片名称	系统	应用
驱动芯片	栅极驱动芯片、马达驱动芯片、显示驱动芯片、音频驱动芯片、LED 驱动芯片等	动力系统	发动机控制单元 ECU

续表

芯片类别	芯片名称	系统	应用
驱动芯片	栅极驱动芯片、马达驱动芯片、显示驱动芯片、音频驱动芯片、LED 驱动芯片等	动力系统	冷却系统热管理模块总成 / 电子辅助水泵总成
			电机控制器驱动部分 / 驱动芯片
			电池管理系统 / 驱动芯片
			车载充电机
			储氢系统 FCU/ 驱动芯片
			储氢系统 HMS/ 驱动芯片
		底盘系统	变速器 – 换挡控制
			变速器 – 自动换挡控制单元
			转向控制器 – 电控单元
			制动电控单元
		车身系统	车身控制器
			座椅控制器
			电子内后视镜
			外后视镜内屏
			照明系统 – 组合前大灯
			照明系统 – 组合尾灯
			照明系统 – 车身位置灯、安全警示灯、流水灯、瀑布灯、迎宾灯等
			刮水 & 洗涤 – 智能刮水器
			天窗控制器
			尾门控制器
			车门控制器
			空调系统 – 空调控制器
			音响
			机械式仪表
			电子式仪表
			HUD
			流媒体后视镜
		座舱系统	多媒体显示终端
		智能驾驶系统	摄像头

注：信息来源于企业调研，由中国电动汽车百人会车百智库汽车产业研究院整理。

九、电源芯片

电源芯片是指通过变换、控制、检测电源，为负载正常工作提供合适的电压或者电流的集成电路芯片，是电子设备的心脏，广泛应用于汽车的车身、仪表板、底盘、先进驾驶辅助系统（Advanced Driver Assistance System，ADAS）、动力系统、电池管理系统（Battery Management System，BMS）等（见表4-10）。电源管理芯片是模拟集成电路中非常重要的芯片，一般包括电源转换、参考基准、功率开关、电池管理等种类，以及一些有特定应用场景的电源管理产品。根据芯片架构，电源管理芯片可按电源转换方式分类，通常可分为直流到直流电源（Direct Current to Direct Current，DC-DC）变换器与低压差线性稳压器（Low Dropout Regulator，LDO）两种类型，对于处理器类复杂芯片或者有多颗负载芯片的复杂系统，往往需要多路电源轨，各路电源之间需符合严格时序要求。部分系统还需要电压监测、"看门狗"、通信接口等功能，将这些功能集成到以电源为主体的芯片中可衍生出电源管理单元（Power Management Unit，PMU）、系统基础芯片（System Basis Chip，SBC）等产品。

表4-10　电源芯片的主要应用

芯片类别	芯片名称	系统	应用
电源管理芯片	LDO、DC/DC（Buck、Boost、Controller）、AC/DC、PMU（PMIC）、电池采样芯片等	动力系统	电机控制器控制部分 / 运放
			电机控制器控制部分 / 逻辑芯片
			电机控制器控制部分 / 比较器
			电机控制器控制部分 / 旋变解码芯片
			电机控制器控制部分 /SBC
			电池管理系统 / 电池采样 AFE 芯片、时钟、比较器、数模转换芯片等

芯片类别	芯片名称	系统	应用
电源管理芯片	LDO、DC/DC（Buck、Boost、Controller）、AC/DC、PMU（PMIC）、电池采样芯片等	动力系统	储氢系统–燃料电池控制器/运放、"看门狗"等
			储氢系统–氢管理系统/"看门狗"、逻辑芯片、运放、比较器、反相器、数模转换芯片等
		底盘系统	变速器–换挡控制
			变速器–自动换挡控制单元
			电控单元
			悬架控制器 ECU/SBC
			制动电控单元
		车身系统	车身控制器
			电子内后视镜
			外后视镜内屏
			照明系统–组合前大灯
			照明系统–组合尾灯
			天窗控制器
			车门控制器
			尾门控制器
			遥控钥匙
			国六排放终端
			空调系统–空调控制器
			音响
			电子式仪表
		座舱系统	多媒体显示终端

注：信息来源于企业调研，由中国电动汽车百人会车百智库汽车产业研究院整理。

其他芯片包括运放芯片、电芯监测芯片、数模/模数转换芯片、SBC、比较器芯片、隔离芯片等类型，目前整体国产化程度偏低，其中，运放芯片、数模转换芯片、隔离芯片的国产化进程相对较快。

第二节　行业标准情况

随着新一代汽车向着电动化、智能化、网联化大步迈进，车载应用平台愈发成熟，全球汽车电子的产值大幅增长。然而，汽车芯片市场相较于通信科技产业而言更为封闭，且前期的开发及验证期更长，需要供应商满足的标准和要求更高。例如，美国汽车电子委员会（Automotive Electronics Council，AEC）制定的标准系列和 IATF 16949 是进入汽车电子供应链的最低标准。除此之外，还有对于功能安全的标准，即 ISO 26262 等（见图 4-2）。

也就是说，企业想要进入芯片领域，打入各一级（Tier1）车电大厂的供应链，首先需要通过由 AEC 制定的 AEC-Q100（集成电路）、AEC-Q101（离散元件）、AEC-Q200（被动零件）等标准。然后，需要符合零失效的供应链品质管理标准 IATF 16949。另外，针对某些应用在与车辆的功能安全相关的关键领域的产品，需要通过 ISO 26262，才能被整车企业和 Tier 1 车电大厂采用。

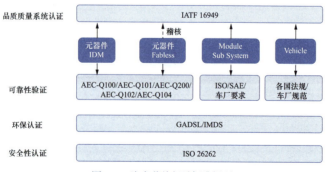

图 4-2　汽车芯片相关标准概况

注：信息来源于公开资料，由中国电动汽车百人会车百智库汽车产业研究院整理。

一、AEC-Q100

AEC 由克莱斯勒、福特和通用汽车联合设立。Q(Qualification，认证)即验证汽车电子元器件能否符合 AEC 规范要求。符合 AEC 规范要求的电子元器件均可被上述 3 家车企即时采用，促进汽车电子元器件通用性的实施。虽然 AEC-Q100 不是强制性的标准，但目前已成为汽车电子元器件的通用测试规范。

AEC-Q100 是汽车集成电路的重要应力测试标准，是由 AEC 针对主动零件所涉及的、用于集成电路的资格认证测试流程。此标准包含一系列集成电路的基于应力测试验证的失效机理、最低应力测试认证要求的定义以及集成电路认证的参考测试条件。汽车零件根据使用位置可分为引擎区与乘坐区，它们的基本耐温要求不同，故对于测试温度建议规格也不同，在 AEC-Q100 中零件工作温度由此分为 0、1、2、3 共 4 个等级（见表 4-11）。

表 4-11　零件工作温度等级

等级	工作环境温度范围
0	$-40 \sim 150℃$
1	$-40 \sim 125℃$
2	$-40 \sim 105℃$
3	$-40 \sim 85℃$

注：信息来源于 AEC-Q 系列标准，由中国电动汽车百人会车百智库汽车产业研究院整理。

由于集成电路种类繁多，因此 AEC-Q100 中规范的试验条件测试分类如下（见表 4-12）。

• A- 加速环境应力测试（Accelerated Environment Stress Tests），共 6 项。

• B- 加速生命周期模拟测试（Accelerated Lifetime

Simulation Tests），共 3 项。

- C- 封装组装完整性测试（Package Assembly Integrity Tests），共 6 项。

- D- 芯片制造可靠性测试（Die Fabrication Reliability Tests），共 5 项。

- E- 电性验证测试（Electrical Verification Tests），共 11 项。

- F- 缺陷筛选测试（Defect Screening Tests），共 2 项。

- G- 腔封装完整性测试（Cavity Package Integrity Tests），共 8 项。

表 4–12   AEC–Q100 测试分类

A- 加速环境应力测试（6 项） 预处理（PC） 有偏温度或有偏高加速应力试验（THB/HAST） 高压或无偏高加速应力试验或无偏高温湿度（AC/UHST/TH） 温度循环（TC） 功率温度循环（PTC） 高温贮藏寿命（HTSL）	D- 芯片制造可靠性测试（5 项） 电迁移（EM） 经时介质击穿（TDDB） 热载流子注入效应（HCL） 负偏压温度不稳定性（NBTI） 应力迁移（SM）
B- 加速生命周期模拟测试（3 项） 高温工作寿命（HTOL） 早期寿命失效率（ELFR） ROM 耐久性、数据保存性、工作寿命（EDR）	E- 电性验证测试（11 项） 应力测试和试验前后功能 / 参数（TEST） 静电放电人体模型 / 机械模（HBM/MM） 静电放电带电器件模式（CDM） 门锁效应（LU） 电分配（ED） 故障等级（FG） 特性描述（CHAR） 热电效应引起闸极漏电（GL） 电磁兼容（EMC） 短路特性描述（SC） 软误差率（SER）
C- 封装组装完整性测试（6 项） 绑线剪切（WBS） 绑线拉力（WBP） 可焊性（SD） 物理尺寸（PD） 锡球剪切（SBS） 引线完整性（LI）	

F- 缺陷筛选测试（2 项） 过程平均测试和试验（PAT） 统计式良率分析（SBA）	G- 腔封装完整性测试（8 项） 机械冲击（MS） 变频振动（VFV） 恒加速（CA） 粗 / 细检漏测试和试验（GFL） 包装跌落（DROP） 盖板扭力测试和试验（LT） 半导体剪切试验（DS） 内部水汽含量测试和试验（IWV）

注：信息来源于 AEC-Q 系列标准，由中国电动汽车百人会车百智库汽车产业研究院整理。

在表 4-12 中罗列的 AEC-Q100 的 41 项测试项目中，测试的难点如下。

（1）表 4-12 中的测试项目可以依送检产品的实际情况进行删减，只有当所有的测试项目全部通过时，才能对外声称"通过了 AEC-Q100 认证"。

（2）A 组和 B 组测试非常耗费时间。

（3）汽车芯片的测试要求与现有工规或者消费级芯片的差别较大，从设计之初就需要考虑车规。

例如 D 组测试，在设计生产过程中就需考虑到产品是车规级的，否则无法得到相关数据，D 组测试也就无法通过。

此外，E 组测试中的应力测试和试验前后功能 / 参数非常关键。按照 AEC-Q100 标准，汽车芯片的 E 组测试和 A 组、B 组所有的测试都是关联的，汽车芯片首先需要完成 E1 测试，再进行 A 组、B 组测试，然后对失效率、制程能力指数（CPK）等指标进行计算。

（4）F 组测试：生产过程当中的缺陷筛选监控测试，需要倒推到在生产过程当中对设备参数做数据分析。

AEC-Q100 标准提供了验证流程，图 4-3 所示为以芯片

设计（Die Design）→晶圆制造（Wafer Fabrication）→封装
（Package Assembly）→测试（Testing）的制造流程来绘制的，
各群组的关联性可参考图中的箭头。其中，验证流程主要分为 5
个部分，并标注了不同颜色进行展示。

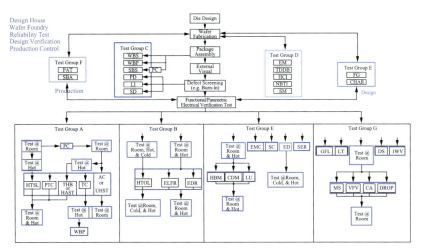

图 4-3　AEC-Q100 验证流程

注：信息来源于 AEC-Q 系列标准，由中国电动汽车百人会车百智库汽车产业研究院整理。

（1）Design House。

红色区域为可靠性实验前后的功能测试，这些测试需 IC 设
计公司与测试厂讨论执行方式，与一般 IC 验证主要的差异在于
功能测试的温度设定。

（2）Wafer Foundry。

绿色区域为晶圆厂对晶圆级的可靠性验证，Fabless 的 IC 就
业者须与委托制造的晶圆厂取得相关资料。

（3）Reliability Test。

蓝色区域为视产品封装或特性需要执行的可靠性测试项目，

AEC 将其分为 5 个。

Group A：加速环境应力测试。

Group B：加速生命周期模拟测试。

Group C：封装组装完整性测试。

Group E：电性验证测试。

Group G：腔封装完整性测试。

（4）Design Verification。

咖啡色区域为设计时间的失效模式与影响分析评估，成品阶段的特性验证以及故障失效涵盖率计算。

（5）Production Control。

紫色区域为生产阶段的质量控管，通过统计学方法，对芯片的分档（Binning）数据和良率（Yield）数据分析，制定标准处理流程。

二、IATF 16949

IATF（International Automotive Task Force，国际汽车工作组）由汽车主机厂和代表供应商的国家汽车工业协会组成。ISO/TS 16949 第一版是由国际汽车工作组于 1999 年制定的，旨在协调全球汽车行业供应链中的不同评估与认证体系，然后因汽车功能的增强和 ISO 9001 修订的需要，制定了其他版本。ISO/TS 16949 引入了一套适用于全球汽车行业的共同产品和过程开发的常见技术和方法。IATF 16949 由 ISO/TS 16949:2009 迁移而来，并且 IATF 16949:2016（第一版）的创建是为了取代 ISO/TS 16949:2009。

质量管理体系包括组织确定其目标以及为获得期望的结果确定其过程和所需资源的活动，并且对相互作用的过程和所需的资源进行有效管理，以向相关方提供价值并实现结果。质量管理体系能够使最高管理者通过考虑其决策的长期和短期影响来优化资源的利用。在提供产品和服务方面，质量管理体系给出了针对预期和非预期的结果确定所采取措施的方法。采用质量管理体系是组织的一项战略决策，能够帮助其提高整体绩效，为推动可持续发展奠定良好基础。1987年，为适应高速发展的生产力、全球化贸易和采购、统一管理标准，国际标准化组织（ISO）发布了第一套管理标准——ISO 9000系列标准，进入标准化的质量管理阶段。由此，质量管理体系受到全球工业企业的高度重视，并沿用至今。

IATF 16949是ISO 9001:2005的补充，其质量管理体系应用于汽车相关产品的设计、开发、生产，也应用于汽车产品的安装、服务，包括带有嵌入软件的产品，还应用于组织按照顾客规定进行生产件、服务件或者维修零件制造的现场及整个汽车供应链。该标准倡导在建立、应用质量管理体系以及提高其有效性时采用过程方法，通过满足顾客要求提高顾客满意度。在实现预期结果的过程中，系统地理解和管理相互关联的过程有助于提高组织的有效性和效率。此种方法使组织能够对质量管理体系中相互关联的过程进行有效控制，以增强组织整体绩效。

IATF 16949主要内容包括"一二五"。"一"即一个中心，是指以顾客为中心，满足顾客的最大需求。在满足这一前提条件下，才能谈"二"即两个基本思路：过程方法、持续改进。"五"即五大核心工具，包括产品质量先期策划和控制计划（APQP&CP）、潜在失效模式及后果分析（FMEA）、测量系统分析（MSA）、统计过程控制（SPC）以及生产件批准程序（PPAP），详细流程如图4-4所示。

过程方法包括按照组织的质量方针和战略方向，对各过程及其相互作用系统地进行规定和管理，从而实现预期结果。这可通过采用 PDCA 循环以及基于风险的思维对过程和体系进行整体管理，从而有效利用机遇并防止产生非预期结果。

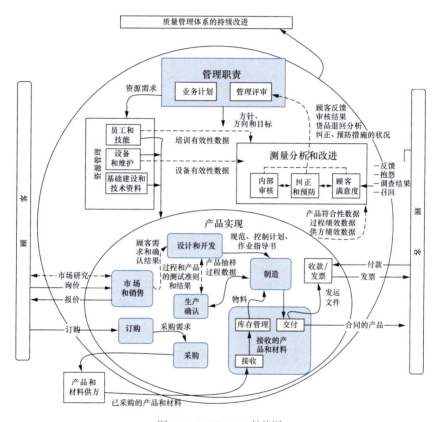

图 4-4　IATF 16949 结构图

注：信息来源于 ISO，由中国电动汽车百人会车百智库汽车产业研究院整理。

计划-执行-检查-行动（Plan-Do-Check-Act，PDCA）循环可以简要描述如下。

（1）**计划：**建立质量管理体系、明确过程的目标、配备所需的资源，以实现与顾客要求和组织方针相一致的结果。

（2）**执行：**实施所做的计划。

（3）**检查：**根据方针、目标和要求对过程、产品和服务进行监视和测量（适用时），并报告结果。

（4）**行动：**必要时，采取措施提高绩效。

五大核心工具介绍如下。

1. APQP

针对新的或变更的产品设计、新的或变更的制造过程设计，提供一种提高产品质量的结构性方法，对产品设计和制造过程设计进行管理，确定产品达到顾客要求所需的步骤，实现以最低的成本提供优质的产品。APQP 的目标是保证产品质量和提高产品可靠性。完整的 APQP 过程分为 5 个阶段：计划和确定项目，产品设计和开发，过程设计和开发，产品和过程的确认，反馈、评定及纠正措施。

2. FMEA

FMEA 是极其重要的缺陷预防工具。应用 FMEA 可以最大程度地识别并减少潜在隐患。它能够消除或减少潜在失效发生，是汽车行业认可的最能减少"召回"事件的缺陷预防工具。

在产品设计阶段和制造过程设计阶段，对构成产品的子系统、零件及制造过程中的每个工序逐一进行分析，找出所有潜在的失效模式，并分析其可能带来的后果，找到导致失效的根本原因，预先采用必要的措施，从而最大程度地降低后期更改的风险和损失。

FMEA 必须在产品或失效模式被纳入产品或过程之前进行，以便能够轻松地进行产品或过程的更改，降低后期更改的风险。

产品设计阶段的 FMEA（DFMEA）应在产品图样发布前完成；制造过程设计阶段的 FMEA（PFMEA）应在生产工装制作前完成。

FMEA 应用的时机有 3 个：新产品设计或新制造过程设计，现有产品设计或制造过程设计的变更，以及现有产品设计或制造过程设计应用于新环境。

FMEA 是动态的，应随着设计的变更及措施的有效实施进行相应的更新。

3. MSA

MSA 采用数理统计的方法对测量系统的偏倚和方差进行分析，以确定测量系统是否处于统计受控状态，并评估测量系统的能力和性能。

MSA 的应用对象是控制计划中涉及的所有测量系统。

MSA 的应用时机：新的量具或测试设备投入使用前，调整或改进的量具或测试设备投入使用前，或者根据文件规定的周期对现有的量具或测试设备进行定期分析和评价时。

在对一个确定的过程特性或产品特性进行统计分析前，应对与这个特性相关的测量系统进行分析评价，确保为这个特性所收集的数据的有效性和可靠性。

4. SPC

SPC 体现了一种缺陷预防和减少变差的思想，应用统计分析技术对生产过程进行实时监控，以及对生产过程的异常因素的趋势进行预警，以便及时采取措施，消除导致异常的潜在因素，避免异常的发生，从而达到控制和提高质量的目的。

SPC 的常用工具是控制图，它用于对过程质量特性值进行测定、记录、评估，从而验证过程是否处于统计控制状态。其优点是通过将控制图中的点与相应的控制界限进行比较，可以看见产品或服务质量的变化。

5. PPAP

PPAP 的作用是确定供方是否正确理解了顾客对工程设计和规范的所有要求，并且在执行所要求的生产节拍条件下的实际生产过程中，具有持续满足这些要求的能力。PPAP 应用的时机：新零件或产品投入使用前，对以前所提交的零件或产品的纠正，或者因设计记录、规范或材料方面的工程变更所引起的零件或产品的变更。按照客户对资料的要求，PPAP 中提交文件分为 5 个等级，客户没有特别要求时，汽车行业默认等级 3 为提交等级。

三、ISO 26262

1. 汽车功能安全的背景

功能安全的概念起源于 20 世纪 60～70 年代的航空领域和核技术领域。到了 20 世纪 70～80 年代，由于当时在世界范围内，尤其是石油化工领域多次发生爆炸或污染泄漏事故，事故发生的主要原因是控制系统相关安全功能失效，而造成安全功能失效的很重要的一点是电子、电气或可编程控制器产品自身安全功能不完善。为了提高电子、电气或可编程控制器的安全性，制定一套可行的安全技术标准迫在眉睫，经过业内专家的积极参与，国际电工委员会（IEC）在 1998 年颁布了 IEC 61508 标准。ISO 26262 是 IEC 61508 标准在汽车行业中的具体应用。

现代车辆上，与安全相关的电子电气系统越来越多，如动力系统、传动系统、制动系统、车身控制系统等，特别是随着自动驾驶技术的应用，与安全相关的电子电气系统飞速发展。据统计，目前高端车型上的 ECU 数量已超过 70 个，成本占比超过 50%，未来成本占比还会进一步提高。图 4-5 所示为现代车辆中常见的与安全相关的电子电气系统。

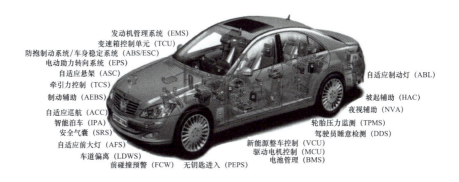

发动机管理系统（EMS）
变速箱控制单元（TCU）
防抱制动系统/车身稳定系统（ABS/ESC）
电动助力转向系统（EPS）
自适应悬架（ASC）
牵引力控制（TCS）
制动辅助（AEBS）
自适应巡航（ACC）
智能泊车（IPA）
安全气囊（SRS）
自适应前大灯（AFS）
车道偏离（LDWS）
前碰撞预警（FCW）　无钥匙进入（PEPS）
自适应制动灯（ABL）
坡起辅助（HAC）
夜视辅助（NVA）
轮胎压力监测（TPMS）
驾驶员睡意检测（DDS）
新能源整车控制（VCU）
驱动电机控制（MCU）
电池管理（BMS）

图 4-5　现代车辆中常见的与安全相关的电子电气系统

注：信息来源于公开资料，由中国电动汽车百人会车百智库汽车产业研究院整理。

对于汽车而言，可将其看成"机器人"，驾驶员给这个"机器人"发送命令，比如踩踏板加油，汽车收到命令后电喷系统增加喷油，发动机输出扭矩增加，实现车辆加速。对于传统汽车而言，它的结构简单，且大多数命令都是通过机械方式来实现的，如传统汽车的机械式节气门等，其失效的可预见性高；而现代汽车特别是新能源汽车和智能网联汽车大量应用电控部件，驾驶员的命令会先转换成相关信号，然后将这些信号传递给控制器的处理芯片，最终驱动相关的执行器来执行，其失效的可预见性大大降低。

现代汽车随着电子电气化的程度越来越高，整车的安全性很

大程度取决于电子控制器的安全性，比如电子控制单元（ECU）、
变速箱控制单元（TCU）、电子稳定系统（ESP）等。而且电子
控制器失效的可预见性非常低，比如芯片或电路受外界干扰等，
较难预料在什么情况下会出现什么问题，因此必须考虑电控部件
或系统失效后该如何处理的问题。

2. ISO 26262 标准简介

ISO 26262 标准的名称为《道路车辆功能安全》，是 IEC
61508 标准在汽车行业的具体应用。IEC 61508 标准在 1998 年提
出，2000 年由国际电工委员会正式发布。在 ISO 26262:2011 标
准发布之前，汽车电子领域并没有特定的标准，而是将 IEC 61508
标准作为电子和电气部件行业的通用标准。由于 IEC 61508 标准
在有些方面对于汽车电子领域不是特别适应，而汽车电子领域的
快速发展给 IEC 61508 带来了较大的挑战，因此非常有必要针对
汽车电子领域制定特定的标准。鉴于此，ISO 26262 应运而生。

2011 年，ISO 26262:2011 正式发布，该标准已经在汽车电
子功能安全领域广泛应用。同时，为了能更好地适应不断更新的
技术需要，ISO 会阶段性地对标准进行评估。在 ISO 26262 第一
版发布的 5 年后，ISO 基于第一版进行完善并形成新的版本，并
将 ISO 26262 于 2018 年正式改版，其主要原因如下。

- ISO 26262 第一版经验的累积。
- 适用范围向其他种类的车辆拓展。
- 半导体层面功能安全的引入。
- Fail-Operational 系统的引入。

我国于 2006 年发布了系列标准 GB/T 20438《电气 / 电子 /

可编程电子安全相关系统的功能安全》，共包括 7 个部分，等同采用 IEC 61508:1998。

ISO 26262 基本框架如下。

Part 1	定义
Part 2	功能安全管理
Part 3	概念阶段
Part 4	产品研发：系统级
Part 5	产品研发：硬件级
Part 6	产品研发：软件级
Part 7	生产和操作
Part 8	支持过程
Part 9	基于 ASIL 和安全的分析
Part 10	ISO26262 导则
Part 11	ISO26262 在半导体的应用指南
Part 12	ISO26262 对摩托车的改编

从 ISO 26262 的基本框架可以看到，该标准涵盖了全生命周期的安全要求，包括功能安全管理、概念阶段、系统研发、硬件研发、软件研发、生产和操作过程、售后等，但比例最大的是站在产品设计开发这个阶段，考虑怎样从设计上保障产品安全，例如，可以基于原有的功能保障安全，也可以额外添加功能保障安全。

ISO 26262 所有的要求都是为了打造一款"安全"产品，这可以从以下 3 个层面阐述功能安全的管理。

• **整体的安全管理**——公司层面，包括文化、人力、质量等。

• **开发阶段的安全管理**——研发层面，包括人员、计划、文档等。

• **产品发布后的安全管理**——生产与售后层面，包括生产、运行、维修、报废等。

ISO 26262 定义了汽车安全完整性等级（ASIL）。ASIL 有 4 个等级，分别为 A、B、C、D，其中 A 是最低的等级，D 是最高的等级。依据 ISO 26262 标准进行功能安全设计时，首先对系统的功能进行分析，识别系统所有的危害，然后依据 3 个因子，即严重性、暴露率、可控性（S\E\C）来评估危害的风险级别。表 4-13 所示为 ASIL。

表 4-13   ASIL

严重性	暴露率	可控性		
		C1	C2	C3
S1	E1	QM	QM	QM
	E2	QM	QM	QM
	E3	QM	QM	ASIL A
	E4	QM	ASIL A	ASIL B
S2	E1	QM	QM	QM
	E2	QM	QM	ASIL A
	E3	QM	ASIL A	ASIL B
	E4	ASIL A	ASIL B	ASIL C
S3	E1	QM	QM	ASIL A
	E2	QM	ASIL A	ASIL B
	E3	ASIL A	ASIL B	ASIL C
	E4	ASIL B	ASIL C	ASIL D

注：信息来源于 ISO，由中国电动汽车百人会车百智库汽车产业研究院整理。

ASIL 决定了对系统安全性的要求，ASIL 越高，对系统的安全性要求越高，为实现安全付出的代价越高，这意味着硬件的诊断覆盖率越高，开发流程越严格，相应的开发成本越高、开发周期越长，技术要求越严格。基于 ASIL 的要求，避免或降低汽车电子系统失效和随机硬件失效的活动，就是汽车功能安全实施，如图 4-6 所示。

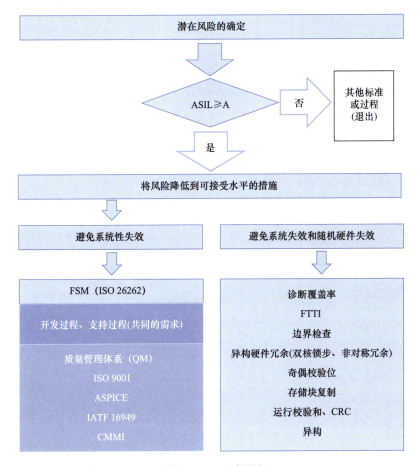

图 4-6　ASIL 诊断图

注：信息来源于 ISO，由中国电动汽车百人会车百智库汽车产业研究院整理。

ISO 26262 是半导体企业从芯片设计之初就应该遵循的标准。其中涵盖了半导体全生命周期的功能安全要求，包括安全需求规划、设计、实施、集成、验证、确认和配置等，可从安全架构设计、安全度量计算以及功能安全验证和确认等多个方面给半导体企业提供参考。虽然该标准并非强制性标准，但没有通过 ISO 26262 认证的产品或厂商，基本很难获得车企与一级供应商的认可。因此可称 ISO 26262 为汽车供应链厂商的"准入门票"。

第三节　发展现状与趋势

一、计算芯片

随着智能驾驶和智能座舱快速渗透，智能驾驶和智能座舱领域对计算芯片的数量与算力需求正持续增长。

在智能驾驶领域，辅助驾驶和 NOA 功能渗透率提升，推动大算力计算芯片需求不断增长。2022 年，我国 L2 及以上级别的乘用车辅助驾驶渗透率已上升至 34.5%，远高于 2020 年和 2021 年的 15.0% 和 23.5%，预计到 2030 年将达到 70%。而且随着高速 NOA 和城市 NOA 的规模化应用，将提升 100 TOPS 以上大算力计算芯片的需求。2022 年，高速 NOA 搭载量为 21.22 万辆，预计 2025 年高速 NOA 和城市 NOA 搭载量将达到 348 万辆。根据 IHS 统计，预计 2025 年全球汽车 SoC（System on Chip，系统级芯片）市场规模将达到 82 亿美元，其中我国市场规模有望达到 100 亿元。

随着高速 NOA 和城市 NOA 开始大规模应用，国内企业已开始引领市场格局。据统计，2022 年中国乘用车标配 L2+NOA 功能智驾域控制器芯片市场，地平线的市场占比为 49.05%，超过英伟达的 45.89%。在企业布局方面，国外龙头企业（如英伟达、高通、Mobileye 等）最新产品均能满足 L3、L4 算力需求。

2022 年 9 月，英伟达发布的汽车智驾芯片 Thor（索尔），算力最高达 2000 TOPS，约为 Orin 芯片的 8 倍（单颗算力为 254 TOPS）。2022 年 6 月，Mobileye 发布面向高阶自动驾驶的 EyeQ Ultra，算力达 176 TOPS。2022 年 9 月，高通发布最新骁龙 Ride 平台，算力达 700 ～ 760TOPS。国内地平线、黑芝麻智能、后摩智能、爱芯元智等企业均发布了大算力计算芯片，部分企业的产品已实现批量装车。地平线的征程 6 系列最高算力达 560 TOPS，其征程系列截至 2024 年 11 月，获得 40 余家车企超过 290 款车型的量产定点，累计出货量超过 700 万颗。黑芝麻智能的华山 A1000/A1000L 芯片自 2022 年量产以来总出货量已超过 2.5 万颗。作为全球存算一体智驾芯片的先行者，后摩智能于 2023 年 5 月发布鸿途 H30，在 12 纳米制程下可实现高达 256 TOPS 的算力。爱芯元智基于自研 AI-ISP 和爱混合精度 NPU，已开发 M55 和 M76 系列芯片，其中 M55 系列芯片已实现前装上车。

在智能座舱领域，消费者日益增长的娱乐体验需求和整车电子电气系统架构的集中化发展，对座舱芯片的综合性能提出新要求。随着车内摄像头数量增加、分辨率提升、三维信息引入、模型优化、运行帧率提高等各类软硬件和算法的升级，数据处理复杂程度显著上升，传统单个 ECU 独立运算已不适用，需要集成 CPU、GPU、NPU 等多个处理器的 SoC 进行数据处理。据中金预测，2022 年国内智能座舱 SoC 市场规模约 117 亿元，到 2025 年将达到 204 亿元。

在企业布局方面，高通 SA8155P 成为多数中高端车型首选，合作车企超 20 家；第四代 SA8295P 采用 5 纳米制程，AI 算力高达 30 TOPS；最新产品骁龙 Ride Flex 整合了集成辅助系统和信息娱乐设置，得到了宝马、现代、沃尔沃的支持。我国华为、芯驰科技、杰发科技等企业研发的芯片已实现量产装车，华为的麒麟系列芯片已在比亚迪、北汽极狐、问界、阿维塔等车企旗下的车型上搭载；芯驰科技的座舱芯片 X9 系列已有几十个定点车型，其中上汽、奇瑞、长安等车企旗下车型已量产上市，截至目前出货量超百万。截至 2023 年 5 月，杰发科技第一代入门级智能座舱芯片 AC8015 出货量超百万颗，2024 年 9 月最新研发的高性能智能座舱域控 SoC AC8025 也首发上车。

预计到 2025 年，国内计算芯片的市场需求量将会达到 3800 万颗，随着 L2+、L2++、L3 及以上智能驾驶车辆对于计算芯片性能的要求逐步提升，部分芯片算力将超过 100 TOPS。

二、控制芯片

随着汽车向电子化方向发展，驱动单车控制芯片需求持续上升。新能源汽车以电机替代了汽油发动机并增加了动力电池，电池管理系统和整车控制器应用的增加将驱动汽车控制芯片用量的增长。配置区域增加，应用领域由传统底盘延伸至整车，ECU 逐渐"占领"整个汽车，遍布车身控制、座舱、动力总成、底盘安全、新能源三电、ADAS 智能驾驶等域。随着汽车电子化程度提升，汽车上 MCU 的数量由过去的数十个增长到现在的 100 个以上，高端智能汽车上甚至超过 300 个。

在汽车电子电气架构重构背景下，汽车控制芯片性能持续增长。在传统的汽车电子电气架构中，汽车采用分布式 ECU，靠增加 ECU 的数量或针对单个 ECU 进行 MCU 的替代来提升汽车性能。为了突破 ECU 的性能瓶颈，博世在 2015 年描绘出了全新的汽车电子电气架构技术路线图，率先提出 DCU（Domin Control Unit，域控制器）这一概念，将汽车电子部件功能由整车划分为动力总成、智能座舱和自动驾驶等区域，利用处理能力更强的控制器芯片相对集中地控制每个区域，以取代目前分布式电子电气架构。传统 MCU 算力和资源限制明显，更高性能的 MCU 甚至会融入 AI 加速单元、GPU 等，能从性能和生态层面给汽车带来领先的灵活性、兼容性和高算力属性。

三、传感芯片

随着汽车向电动化、智能化方向发展，一方面电动系统替代了燃油系统，车上新增了不少与电动相关的传感器，如电池包内的温度压力传感器、动力系统中的电流传感器等；另一方面汽车上新增了大量与智能化、舒适化相关的传感器，包括用于自动驾驶的图像传感器、激光传感器、毫米波传感器、超声波传感器等，座舱内的环境传感器、气体传感器、人体检测传感器、压力检测传感器等。随着智能驾驶、智能座舱、智慧泊车等功能加速上车，单车传感器数量和价值在快速增长。在传感器数量方面，据 Yole 统计，2022 年全球汽车传感器市场规模为 78 亿美元，传感器出货量为 54 亿个，预计到 2028 年市场规模将达到 140 亿美元，出货量将达到 83 亿个。

在车载摄像头方面，平均搭载数量与图像传感器像素将持续增长。全球平均每辆汽车搭载的摄像头数量从 2018 年的 1.7 颗增加至 2023 年的 3 颗，部分车型如蔚来 ES6（11 颗）、小鹏 G6（11 颗）、AITO 问界 M5（11 颗）、极星 4（12 颗）、比亚迪仰望 U8（16 颗）的摄像头搭载量已超过 10 颗。在传感器价值方面，车载 CMOS 图像传感器目前已逐步从以往的120 万～ 300 万像素（单价为 3 ～ 8 美元）发展到 800 万像素（单价在 10 美元以上），推动汽车 CMOS 图像传感器（CMOS Image Sensor，CIS）市场规模快速增长。据统计，2022 年汽车 CIS 市场规模为 22 亿美元，随着 ADAS、DMS 和 OMS 的快速普及与像素提升，预计到 2030 年平均单车 CIS 芯片将达到 8 颗，总市场规模将超过 2 亿颗。

在激光雷达方面，由于其能够显著提高 ADAS 的功能和安全性，因此越来越多的 OEM 已经采用激光雷达，或者已经宣布在其产品中采用激光雷达，以提供新的 ADAS 体验。随着高速、城区、泊车等场景 NOA 功能的逐步落地，激光雷达将逐步降低成本，软硬件深度融合下激光雷达的潜力将进一步释放。预计到 2030 年，激光雷达有望成为智能驾驶汽车标配，平均单车配置将超过 2 颗。

在毫米波雷达方面，4D 毫米波雷达或成为智驾感知新方案。4D 毫米波雷达通过增加发射、接收通道数量，提升纵向分辨能力，提供更高质量的点云成像。传统毫米波雷达可探测物体的二维水平坐标信息（距离、方位角）及相对速度，4D 毫米波雷达增加了纵向天线及处理器，可实现对物体高度的探测，提供高密度、高分辨率的点云图像。4D 毫米波雷达探测范围超过 300 米，可有效过滤虚假警报。预计到 2030 年，单车搭载的毫米波雷达将达 4 颗以上，市场规模将超过 1 亿颗。

四、通信芯片

在智能汽车"新四化"趋势下，随着电子电气架构由分布式走向集中，而在软硬件的升级过程中均需要车载以太网作为技术支撑，用以高效地传递信息。一方面，新一代电子电气架构以域控制器为核心，而核心域控制器之间需要高速以太网作为骨干网络来进行域与域之间的连接；另一方面，软件架构的核心是客户端与服务端通信路由链路支持动态配置，而车载以太网分层通信协议参考 IT（Information Technology，信息技术）行业中间件的概念来设置通信中间件，定义客户端和服务端通信路由链路的动态映射机制（SOME/IP-SD），实现应用程序和通信路由协议的解耦和透明传输以及动态的客户端和服务端的发现订阅机制。随着智能汽车电子电气架构和软件架构发生重大变革，车载以太网将迎来"重大发展"，成为新一代车载主干网络。预计到 2030 年，国产化车载 LIN、CAN、以太网、SerDes（Serializer/Deserializer，串行器 / 解串器）芯片将实现普及。

在 V2X 方面，汽车无线通信需求增加，蜂窝移动通信芯片逐渐从 4G 向 5G 过渡。而车联网通过通信网络将"人－车－路－云"有机结合，拓展和助力单车自动驾驶在环境感知、计算决策和控制执行等方面的能力升级，进一步加速自动驾驶应用成熟。一是在感知层面，通过车路协同、车车协同等拓展汽车感知范围，并通过网联化能够直接给出关键状态信息，如信号灯状态、周边车辆下一步动作意图等，以大幅简化基于传感器信息的复杂处理过程；二是在决策层面，云控平台可以直接给出感知的目标结果以分担单车算力消耗。此外，通过在路侧安装视觉传感器、激光雷达等传感器将路侧感知结果下发，可以引入路侧算力；三是在执行层面，通过网联化能够提供远程遥控驾驶、协同驾驶等应用模式，将车辆的控制和执行从单车上分离，目前其在无人矿山等非公共开放道路的特定场景下已经应用。预计到 2030 年，5G 蜂窝移动通信、V2X 直连、卫星定位将实现普及。

五、存储芯片

未来，汽车智能化、网联化对数据存储的需求将呈现爆发式增长，高可靠性、大容量、高写入速度的存储芯片需求将大幅增长。随着自动驾驶等级提高，AI 功能逐渐增加，车辆需要对传感器所捕获的大量信息进行实时处理，即具备整合信息并立刻做出判断的能力，这对带宽和空间需求提出了更高的要求。据预测，L2 或 L3 自动驾驶汽车对内存带宽要求约为 100 GB/s，对 DRAM 和 NAND Flash 的平均容量需求约为 8 GB 和 25 GB。当自动驾驶汽车级别提高到 L4 或 L5 时，带宽及存储芯片容量需求成倍增长，其中 L4 或 L5 自动驾驶汽车对内存带宽需求提高至 300 GB/s ～ 1 TB/s，对 DRAM 和 NAND Flash 的平均容量需求分别提升至 30 GB 和 200 GB 左右。此外，电动化对汽车存储有升级需求，如电动汽车的核心部件 BMS 需要实时记录和存储数据，涵盖汽车的电压、电流、温度、电机转速等，这些数据需要以较高的频率进行实时且连续的擦写，存储芯片的循环寿命、擦写速度、功耗控制有较大提升空间。预计到 2030 年，单车存储容量需求将达到 1 TB。

六、安全芯片

随着国密算法的重要性及自主性日趋凸显，国内车载软件及固件模块的密码技术应用正逐步向自主、可控的方向发展，国密算法应用比例逐渐提高。真随机数发生器是保证安全芯片内部加密算法安全的基础，目前在技术上安全芯片产品一般都需包含 4 个以上的真随机物理源，真随机物理源数量越多，安全性越强。此外，安全芯片内部需要支持高性能加密运算，才能满足网联驾驶场景下的数据通信要求。2020 年，全球安全芯片市场规模约为 7 亿美元，预计 2025 年将达到 10 亿美元。随着 5G、车联网等场景的不断发展，对信息安全的要求将越来越高，车规级安全芯片将有着更广阔的发展空间。

七、功率芯片

低压硅基 MOSFET 在汽车上的应用与日俱增。新能源汽车动力电池电压普遍高达 300 ～ 400 V，而显示屏、无线充电装置、车载计算机等汽车智能化设备等新应用的电压通常在 50 V 以下，需大量 MOSFET 调节才能满足需求。据英飞凌提供的新能源汽车 MOSFET 解决方案统计，单车分立 MOSFET 器件用量可达 200 个，加上集成化设计的开关（Switch）、电源管理集成电路（Power Management Integrated Circuit，PMIC）等功率半导体产品，高端新能源汽车上 MOSFET 器件用量可达 400 个左右。目前华润微电子、士兰微电子、华微电子、新洁能等企业已建立起较完善的产品体系，不仅具备平面、沟槽等成熟 MOSFET 能力和较完整的电流、电压覆盖，还基本具备隔离栅、超级结等先进设备的研发生产能力。随着我国企业产品研发、制造工艺、封装能力的不断提升，相关产品未来有望全面进入车规级 MOSFET 供应。

碳化硅（SiC）渗透率加速提升。SiC 由于具有耐高压、耐高频特性，能广泛应用于主驱动逆变器、车载充电器（On-Board Charger，OBC）、DC-DC 车载电源转换器和大功率 DC-DC 充电设备。800 V 高压平台为 SiC 带来全新发展机遇。目前纯电动乘用车的痛点为充电速度较慢，进一步提高电压可以提高纯电动乘用车充电速度。当前，众多主机厂正加速布局 800 V 高压平台，整车上到高压平台后最重要的升级部件就是电驱，而在功率模块中使用 SiC 器件是升级电驱的核心。因此，受新能源汽车应用的带动，SiC 器件市场规模将高速增长。通常一辆新能源汽车中整车主驱动逆变器、OBC 以及 DC-DC 车载电源转换器用到的 SiC 价值在 900 ~ 1000 美元。据 Yole 预测，汽车 SiC 器件的市场规模将从 2021 年的 6.85 亿美元增长至 2027 年的约 50 亿美元，复合年均增长率约为 40%。

目前行业中量产 SiC 芯片的企业以英飞凌、罗姆、安森美、意法半导体、Wolfspeed 等国外企业为主，国内芯片厂家已量产可应用主驱动逆变器的 SiC MOSFET 芯片，但出货量与海外领先企业仍有差距。中车时代、三安光电、中国电科、芯联集成等企业在 SiC MOSFET 方面进行持续研发，并已推出第一代产品。芯联集成研发的车规级 SiC MOSFET 产品出货量位居亚洲第一，SiC 功率模块已在多家车企实现装车；中国电科与斯达半导体合作开发的 SiC MOSFET 模块在 2023—2024 年量产；比亚迪的 SiC MOSFET 产品已研发到第 3 代，自有 SiC 产线正在建设中；中车时代研发的 SiC 器件已覆盖 650 ~ 1700 V，700 V、3300 V 混合 SiC 牵引变流器以及 3300 V 全 SiC 牵引变流器已规模化应用；斯达半导体从实现车用 SiC 模块的小批量生产后，目前已获得多家国内外车企及 Tie1 客户的项目定点，其开发的 SiC 模块在车载充电领域已开始批量应用。

预计到2025年,硅基IGBT器件仍是功率器件主流产品类型,供给端偏紧张的趋势仍将持续。到 2030 年,随着我国企业功率芯片产能逐步提升,国产化率有望进一步提升;同时,SiC 器件有望成为市场主流方案之一。

八、驱动芯片

随着汽车向智能化方向转变,车载电器与功能日益复杂,推动驱动芯片功能增加,其需求进一步提升。在 LED 驱动方面,随着车灯个性化和复杂化趋势,LED 得益于扩展化、智能化等特性,在车灯领域渗透率不断提升,目前已经超过 70%。在马达驱动方面,随着汽车智能化不断提升,整车内部各类功能都倾向自动调节或者语音控制调节,涉及位移、应力部分的调节都需要电机介入,因此单车小电机用量不断提升,部分车型小电机用量已经超过 200 个,需配备相应数量的电机驱动芯片。在功率驱动方面,新能源汽车主电机驱动、车载充电器、电池管理系统、DC-DC 转换器、电机逆变器等设备需要使用功率驱动芯片来驱动 IGBT、MOSFET 等功率器件,以实现驱动控制功率开关管的开通与关断,以达到能源的高效转换。在显示驱动方面,随着车上屏幕数量增多、屏幕交互复杂化,且汽车屏幕从传统 LCD 逐步向 MiniLED 背光、OLED 等新一代屏幕技术转变,显示驱动芯片在车上使用数量不断增多。在音频驱动方面,随着车上扬声器数量增加(高端车型基本标配 12 个以上扬声器),且汽车在特殊环境下,D 类功放渗透率逐步提升,取代原来的 A 类和 B 类功放,行业对车载 D 类功放驱动芯片的需求快速提升。

智能化汽车中新增功能带动驱动芯片功能持续增加，数量持续提升。在驱动芯片领域，国内具备一定的汽车芯片制造能力，但对于后续芯片能力的迭代升级仍面临较大挑战。马达驱动、LED 驱动等产品国产化已取得很大进展，实现了规模化应用，但功能安全要求较高的主驱动领域国产产品仍难以匹敌国外产品。总体上，由于驱动芯片单价较低、国内已有替代产品等原因，国产化程度将进一步提升，驱动芯片的供应将呈现较为稳定的趋势。

九、电源芯片

电源芯片需求将随着汽车电气化程度提升而稳步增长。电源芯片在汽车中使用非常广泛，主要作用是为主控芯片、逻辑电路、功率器件驱动芯片等提供工作电源或参考电平。电源芯片属于模拟芯片，主要采用 90 纳米以上成熟制程工艺，国内晶圆代工企业已基本具备制造能力，但汽车芯片产能仍存在较大缺口。在设计端，近年国内涌现出一批电源芯片企业，如思瑞浦、纳芯微电子、圣邦微电子等，除部分电源管理 SBC、高端电源管理芯片短期难以实现国产化，预计未来仍然出现短缺的可能性较小。

第四节　面临的新挑战

一、计算芯片

在大算力计算芯片方面，车企普遍采用"硬件预置，软件升级"的策略，通过预置大算力计算芯片，为后续软件与算法升级提供空间。车载计算芯片在上车之后需要满足 5～10 年的使用需求。在市场格局方面，计算芯片国外供应商仍然占据主要市场，市场占比接近 90%，产品性能具有较高的竞争优势。英伟达作为国际行业龙头，最新推出的单颗自动驾驶芯片 Thor 的算力最高可达到 1000 TOPS（每秒 1 万亿次定点计算），相比此前推出的自动驾驶芯片 Orin X，算力提升接近 4 倍。与此同时，国内计算芯片厂商在快速发展，逐步被市场接受和认可，地平线、黑芝麻智能、爱芯元智、后摩智能等企业的产品已实现或即将实现量产上车。

在计算芯片方面，我国境内已具备较好基础，但算力、性能、制程工艺及制造能力方面与境外相比存在一定差距。如在制程工艺方面，台积电、三星已实现 3 纳米制程的芯片量产，而我国境内最先进为 N+2 节点，仅接近台积电 7 纳米制程水平，存在两代的差距。软件生态上英伟达 Thor 的性能来自其近 20 年计算统一设备体系架构（Compute Unified Device Architecture，CUDA）的迭代改进，我们的企业积累偏少。在设计工具方面，我国电子设计自动化（Electronic Design Automation，EDA）软件仅实现 14 纳米制程打通，此外指令集架构依赖于 ARM 等国外企业，缺少自主设计高性能指令集与架构的能力。

整体来看，智能驾驶域和智能座舱域计算芯片国产替代难度基本一致，但国内产品主要受制于设计环节的 EDA 及知识产权（Intellectual Property，IP）、制造环节制程工艺落后等因素，未来可能存在供应风险。

二、控制芯片

国外企业占据大部分控制芯片市场，国内企业处于起步阶段。

控制芯片主要供应商以国际芯片企业为主，包括瑞萨、恩智浦、英飞凌、德州仪器等。近年来国内控制芯片生产企业加大研发投入，如杰发科技、芯旺微电子、兆易创新、芯驰科技、芯钛科技等，均推出了满足 AEC-Q 100 标准的产品，并在一定范围内进行整车匹配验证，但整体渗透率依然偏低，尤其是高性能、高功能安全 MCU。

国内企业在控制芯片 IP 及制程方面存在短板。国内部分企业已经具备一定的控制芯片制造能力，在 55 纳米、65 纳米、110 纳米等成熟制程工艺方面初步具备制造能力，但产品稳定性、可靠性及部分关键工艺库和 IP 仍需突破，在主流的 40 纳米、28 纳米制程的 MCU 制造方面仍面临较大挑战。

国际上英飞凌、恩智浦、瑞萨等企业的汽车 MCU 制造技术较为成熟，已形成较高技术壁垒。尽管我国具备一定的汽车 MCU 制造能力，但在关键技术、制程工艺、IP、软硬件适配等方面差距较大。如在设计领域可靠性测试、功能安全测试与认证等方面与海外领先企业存在较大差距；在制造方面，我国境内晶圆代工企业目前仅能满足部分成熟制程工艺需求，且车规级封装与测试产能偏少。此外，我国 MCU 开发主要依赖 ARM 公司 IP，自研 IP 偏少，且功能实现与性能匹配难度较高。

三、传感芯片

车载传感器种类繁多，不同传感器之间差异很大，技术原理、工艺、制造方式、测试方式等不尽相同，因此一家公司开发多传感器种类的难度较大，需要经验和人才的积累。同时车载传感器要求较高、涉及复杂应用场景和很高的可靠性要求，产品开发难度大和投入资源多，投入产出周期长，小公司难以支撑车载传感器产品的长期研发，对于国产传感器公司进入汽车领域提出很大挑战。另外，传感芯片不同于其他芯片，产品高度依赖下游方案商、模组厂商的共同合作以在特定场景定义及应用芯片，共同在系统层面达到功能安全要求。

从产品角度上看，在图像传感器方面，我国境内企业设计能力处于第一梯队，但晶圆制造产能与良品率与境外企业存在一定差距；在各类 MEMS（Micro Electro Mechanical System，微机电系统）传感器方面，我国境内企业缺少车规级工艺，目前仍以消费级产品为主，而欧美主要采用 IDM（Integrated Device Manufacturer，集成器件制造商）模式，工艺与设计匹配能力更强；在毫米波雷达、激光雷达方面，境内企业正加速追赶海外先进水平，已实现部分装车突破；在超声波雷达方面，芯片主要集中于博世与 Elmos，境内产品缺少产品定义与应用机会；在电流、轮速等传统汽车传感器方面，我国企业缺少对车规与规则的理解，开发与测试能力偏弱。

四、通信芯片

国内企业已实现通信芯片规模化应用，但在传统车载通信芯片领域仍面临较大挑战。蜂窝移动通信芯片、卫星定位芯片的主要供应商以高通等国际芯片企业为主，国内蜂窝移动通信芯片企业如海思、联发科等在消费级、工业级芯片领域占有一定市场和产品优势，汽车蜂窝移动通信芯片实现量产出货。大唐、紫光展锐的通信芯片产品在消费级、工业级芯片领域也有较为成熟的经验，有望突破汽车芯片瓶颈。但在内部通信方面，供应商以国外企业为主，包括恩智浦、英飞凌、安森美、德州仪器等全球巨头。我国境内车载 CAN 总线、LIN 总线及车载以太网芯片起步较晚，受限于技术能力和生产配套及供应链的限制，直到 2018 年才成功产生第一款量产的 CAN 总线芯片，目前仅有少数几家 CAN 总线芯片、LIN 总线芯片厂商实现量产。

国内企业在各类通信芯片领域均已具有一定的设计、制造能力，尽管国产芯片在环境可靠性和性能方面略低于进口产品，但绝大多数安装位置对环境可靠性的要求不高，国内头部企业能够满足要求。而部分对环境可靠性要求较高的安装位置，国内企业也取得了一定的突破，在轻微降级的情况下能够实现预期的功能。由于受限于供应链，制造与封测基本依赖境外企业，存在一定供应风险。

以通信领域国产化率偏低的高速串口芯片为例，我国企业主要面临 4 个方面的挑战。一是模拟芯片技术仍有欠缺，模拟芯片技术主要用于实现驱动、滤波、放大和数模转化等功能，对高速串口芯片的功能实现和性能表现至关重要。二是产能和产品迭代速度慢，通常高速串口芯片要求企业产品出货速度快、产品迭代快，但由于缺乏车规产品经验和模拟芯片技术不足，国产产品量产速度较慢。三是高速串口芯片涉及高压防护的特殊需求以及较差通信环境下的信号抗干扰设计，国内企业缺乏类似的设计经验和对场景的理解。四是通信协议标准不统一增加产品开发、推广难度，以往高速串口芯片市场主要由美国企业垄断且各自使用私有协议，客户需要同时购买同一家企业的收、发芯片。

五、存储芯片

不同等级的智能驾驶对存储芯片性能要求不同。一般来说，

L0 智能驾驶对 DRAM、Flash 等没有较高的要求；L1、L2 智能驾驶中 DRAM、Flash 通常在 8 GB 左右；L3 智能驾驶中 DRAM 通常要达到 16 GB，Flash 通常要达到 256GB；L4 ～ L5 智能驾驶中 DRAM 至少达到 64 GB，Flash 至少达到 1TB。在低等级智能驾驶中，国内头部企业与国际头部企业在环境可靠性要求及性能指标方面已相差不大，如北京君正通过收购 ISSI，其 DRAM、SRAM 产品已能够进行一定的装车应用；在较高等级智能驾驶汽车中，由于其对 DRAM 和 Flash 容量要求较高，国内与国际头部企业有较大差距，在 DRAM 带宽、NAND Flash 层数等关键指标上存在代差，同时在车规级应用中的稳定性与可靠性存在一定差距，导致"上车"偏少。

六、安全芯片

国外安全芯片主要供应厂商为恩智浦、瑞萨、罗姆、英飞凌等。长期以来因供应链问题，国内的安全芯片大部分以国外芯片为主。根据行业数据统计，国产安全芯片的市场占比不足 5%，随着车联网的建设推进，国产安全芯片的市场占比将稳步提升。

在加密算法方面，国产安全芯片普遍支持 SM2、SM3 或 SM4 等国密算法，以及 RSA 算法、椭圆曲线密码学（Elliptic Curve Cryptography，ECC）、高级加密标准（Advanced Encryption Standard，AES）、安全散列算法（Secure Hash Algorithm，SHA）等国际算法，加密算法均为国际通用，与国外差距较小，国内很多产品已实现量产和大规模应用。随着自主加密算法重要性日益凸显，国密算法的应用比例逐渐提高，国内车载软件及固件模块密码技术正逐步走向自主可控，推动国产安全芯片市场需求加速增长。

在安全芯片性能方面，安全芯片厂家对其性能的要求相较于计算芯片低，这主要是因为企业会结合行业实际需要、市场及成本进行综合考量，通常安全芯片性能满足行业需要即可。目前，国内安全芯片在性能指标层面，能够与国外芯片达到同等水平。

七、功率芯片

与国外产品相比，国内 IGBT 产品仍存在差距。一是在性能方面，目前国内广泛应用的 IGBT 4.0（额定电压为 1200 V、饱和压降为 2.0 V）若对标英飞凌 2.5 代产品，饱和压降差大、损耗高，会影响产品的输出功率和效率。最新推出的 IGBT 5.0（额定电压为 750 V、饱和压降为 1.5 V）在饱和压降方面大幅提升，但额定电压降至 750 V，无法满足采用 800 V 高压平台的高端车型需求。二是在封装技术方面，国内与国外企业存在代际差距，目前车规级 IGBT 模块封装共 4 代，英飞凌等国外企业普遍采用第三代双面散热封装技术，日立已实现第四代双面直接水冷封装技术，国内企业仍采用第二代单面直接水冷封装技术，第三代封装技术仍在研发，尚未实现应用。三是在生产设备、设计工具方面，国内企业受制于人，EDA 软件部分依赖于国外企业，国内企业购买生产设备受限。

汽车 MOSFET 主要分硅基 MOSFET 和 SiC MOSFET。在硅基 MOSFET 方面，国内企业在超结 MOSFET 领域与国外领先企业仍存在 3 年左右的差距，在比导通电阻（Specific On-Resistance，RSP）及寿命控制工艺等方面也存在差距。在 SiC MOSFET 方面，国内企业仍面临一定制造工艺和专利 IP 瓶颈，虽然国内外企业水平已接近，但国外企业具有相对成熟的制造经验，国内 SiC MOSFET 乘用车主驱应用目前仍依赖进口。

八、驱动芯片

在驱动芯片领域，目前国内企业面临的主要挑战在于功能安全要求高的主电机功率驱动、车身和底盘马达驱动、车身头灯和尾灯 LED 驱动等领域国产化率较低。在设计方面，企业功能安全产品设计经验少，产品应用经验缺乏。在制造方面，驱动芯片主要采用特殊工艺，此类工艺通常采用成熟制程工艺，但对晶圆制造过程中的金属氧化物半导体（Metal-Oxide-Semiconductor，MOS）工艺要求高，我国相关工艺产能不足。如高低边驱动芯片对抗负载要求高，国外企业如意法半导体与德州仪器采用垂直 MOS 工艺，而我国相关车规级工艺尚难以满足市场要求。

九、电源芯片

交流 / 直流（Alternating Current/Direct Current，AC-DC）转换芯片、DC-DC 芯片和线性调制芯片主要用于产生各类二级电源，如为主控芯片、相关采样电路、逻辑电路、功率器件驱动电路提供工作电源或参考电平等。数字隔离芯片是电气隔离器实现数字信号传输的器件，用于隔离高频噪声和防止高压击穿。模拟前端芯片（AFE）是一种具有多采样通道的监控芯片，能对串联的电芯进行电压和温度的监测，应用于电动汽车动力电池包内，用于采集动力电池的电参数和环境温度等信息，同时将采集到的信息发送给相关控制系统，以实现车辆正常运行。模拟前端芯片需要具备车载环境（高低温工作、湿热、振动、机械冲击等）适应性和抗干扰（电磁兼容）性的要求，目前国内仅有少部分企业实现量产，主要产品依赖德州仪器、亚德诺等国外企业。

其他芯片主要包括运放芯片、电芯监测芯片、数模转换芯片、SBC、比较器芯片等。SBC 是包含电源、通信、监控诊断、安全监控等特性的独立芯片，负责电能的变换、分配、检测等，在动力系统、底盘和驾驶辅助、车身系统、舒适系统以及混合动力及电驱动系统中广泛应用。SBC 内部高度集成了基本硬件系统模块的基础电路功能模块（电源和通信），使得外部电路大大简化，可减少印制电路板（PCB）空间，实现更低的静态功耗和更高的系统可靠性。SBC 需要与相应的功能模块搭配使用，需根据应用场景进行产品设计，由于应用场景复杂、多样，同一个企业会有多个差异化 SBC 产品，并非能够统一定义的标准件。国内企业 ASIL D 功能安全级别的 SBC 产品尚未量产，同时在功耗、性能指标上与国外企业存在一定差距。

第五节　发展建议

一、完善汽车芯片制造工艺体系

在先进制程方面，短期内优先利用海外制造工艺技术满足现阶段需求，在中远期内支持重点晶圆代工企业先进制程等车规级产线发展。在成熟制程方面，短期内充分发挥国内现有制程水平制造能力，加快引进海外成熟制程设备，支持国内晶圆代工企业与 IDM 企业扩大成熟制程汽车芯片制造产线，提升制造能力，降低汽车芯片产业链风险。

二、攻关汽车芯片关键共性技术

推动汽车产业链上下游企业的有效配合和紧密合作，明确车辆产品对于汽车芯片的需求，通过建立试验区等方式，以整车企业的应用需求为明确目标，芯片设计、生产和配套企业共同攻克技术瓶颈，提升企业芯片设计水平与能力；建立良好的产业生态环境，引导车企拓展现有供应体系，助力芯片企业建立具备车规级经验、一定规模的人才团队，提升其在满足车规级可靠性、一致性要求所必需的过程和产品的质量保障能力。

三、构建汽车芯片检测认证体系

构建我国汽车芯片检测认证体系，使芯片产品评价有据可依。一是建立包含功能安全、信息安全、可靠性、关键性能等指标的汽车芯片产品评价标准体系，做标尺、防冒进、挤水分，加强产业引导。二是支持第三方机构开展汽车芯片检测认证业务，推动整车企业、零部件企业、芯片企业协同配合，共同推进我国汽车芯片检测认证体系落地实施。三是鼓励相关企业积极参与汽车芯片检测认证工作，联合制定、推广应用选型认证和供应商审核规范，形成快速迭代机制。四是由整车企业牵头，产业链企业共同参与，形成汽车芯片应急备选方案。

构建汽车芯片测试平台。构建器件级、系统级、整车级的"三级"测试验证体系，建设具备完整车规检测能力的公共汽车芯片测试平台，并需要与研究适用的标准、技术规范和检测验证体系相结合、互促进，用标准和测评完成产品的测试认证。建立共享的汽车芯片测试数据库，包含可靠性、信息安全、关键性能数据。

四、建立汽车芯片行业管理体系

完善行业管理，以国密算法应用为前提，结合汽车芯片应用功能安全、信息安全分类分级标准，制定有针对性的汽车芯片准入管理办法，加强汽车软硬件安全监管顶层设计，形成从底层芯片到整车系统的完整的安全监管体系，切实保障社会安全及国家安全。创新协同监管机制，建立产业关键信息上报机制和产业安全预警系统，形成从底层芯片到整车系统的完整的安全监管体系，切实保障产业安全。三是建立应急芯片储备管理机制，通过集中采购、协议约定或产能承包等形式，避免下游企业无序竞争，保障产业安全、平稳地发展。

五、加强人才培养及引进力度

优化专业人才培养路径，探索实施学科人才培育支撑计划。健全贯通青年人才成长全周期、全生态的培养支持体系；推进高校与国家级实验室、科研院所等联合申报招生权和学位点，联合培育专业人才，完善以科研项目为纽带的联合培育机制；充分发挥一流大学的高端人才集聚和国际科技交流与合作的纽带作用，支持建设一批高水平大型国际科研合作平台。

完善高水平人才使用机制。鼓励专业人才跨部门、跨地区、跨行业、跨体制参与和兼职，开展组织灵活的创新、创造和攻关。赋予专业人才决定研究路线、设置机构、使用经费、组建团队、知识产权、国际交流等的自主权。建立人才评价与激励机制。以职业资格评价和职业生涯通道设计提供薪酬以外的激励和认可机制。

六、强化精准产业政策支持力度

建议出台更有力、精准的政策，鼓励企业创新发展。一是针对芯片设计、流片、认证环节，建议补贴 EDA 和 IP、流片及车规级检测认证等支出项目，减轻芯片企业负担。二是在上车应用环节，鼓励车企开发汽车芯片新产品的新应用。三是充分发挥国有企业制度优势及在自主创新中的"国家队"作用，以创新政策工具激励国有整车及零部件企业试用、批量应用汽车芯片新产品。

大力推进汽车芯片制造产能建设。建议通过产业基金引导、贷款贴息等方式对企业开展车规级晶圆产线与封测产线建设或改造给予支持，引导晶圆厂加大汽车芯片产能供给。对于制造工艺技术难度极大的高端汽车芯片，建议对规划、土地、金融、服务、补贴、税收等环节全面创新支持政策，加快引进优秀晶圆厂到我国投资建设车规级高端芯片晶圆产线。

05

第五章

操作系统

操作系统是智能汽车的"灵魂",也是决定汽车智能化、网联化水平的关键。操作系统对内协调软硬件资源,对外让智能汽车有能力提供千人千面的用户体验,支撑车辆全生命周期服务,推动汽车价值链由商品销售向后端服务延伸。根据技术与需求不同,汽车操作系统可分为车载操作系统、安全车控操作系统和智能驾驶操作系统 3 类,分别面向汽车驾驶有关的功能(如动力、制动、转向等)、人机交互和信息娱乐,以及新兴的智能驾驶控制。

各领域操作系统发展态势不一。在安全车控领域,国外企业的操作系统凭借先发优势占据绝对主导地位,Vector、ETAS 的市场份额超 90%,在功能安全、实时性等方面积累了深厚的技术优势,构建了完善的工具链和生态体系。国产操作系统虽然快速追赶,在某些特定领域取得了一定突破,但整体技术成熟度和生态完善程度与国外的操作系统仍有差距。在车载操作系统领域,Android、Linux 和 QNX 等国外操作系统的市场份额接近 95%,它们凭借强大的生态和丰富的应用资源,构建了牢固的市场壁垒。国产车载操作系统虽然初步形成了软硬件生态,但在应用丰富程度、用户体验等方面仍需提升。在智能驾驶操作系统方面,国产操作系统起步较早,并积极布局,已形成内核、中间件、功能软件的全面布局,在某些特定场景下的算法和应用性能方面与国际产品并跑。

借鉴其他领域操作系统的发展历程可以看出,操作系统先发优势非常重要,操作系统的生态壁垒诞生于软硬件的高度耦合,操作系统通过定义硬件接口和软件标准,形成了事实上的行业标准,从而使得其商业模式具有一定垄断性。把握生态主动权至关重要,对于国产操作系统而言,需要制定开放的标准和规范,积极吸引第三方合作伙伴和开发者，构建繁荣的操作系统生态，只有通过差异化竞争，才能在激烈的市场竞争中占据一席之地。

第一节　发展历史与分类

一、汽车操作系统的形成与演进

汽车软件由嵌入式开发向全栈式开发演进，汽车操作系统逐渐形成。早期在嵌入式开发模式下，软件直接烧写在硬件上，软硬件高度嵌套、深度耦合。每个 ECU 独立存在并只为实现特定功能，不考虑与其他 ECU 进行信息交换，相互协同实现难度大，整车软件缺乏可复用性和可扩展性。随着车身电子控制和车载电子装置功能的日益丰富以及汽车电子产品外部交互和接口标准种类的增加，嵌入式开发模式已难以满足汽车软件不断提升的复杂程度和庞大工作量。汽车软件逐渐形成"操作系统＋中间件＋功能软件＋应用软件"的全栈式开发模式，以实现分层化、平台化和模块化，提高开发效率的同时降低开发成本。操作系统可以控制和管理整个计算机系统的硬件和软件资源，并合理地组织、调度计算机的工作和资源，以提供给用户和其他软件，是汽车软件架构的中枢。

二、汽车操作系统分类

需求和技术的变革驱动操作系统逐渐发展为车载操作系统、安全车控操作系统和智能驾驶操作系统 3 类。车载操作系统面向人机交互和车载信息娱乐，并逐渐向智能座舱操作系统升级。安全车控操作系统用于实现与汽车驾驶有关的功能，如车辆底盘控制、动力系统和辅助驾驶，并逐渐向智能驾驶操作系统演变（见图 5-1）。

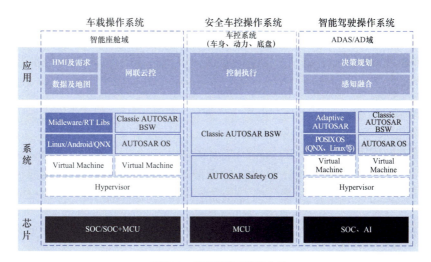

图 5-1　汽车操作系统的分类

注：信息来源于普华基础软件，由中国电动汽车百人会车百智库汽车产业研究院整理。

车载操作系统应用于车机中控系统，包括仪表、中控、HUD、流媒体后视镜等。随着智能网联汽车的发展，车载操作系统逐渐发展为智能座舱操作系统。该类系统常与用户体验相关，不直接参与汽车行驶的控制决策，对车辆行驶性能和安全影响较小。

安全车控操作系统主要应用于实现车辆控制的 RTOS（Real-Time Operating System，实时操作系统），应用对象是 ECU。该类操作系统对实时性和安全性要求极高，系统需要在规定时间内完成资源分配、任务同步等指令。例如，汽车电子控制类 ECU，通过直接向执行机构（如电子阀门、继电器开关、执行马达等）发送指令，控制发动机、变速箱、动力电池等协同工作。

智能驾驶操作系统主要负责支持智驾算法应用的开发和运行，应用于智能驾驶域控制器。该类操作系统基于 POSIX（Portable Operating System Inter face of UNIX，可移植操作系统接口）标准，除了对安全性和可靠性要求较高，对性能和运算能力要求也很高。

三、汽车操作系统架构

操作系统是智能计算平台的重要组成部分。智能计算平台分为硬件层、系统软件层、功能软件层以及应用层等 4 个部分（见图 5-2），广义操作系统包含系统软件层和功能软件层，其中系统软件层负责创建运行环境，包含操作系统内核、虚拟化管理（如 Hypervisor）、系统中间件及服务。

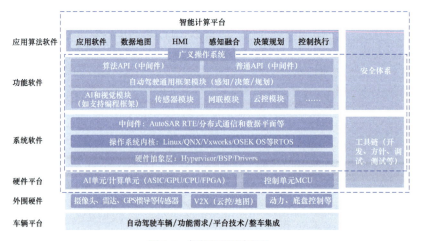

图 5-2　智能计算平台架构

注：信息来源于国家信息中心软件测评中心，由中国电动汽车百人会车百智库汽车产业研究院整理。

（1）**硬件抽象层**：对硬件进行封装，提供操作系统内核与硬件之间的接口，包含BSP（Board Support Package，板级支持包）、Hypervisor（又称虚拟机管理器，用于虚拟化硬件资源）等。BSP为操作系统提供虚拟硬件平台，使其具有硬件无关性，可以在多平台上移植，包括BootLoader（以基础支持代码来加载操作系统的引导程序）、HAL（Hardware-Abstraction Layer，硬件抽象层）代码、驱动程序等。汽车操作系统是基于异构分布硬件的，应用程序可能分别依赖不同的内核环境，整个车辆需要同步支持QNX、Android、Linux等多个操作系统，但在物理层面上共享一个芯片，这就要求通过Hypervisor来管理。BSP和Hypervisor主要的用途是能够让汽车硬件、计算机硬件和软件配合工作，从而提供一个比较好的工作运行环境。

（2）**操作系统内核**：操作系统核心，负责管理系统的进程、内存、设备驱动程序、文件和网络系统，决定着系统的性能和稳定性，如OSEK OS、VxWorks、RTLinux等。智能计算平台支持异构芯片，异构分布硬件架构各单元所加载内核系统安全等级有所不同，例如AI单元内核系统需要达到ASIL B安全等级、计算单元、控制单元内核系统要达到ASIL D安全等级，因而出现不同安全等级的多内核设计或单内核支持不同安全等级的应用设计。保证差异化功能安全要求的同时满足性能要求，这是未来汽车操作系统设计的关键。

（3）**中间件**：处于应用层和操作系统之间的软件，负责为应用层提供标准接口、协议，通常具有较高的可移植性。如POSIX、ARA（自适应AutoSAR运行时环境即中间件API）和分布式实时通信中间件等，可实现异构网络环境下软件互联和互操作等共性问题。

　　功能软件层主要搭载汽车核心共性功能模块，例如智能驾驶操作系统包含智能驾驶的核心共性功能模块，其包括相关算法编程框架（如 TensorFlow、Caffe、PaddlePaddle 等）、网联、云控等模块。功能软件与系统软件共同构成完整的汽车操作系统，使不同功能得以实现。

第二节　国际标准情况

一、国际产品在全球市场占据先机

　　在安全车控领域，Vector、ETAS 的产品市场份额超 90%，规模优势下实现长尾功能覆盖、芯片适配数量优于国内产品。在车载娱乐领域，Android、Linux、QNX 的市场份额接近 95%，软硬件生态优于自主产品。在智能驾驶领域，国外智能驾驶操作系统尚未形成垄断态势，但龙头企业在加紧布局，抢抓时间窗口。例如英伟达凭借"高性能智驾芯片 + 全栈智驾操作系统生态"的强势组合，像 PC 时代初期的 Wintel（ Windows+Intel ）联盟一样，正准备抢占全球智能驾驶芯片与操作系统市场份额。

二、国际组织主导技术标准

　　在安全车控领域，汽车开放系统架构（Automotive Open System Architecture，AUTOSAR） 的 经 典 平 台（Classic Platform，CP）已成为垄断性标准；在智能驾驶和车载娱乐领域，POSIX 成为内核接口的公认标准，AUTOSAR 的自适应平台（Adaptive Platform，AP）和 ROS2 争夺智驾中间件的话语权，Linux 系的 AGL（Automotive Grade Linux，车规级 Linux）、车载软件和服务联盟（Companion Vehicle Software and Services Alliance，COVESA）标准和安卓系的安卓汽车操作系统（Android Automotive Operating System，AAOS）标准成为车载娱乐领域的主流选择。

1. AUTOSAR CP

2002 年，戴姆勒、宝马、博世、大陆集团、Vector 等企业共同成立 AUTOSAR 联盟，以打造统一的软件架构、接口和测试方式，使软件供应商可用一套软件供应多个车企，减少重复性工作，避免产业资源浪费。2005 年，AUTOSAR 联盟发布 AUTOSAR CP 标准。该标准定义了汽车软件的 3 层架构、基本软件层（BSW）的内部结构、应用接口规范和集成标准、应用开发的方法论。**AUTOSAR CP 的作用在于"统一标准、软硬解耦、集中配置"（见图 5-3）。**统一标准才能给各个厂商提供一个通用、开放的平台；软硬解耦给每层架构不同职责，降低应用与硬件之间的耦合度，使功能软件可移植、可扩展；不同模块来自不同厂商，将其整合成一个完善的系统，AUTOSAR 规范了所有模块的配置信息以统一格式集中管理，集中配置生成系统。标准统一的优势，一是使算法、应用可跨配置、跨车型、跨平台、跨硬件适应；二是提高了开发效率，降低了各方开发成本；三是使软件认证有标准可依。但 AUTOSAR 为了兼容一致性会对软硬件协作效率带来影响，硬件性能开发可能会受到限制，而未来也会出现类似苹果这样软硬件集成一体开发的公司抢占手机市场份额的情况。

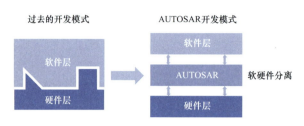

图 5-3   AUTOSAR 的作用

注：信息来源于 AUTOSAR 官网，由中国电动汽车百人会车百智库汽车产业研究院整理。

AUTOSAR CP 在基于 MCU 的安全车控操作系统领域已形成垄断地位。 截至 2021 年底，AUTOSAR CP 已有 317 家合作伙伴，成为汽车软件领域最具权威性的组织之一（见图 5-4）。除特斯拉以外，主流主机厂、软件公司在安全车控操作系统领域均采用 AUOTSAR CP 标准。

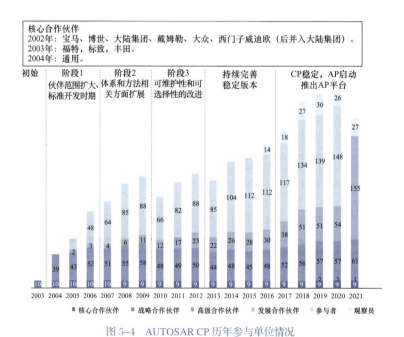

图 5-4   AUTOSAR CP 历年参与单位情况

注：信息来源于 AUTOSAR 官网与华泰证券，由中国电动汽车百人会车百智库汽车产业研究院整理。

AUTOSAR CP 已形成了涵盖车企、Tier1、中间件供应商、芯片厂商、服务外包商在内的商业生态。OEM，即车企定义需求、整车系统架构和接口；Tier1 即硬件商进行软硬件集成、基础软件配置和硬件设计测试；中间件供应商提供 AUTOSAR 工具链、各类中间件功能；芯片厂商提供芯片驱动；服务外包商协助进行软硬件开发和系统集成（见图 5-5）。

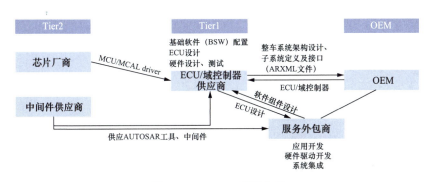

图 5-5 AUTOSAR 商业生态

注：信息来源于 AUTOSAR 官网，由中国电动汽车百人会车百智库汽车产业研究院整理。

2. POSIX

POSIX 是为解决不同 UNIX 内核兼容性和应用程序的可移植性定义的标准[1]，定义了"类 UNIX"内核应该为应用程序提供的接口。

POSIX 是一个标准族，与车用嵌入式系统相关，包括两个关键标准。一个是 IEEE 1003.13 标准，其为实时和嵌入式应用定义了 4 个不同基本的配置，从 PSE 51、PSE 52、PSE 53、

---

1 UNIX 发展早期代码以开源方式传播，由于代码不够完善且缺乏统一的组织管理，机构、企业各自在开源软件上加工，形成了多个独立开发、与 UNIX 基本兼容但又不完全兼容的操作系统。

PSE 54 逐步放宽限制，涵盖更多功能（见图 5-6）。目前自动驾驶 SOA 中间件要求内核至少需满足 PSE 52 级别标准，主流企业均已经完成或正在布局 PSE 53 级接口。另一个是 POSIX.1 标准，定义了基本定义、系统接口、Shell 和实用程序、基本原理四大部分。目前 Linux 和 QNX Neutrino 能够支持 PSE 54 及 POSIX.1 标准。

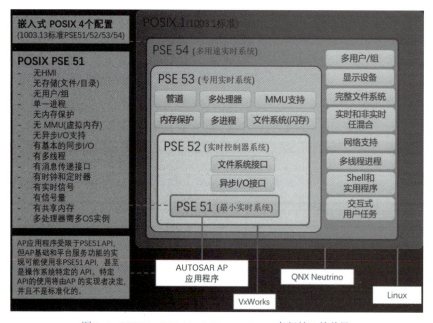

图 5-6　PSE 51、PSE 52、PSE 53、PSE 54 各级接口的差异

注：信息来源于焉知汽车，由中国电动汽车百人会车百智库汽车产业研究院整理。

3. AUTOSAR AP

AUTOSAR AP 是 AUTOSAR 为面向更复杂的域控制器和集中式电子电气架构推出的车控中间件标准，在架构方式、支持的操作系统、语言、通信方式方面与 AUTOSAR CP 存在差异（见图 5-7、图 5-8 和表 5-1）。

图 5-7 AUTOSAR CP 架构

注：信息来源于华泰证券，由中国电动汽车百人会车百智库汽车产业研究院整理。

图 5-8 AUTOSAR AP 架构

注：信息来源于华泰证券，由中国电动汽车百人会车百智库汽车产业研究院整理。

表 5-1   AUTOSAR CP 和 AUTOSAR AP 对比

对比维度	AUTOSAR CP	AUTOSAR AP	变化原因
架构层级	三层架构：应用层、运行时环境、基本软件层	两层架构：应用层、运行时	—
架构定义	定义基本软件层的内部具体结构，各模块之间的层次关系	规范内部功能集群的聚类和接口标准，对功能集群内部结构不做具体定义	自动驾驶中间件尚未形成标准架构
内核支持	支持用于传统车身控制的 OSEK 操作系统	支持基于 POSIX 的操作系统内核	基于 POSIX 的内核更适用于自动驾驶需要的高性能计算和高带宽通信
编程语言	C 语言	C++	提供对大规模编程与封装的良好支持
通信方式	面向信号	面向服务	更好的服务娱乐、ADAS、车联网系统
应用领域	安全车控	智能驾驶和车载娱乐	—

注：信息来源于华泰证券，由中国电动汽车百人会车百智库汽车产业研究院整理。

AUTOSAR AP 尚处于发展初期，尚未确立领先地位。一是在自动驾驶中间件领域，AUTOSAR AP 面临诸多竞争，如 Apex.AI 完全基于 ROS2 标准打造中间件，百度 Apollo、TTTech 等分别基于自研的生态开发中间件产品，博世选择兼容 AUTOSAR 与 ROS2 架构。二是智能驾驶领域存在很多 AUTOSAR AP 尚未定义的非标准中间件，如 Driveworks、OpenGL 等 AI 中间件、进程内的编程模型 node/gragh 等。

AUTOSAR AP 在与 AUTOSAR CP 的联动和方法论方面具备竞争优势。一是 AUTOSAR CP 已成为安全车控操作系统领域的事实标准，软硬件集中趋势下，AUTOSAR CP 将集成到整车操作系统中长期存在，而 AUTOSAR AP 与 AUTOSAR CP 标准均由 AUTOSAR 制定，彼此功能互补，与其他智能驾驶中间件相比具备联动优势。二是 AUTOSAR 不仅是一套具体的技术标准，还包括成熟的方法论、工具、供应链体系。在方法论与工具方面，AUTOSAR 抽象出了一套平台设计开发部署测试的理念和流程，并据此建立了完善的全生命周期工具体系，汽车软件开发人员已对此形成使用习惯。在智能驾驶阶段，此套方法论和工具链在支持供应商和整车厂的系统创新和产品差异化方面依然适用。在供应链方面，AUTOSAR 凝聚了一批中间件产品供应商、工具链供应商、软件外包服务提供商，已形成完成的商业闭环。

4. ROS

ROS 作为最早开源的机器人软件中间件，很早就被机器人行业使用。ROS 的首要设计目标是在机器人研发领域提高代码复用率，这是一个分布式的进程（也就是"节点"），被封装在易于被分享和发布的程序包和功能包中。智能驾驶系统和机器人系统有很高的相似度，ROS 的开源特性，丰富的开源库和工具链，让其在智能驾驶的研究领域有着较为广泛的应用，很多自动驾驶的原型系统中都能够看到 ROS 的身影，例如 AUTOWARE，百度 Apollo 最初也使用了 ROS，直至 Apollo 3.5 才切换至自研的车载中间件 Cyber RT。

ROS 主要有两个版本：ROS1 和 ROS2。ROS1 的通信依赖中心节点的处理，无法解决单点失败等可靠性问题。为了更好地符合工业级的运行标准，ROS2 最大的改变是取消 Master 中央节点，实现节点的分布式发现，发布 / 订阅，请求 / 响应；底层基于 DDS（数据分发服务）这个工业级的中间件通信机制，支持多操作系统，包括 Linux、Windows、OSX、RTOS 等。虽然 ROS2 对比 ROS1 有了很大的改进，但是距离完全上车应用还有很大的距离，APEX.AI 等公司也在对 ROS 进行车规级的改造尝试。

5. AGL

2014 年，Linux 基金会发起 Automotive Grade Linux 开源项目（汽车级 Linux 项目，以下简称 AGL），面向车载领域提供从底层内核到应用软件的开源代码，是业界首个开放式车载信息娱乐软件规范。AGL 主要由丰田、日产为代表的日系车企推动，与以欧美车企为主体的 GENIVI 联盟和特斯拉等 Linux 直改操作系统形成竞争。2016 年，AGL 发布统一代码库（UCB），涵盖 AGL、Tizen 和 GENIVI Alliance 等车载开源项目成果，可减少车企 70% ～ 80% 的开发工作量。

6. COVESA（GENIVI）

2009 年，宝马、博世、福特、电装、摩比斯、瑞萨、Mentor 等车企和供应商联合成立 GENIVI 联盟，致力于提供各类开源的车载信息娱乐系统技术解决方案，提供车载信息娱乐平台适用标准和开放源代码。GENIVI 基于 Linux 环境，大约每 6 个月更新一次规范，细化相关要求、组件版本并增加新的所需组件，在应用层面不同主机厂可在 GENIVI 基础上自由定制应用。

随着智能网联汽车的快速发展，2021 年 10 月 GENIVI 正式更名为 COVESA，主要聚焦在车云互联环节，面向智能网联汽车的车内、边缘和云端服务、接口和数据交换等领域进行技术研究和标准制定。当前阶段，该技术联盟活跃的研究项目包括：通用车辆接口计划（CVII，与 W3C 组织共同制定）、车载商务和支付的标准及方法、汽车网络安全标准与解决方案、安卓车机系统软件集成方案等。

三、国际车企、软件、芯片企业纷纷布局汽车操作系统

1. 整车企业：自研、合作开发操作系统

（1）特斯拉：基于 Linux 内核构建软硬件全栈自研体系

特斯拉的芯片、操作系统、算法框架体系形成类苹果的闭环开发模式。 特斯拉底层芯片采用 Intel Atom E3950、FSD 自研 AI 芯片等（根据算法软件需求，不断优化底层工具链和算子库），操作系统基于 Linux 自研，功能软件算法自研并支持 PyTorch 深度学习编程框架，智能驾驶功能核心算法自研，自建数据库用以不断优化算法软件。

特斯拉自研的 Version 操作系统以 Linux 内核为基础深度定制化改造而成。 特斯拉操作系统基于 Linux 4.4 内核打造感知、决策规划，控制整套智能驾驶软件方案（见图 5-9），可支持信息娱乐系统和 ADAS 等。特斯拉之所以选择 Linux 内核，一是其开源可节省大笔研发费用；二是高自由度利于特斯拉实现更多差异化功能，避免受制于操作系统厂商；三是可充分发挥自研硬件性能。

在此操作系统下，特斯拉在 2012—2019 年间已完成超过 142 次 OTA 升级（潜在问题改善 11 次、全新功能导入 67 次、交互界面逻辑等优化 64 次），涉及自适应巡航、自动紧急刹车系统 360° 全景视图、并道辅助等多项功能，系统版本从 2014 年的 6.0 已迭代至目前的 10.0。

通过访问权限控制，避免操作系统核心区域遭受攻击。 对于

信息安全问题，特斯拉使用了 Linux 操作系统中的内核模块：安全增强型 Linux（SELinux）。通过访问权限控制增加了操作系统信息安全性。访问权限控制是指了解系统内所有的硬件资源、设备接口明确允许访问的范围和硬件接口，简单来说，即为第三方软件划分可访问与禁止访问区域，最大限度地保证自身安全。通过访问权限控制，即便第三方程序对操作系统进行了攻击，特斯拉也可以保证核心区域不受破坏。

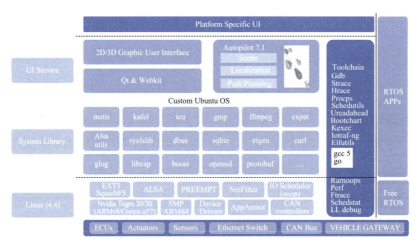

图 5-9　特斯拉 Autopilot 软件架构

注：信息来源于特斯拉官网，由中国电动汽车百人会车百智库汽车产业研究院整理。

（2）大众：整合供应商资源打造整车软件平台

大众自研操作系统 VW.OS，负责其整车计算芯片、内存、传感器等硬件以及应用程序的管理和调度（见图 5-10）。 所有外部开发者只需要面对 VW.OS 这一个平台和接口，即可对搭载该操作系统的任意一款车型进行应用软件开发，不需要再面对 70 多个 ECU 或操作系统。大众宣布 2035 年后 SSP 计算平台将成集团唯一架构，其中 VW.OS 是该计算平台中重要软件架构组成。

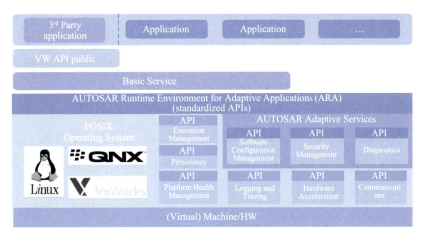

图 5-10   大众 VW.OS

注：信息来源于 *Volkswagen goes adaptive*，由中国电动汽车百人会车百智库汽车产业研
　　究院整理。

　　VW.OS 由多个底层操作系统构成，以同时实现功能安全和
大算力。大众更加注重功能安全、框架标准化，采用 Linux、
QNX、VxWorks 等多个底层操作系统打造一体式平台 VW.OS，
简化智能座舱、智能驾驶、车身控制等之间的交互。VW.OS 可
充分利用各家供应商的已有技术优势，实现快速转型，但由于各
家供应商标准接口、协议并不统一，高度依赖 AUTOSAR 实现
中间件标准化，因此产生大量繁杂模块，以支持来自不同供应商
的软件。

　　大众通过重构整车电子电气架构打造自有的操作系统，建
立全球统一的汽车专属云服务后台。大众在 2020 年的研发投入
近千亿元，来自大众汽车集团的高管和软件专家、旗下各个品
牌软件专家、微软公司高级专家、供应商公司顶尖软件专家等
近 1 万人的研发团队汇聚到了沃尔夫斯堡大众总部的第 74 号大
厅，一是率先打造 E3 电子电气架构，去掉车内原先独立 ECU，

将其简化为3个主要的域控制器——ADAS控制器、整车控制器和娱乐控制器，解决了信息碎片化问题；二是研发VW.OS，除了驾驶部分外将其他所有功能整合到该操作系统上；三是打造Volkswagen Automotive Cloud生态，丰富上层应用软件。

大众VW.OS的目标是成为实现车辆、客户和服务统一的数字化平台（见图5-11）。 VW.OS为大众数字化转型战略而生，其存在有助于大众数字化品牌生态系统的建立。搭载大众VW.OS的新车型将使用系统平台实现底层硬件的资源分配、软硬件之间的通信和交互，共享底层函数库组件资源，大幅减少代码量，集成ECU功能。该生态系统依托于统一数字平台，将车辆、客户和服务三者紧密连接。

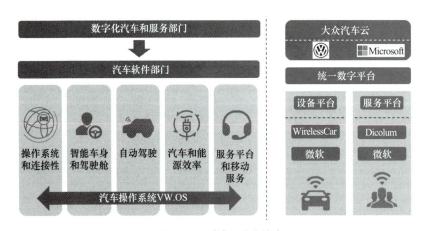

图5-11   大众集团汽车战略

注：信息来源于汽车研究中心，由中国电动汽车百人会车百智库汽车产业研究院整理。

（3）丰田：构建整车软件平台，联合发起AGL项目推动形成行业标准

丰田自研整车操作系统Arene以实现软件的跨车型开发（见图5-12）。 Arene是涵盖车控、车载、智能驾驶的整车操作系统，负责运行智能驾驶系统、数字驾驶舱、车辆控制等全部嵌入式软件。Arene 可提供云组件来处理所有从汽车上传输的数据，对数字流进行切割和分析。Arene 提供 IDE（Integrated Development Environment，集成开发环境），允许开发人员测试、部署和更新车辆和云端的软件系统，可在保障安全的前提下简化车辆软件开发过程和增加更新频率。丰田计划在 2025 年将自研整车操作系统 Arene 应用到丰田品牌和斯巴鲁等旗下品牌汽车，远期通过授权方式实现该系统的商业化。

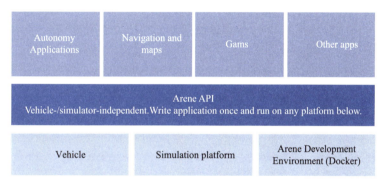

图 5-12　丰田 Arene 整车操作系统架构

注：信息来源于公开资料，由中国电动汽车百人会车百智库汽车产业研究院整理。

丰田通过团队扩招、企业收购、开源资源利用等多种方式支撑操作系统研发。 在团队建设方面，目前丰田从事软件相关工作的员工人数已经超过 1.8 万人，从 2022 年春招开始的技术职位中，软件人才比例从 20% 进一步提升至 40%～50%。在企业收购方面，负责开发 Arene 操作系统的丰田子公司 Woven Planet 于 2021 年 9 月收购了操作系统软件公司 Renovo Motors，以获得尖端的软件工具、操作系统开发人才。在开源资源方面，丰田 Arene 基于开源的 Linux 内核开发，并通过开源社交平台 GitHub 向第三方软件开发商开放操作系统 Arene OS 和软件开发套件，允许他们设计相关应用程序并加入其专属应用程序生态系统。

丰田积极参与 AGL 开源项目，推动形成行业标准和共性基础设施。2012 年，丰田联合日产、捷豹路虎、电装等日系汽车产业巨头（见图 5-13）发起了汽车专用 Linux 操作系统合作项目 AGL，联合打造开源的汽车应用开发平台。2014 年 AGL 发布了首个开放式车载信息娱乐软件规范，其中 70% 的代码（包括操作系统、中间件和应用程序框架）已编写完成，车企可以专注于剩下的 30% 个性化定制开发，以保证不同品牌的差异化。2022 年，丰田凯美瑞成为首款搭载 AGL 操作系统的量产车型。

图 5-13　AGL 开源项目参与单位

注：信息来源于公开资料，由中国电动汽车百人会车百智库汽车产业研究院整理。

2. 软件与芯片企业：打造内核、中间件、功能软件全栈操作系统

（1）黑莓 /QNX：以安全性为核心打造全栈式商用闭源微内核操作系统

黑莓打造全栈式 QNX 操作系统，涵盖操作系统内核、中间

件、功能软件、工具链等一系列产品（见图 5-14、图 5-16）。

QNX 软件早期应用于汽车行业的远程信息处理系统，被 Harman 收购后拓展至信息娱乐和导航单元。黑莓收购 QNX 后，在车载仪表和娱乐领域深耕，开发了 QNX Aviage 多媒体套件、QNX Aviage 声学处理套件和 QNX HMI 套件等中间件产品，打造了 SDP 软件开发平台和 CAR 应用平台（见图 5-15）。黑莓凭借安全性优势，进一步将业务拓展至更强调安全性的智能驾驶领域，提供 QNX 安全微内核和 Hypervisor，目前全球已有超过 2.15 亿辆汽车搭载 BlackBerry QNX。

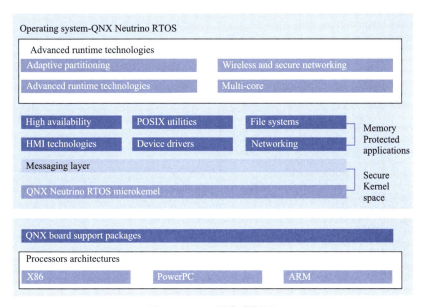

图 5-14　QNX 操作系统架构

注：信息来源于 QNX 官网，由中国电动汽车百人会车百智库汽车产业研究院整理。

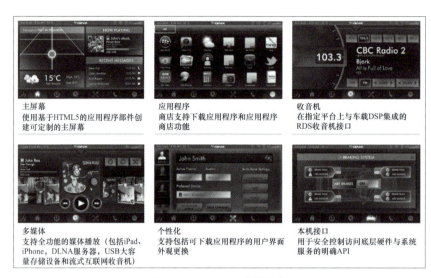

主屏幕
使用基于HTML5的应用程序部件创建可定制的主屏幕

应用程序
商店支持下载应用程序和应用程序商店功能

收音机
在指定平台上与车载DSP集成的RDS收音机接口

多媒体
支持全功能的媒体播放（包括iPad、iPhone，DLNA服务器，USB大容量存储设备和流式互联网收音机）

个性化
支持包括可下载应用程序的用户界面外观更换

本机接口
用于安全控制访问底层硬件与系统服务的明确API

图 5-15   QNX CAR 应用平台

注：信息来源于 QNX 官网，由中国电动汽车百人会车百智库汽车产业研究院整理。

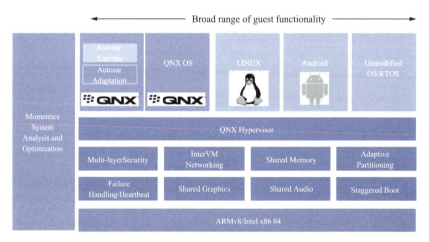

图 5-16   QNX Neutrino RTOS 架构

注：信息来源于 QNX 官网，由中国电动汽车百人会车百智库汽车产业研究院整理。

QNX 凭借安全性、实时性优势已成为智能驾驶和车载仪表领域主流产品。一方面，微内核架构为 QNX 提供了更好的安全性和实时性。在 QNX 微内核架构下，内核独立运行于一个被保护的地址空间，驱动程序、网络协议和应用程序在程序空间中独立运行，避免因程序指针错误造成内核故障，安全性和可靠性高。微内核高实时性的特点和仅几十KB的大小显著优于传统操作系统。另一方面，QNX完成了最高等级的功能安全认证（见图5-17）。QNX是全球首款通过ISO 26262 ASIL D安全认证的RTOS，能够提供符合ISO 26262最高安全等级的工具链，C++基础库满足ISO 26262 ASIL B认证，在安全性和稳定性要求较高的数字仪表和动力系统领域牢牢占据汽车嵌入式操作系统市场占有率第一的位置。

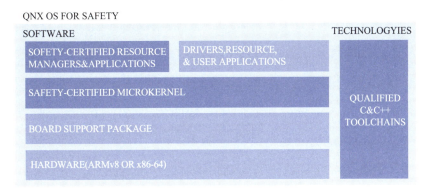

图5-17　QNX功能安全布局

注：信息来源于QNX官网，由中国电动汽车百人会车百智库汽车产业研究院整理。

QNX致力于通过接口、开发工具、操作系统兼容性与产业合作打造开放生态。一是在接口方面，QNX遵循POSIX的程序、工具、实时扩展接口标准，主要使用方式与编程接口和Linux相近，易于开发者学习。二是在开发工具方面，QNX提供具有UNIX特色的编译器、调试器、X Window和TCP/IP，为开发者提供丰富、便利的编译环境，开发者保留周期为7年，比行业平均水平的 13 个月高 600%。三是在操作系统兼容性方面，QNX 通过提供 Hypervisor 解决方案，兼容 Android 和 Linux 操作系统，目前"QNX+Android"已成为车载操作系统的主流方案。四是在构建产业合作生态方面，QNX 与 300 余家芯片和中间件厂商形成合作，BSP 库涵盖英伟达、高通、德州仪器、三星、瑞萨等所有领先硬件制造商制造的 SoC 产品，在英伟达、高通等主流芯片中形成预装方案。

（2）英伟达：打造智能汽车全栈式软硬件平台

英伟达不断迭代智能汽车全栈式软硬件平台 NVIDIA DRIVE（见图 5-18）。 NVIDIA DRIVE 实现了横向全流程闭环。深度学习训练平台 Drive DGX 提供智能驾驶感知、规划、控制的模型训练和优化工具；仿真平台 Drive Sim 能够虚拟出模拟数据以验证模型和算法；Drive SDK 提供数据采集、智能驾驶功能运行的软件能力；智能驾驶开发平台 Drive Hyperion 提供数据采集、智能驾驶功能运行的硬件能力。NVIDIA DRIVE 实现了纵向全层级闭环，实现了从车端到云端，从应用软件、中间件、基础操作系统到底层硬件计算的闭环，可以整体解决方案或组件形式向客户提供灵活组合的产品。

英伟达不断提升智能驾驶训练平台性能，已形成垄断优势。 自 2016 年起，英伟达每隔两年发布一款智能驾驶训练平台产品，产品性能呈指数级提升。2020 年英伟达发布的 DGX A100 已广泛应用于智能驾驶云端训练领域，市场占有率超过 80%。但受美国限制，DGX A100 和 2022 年发布的 DGX H100 已无法向中国销售。

英伟达通过打造仿真引擎和构建高精地图来增强仿真验证能

力。自 2021 年起，英伟达使用仿真引擎 Omniverse 替代游戏引擎作为智能驾驶仿真平台的基础，可实现物理级别的传感器仿真模拟。此外，英伟达于 2025 年发布基于 Omniverse 的 Cosmos 平台，可构建高保真物理世界。

英伟达通过 AI 工具链构建智能驾驶软件生态的重要竞争力。一是 CUDA 工具链，通过并行计算架构支持 GPU 可像 CPU 一样进行非图形运算。二是 TensorRT 深度学习推理引擎，支持云端训练模型到车端推理模型的转化，提供获取模型，优化编译、部署的完整工具。

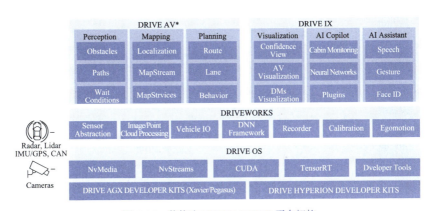

图 5-18　英伟达 NVIDIA DRIVE 平台架构

注：信息来源于英伟达官网，由中国电动汽车百人会车百智库汽车产业研究院整理。

英伟达加速推出大算力芯片以支撑汽车计算架构变革。英伟达 2022 年量产的 Orin 芯片面向域控制器架构，已成为车企高阶智驾系统的主流产品，获得超 40 家乘用车、商用车品牌订购。此外，英伟达面向整车一体化架构打造算力突破 2000 TOPS 的 Thor 芯片，全面打通智能驾驶和车载领域，预计于 2025 年量产（见表 5-2）。

表 5-2　英伟达智能驾驶 SoC 演变进程

名称	Tegra X1	Tegra X2	Xavier	Orin	Atlan	Thor
公开年份	2015	2016	2017	2019	2021	2022
制程工艺	20 纳米	16 纳米 FinFET	12 纳米 FinFET	8 纳米 FinFET	5 纳米	猜测为 4 纳米
晶体管	20 亿	—	70 亿	170 亿	200 亿	770 亿
CPU	4*Coretx A57 4*Cortex A53	2*Denver 2 4*ArmCortex A57	8*Carmel-ARM64	6*ArmHer-cules（Coretx A78AE）	NVIDIA Grace CPU	Arm "Poseidon AE"
GPU 微架构	2*SMM Maxwell	1*Parker GPGPU	1*Volta Igpu	1 Ampere IGPU	—	—
CUDA 核心数量	256	256	512	1024	—	
加速器	—	—	1*DLA 1*PVA	1*DLA 1*LVA	—	
性能情况 / TOPS	—	10	30	254	1000	300/500/700/1000/2000
TDP	20 W	40 W	30 W	65 W	—	
代表性客户情况				蔚来、小鹏、理想、集度、上汽等	未量产	极氪等

注：信息来源于公开资料，由中国电动汽车百人会车百智库汽车产业研究院整理。

（3）谷歌 / 安卓：依托移动互联网基础，打造车载操作系统开源生态

在智能汽车时代，安卓凭借生态友好的特点成为车载操作系统领域的重要参与者。在开发成本方面，安卓免费开源的模式、完善的框架体系和灵活可编辑的属性，使车企可用更低的成本定制用户界面和特色应用。在开发速度方面，基于 Java 的安卓比基于 C 语言的 Linux 操作系统具备更充足的人才供应，相对简单的代码逻辑更易于二次开发，成为新势力们打造快速迭代车载操作系统的捷径。在应用方面，智能汽车已成为手机之后的新一代智能终端，基于安卓构建的移动互联网应用生态正在向智能汽车迁移。2021年安卓内核在车载操作系统领域占比达25%，吉利的GKUI、奇瑞的Cloudrive、东风系的Windlink以及蔚来的NOMI，甚至小鹏、威马、爱驰等新势力的车载操作系统均基于安卓开发。

谷歌打造车载安卓操作系统Android Automotive OS（AAOS），以实现商业变现（见图5-19）。早期车企使用AAOS需要基于手机安卓系统定制开发（以下简称为安卓直改OS），但由于安卓直改OS缺乏对汽车特有App的接口和网络支持且开放性过高，在汽车仪表盘和辅助驾驶等安全相关领域的认可度不高。2014年以来谷歌先后推出了Android Auto和AAOS。Android Auto是与苹果CarPlay类似的超级应用，能够实现手机消息、通话、媒体、导航等应用程序到车机的投射，但并不是真正的操作系统。AAOS则是谷歌基于安卓为汽车量身定制的免费开源操作系统，在功能上增加了车辆API、系统服务和网络服务；在交互上采用更加硕大的图标设计和菜单划分以适应操作准确度要求更高的车内环境；在开发上降低可定制性和可编辑性以获得更好的安全性表现。

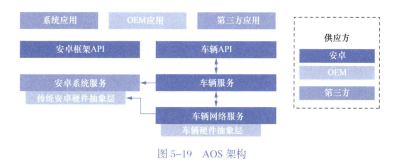

图5-19　AOS架构

注：信息来源于华泰证券，由中国电动汽车百人会车百智库汽车产业研究院整理。

AAOS 与安卓直改 OS 各具优势，未来将长期并存。一方面，AAOS 可提供更多的车辆定制服务，但在可编辑性上弱于安卓直改 OS，更适合软件能力相对较弱的中小型传统车企。另一方面，谷歌希望借助 AAOS 推广类似于手机安卓的 GMS（Google Mobile Services，谷歌移动服务），车企对于数据安全和用户数据的掌控权存在顾虑。2021 年 AAOS 在车载操作系统领域占比约为 5%，安卓直改 OS 占比约为 20%。

第三节　国产产品进展

一、国内产品技术和市场快速突破

在安全车控和车载领域，国产操作系统快速追赶。在安全车控领域，国内普华基础软件 ORIENTAIS、华为智能车控操作系统（Vehicle Control OS，VOS）产品先后通过 ASIL D 功能安全认证，已在一汽、长安、东风、赛力斯等车企装车，2022 年装车规模超百万台。在安全车载领域，斑马智行 AliOS、华为鸿蒙操作系统在国内场景下的用户体验不亚于国际操作系统，分别在智己、荣威、问界等品牌装车，装车量超过百万。

在智能驾驶领域，国产操作系统在内核、中间件、功能软件层面形成全面布局，与国际操作系统并跑。在内核层面，华为、斑马智行、中兴等发布的微内核已通过 ASIL D 认证，实时性与黑莓 QNX 处于同一数量级，普华基础软件和国科础石已发布 RTOS 开源计划；在中间件层面，百度的计算中间件已通过 ASIL D 认证并获得部分定点项目；在核心算法层面，华为、地

平线等企业已建立覆盖数据处理、算法开发和测试的智能驾驶开
发平台，百度、小马智行等解决方案商自研 L4 智能驾驶全栈式
算法，并在 Robotaxi 场景进行测试示范迭代。

二、国内整车、软件、芯片企业纷纷布局车载操作系统

**整车、ICT 软件、汽车芯片企业纷纷布局车载操作系统，且
各具特点。**车载操作系统作为抢占万物互联时代基础软件发展先
机的关键突破口，吸引了众多车企、ICT 软件企业、芯片企业的
布局（见表 5-3）。一是上汽、广汽等传统车企，凭借贴近消费
者的产品定义与架构能力，以及成熟的研发、生产、供应体系定
制操作系统，增加软件利润和维系产业链话语权。二是蔚来、理想、
极氪等造车新势力，兼具接近 ICT 软件企业的软件能力和传统车
企的用户理解，自研操作系统以保证迭代和反应速度。三是华为、
阿里巴巴、中兴等 ICT 软件企业，凭借在 PC、移动互联网阶段
的技术和模式积累跨界汽车产业，打造通用底层操作系统。四是
地平线等芯片企业，贴合芯片打造基线操作系统，为车企提供"一
揽子"参考方案。

表 5-3 国内企业的车载操作系统布局情况

企业类型	企业名称	智能座舱域		智能驾驶域	
		车载操作系统	底层内核	智能驾驶操作系统	底层内核
造车新势力	蔚来	NOMI	Android	NVOS2.0	Linux
	小鹏	Xmart OS	Android	XPILOT OS	Linux
	理想	Li OS	Android	Li OS	Linux
	极氪	ZEEKR OS	Android	ZEEKR OS	Linux
	威马	Living Engine	Android	Living Engine	Linux
传统车企	上汽	AliOS	Linux/Android	SAIC.OS	Linux
		SAIC.OS			

续表

企业类型	企业名称	智能座舱域		智能驾驶域	
		车载操作系统	底层内核	智能驾驶操作系统	底层内核
传统车企	广汽	G-OS	Linux	G-pilot	Linux
芯片企业	地平线	Together OS	Linux/Android	Together OS	Linux
ICT 软件企业	华为	HarmonyOS	Linux	AOS	HarmonyOS
	中兴	GoldenOS	GoldenOS	GoldenOS	GoldenOS
	斑马智行	AliOS	Linux	AliOS	AliOS
	普华基础软件	在研	Linux	普华灵思 ORIENTAIS Adaptive	Linux
	东软睿驰	NeuSAR	QNX/Linux/Android/GoldenOS	NeuSAR	QNX/Linux/Android

注：信息来源于公开资料，由中国电动汽车百人会车百智库汽车产业研究院整理。

1. 华为形成芯片、操作系统、应用软件软硬一体化全栈自研体系

在硬件方面，华为基于自研的鲲鹏 CPU、昇腾 AI 和车规级麒麟芯片，打造 MDC 智能驾驶、CDC 智能座舱、VDC 智能车控三大计算平台。在软件方面，华为自研三大操作系统，分别为鸿蒙操作系统（HarmonyOS，HOS）、智能驾驶操作系统（Autonomous Driving OS，AOS）、VOS（见图 5-20），对应智能座舱、智能驾驶和智能车控 3 个域，组成其电子电气架构方案。

（1）HOS：HOS 主要应用于智能座舱、车机娱乐，运行在自研的高性能 SoC 上，业务特性是应用丰富、生态多样。华为围绕着车机操作系统构建了智能座舱的生态，在 HOS 上增量

开发了 9 类车载增强功能，开放了 1500 多个车载业务的 API、13000 多个 HOS 的 API，并提供全面开放的工具和技术支持。目前华为已经和 150 多家软硬件企业建立了合作。HOS 满足多外设、多用户、多应用、多并发、安全以及快速启动等场景化需求。

（2）AOS：AOS 不仅可以满足智能驾驶软件开发对工具、车规级、功能安全核心要求，涵盖车规级的内核、算子库，支持丰富的 AI 原生开发库，提供全场景覆盖的工具链和丰富的 SDK（Software Development Kit，软件开发工具包），还可以大幅提升智能驾驶系统开发效率。此外，在通信、调动、运行环境等方面 AOS 都做了优化，以保证确定性、低时延达到极致性能，这对智能驾驶至关重要。AOS 运行在 MDC 平台上，适配多核异构芯片，已通过 ASIL D 和 EAL5+ 认证。

（3）VOS：VOS 在汽车架构升级中承担 ECU 从分散走向集中的功能，形成统一的车控系统，实现软件定义差异化、个性化动力体验。VOS 支持异构多核、模型化工具链、兼容 AUTOSAR，使原 ECU 代码平滑迁移、多 ECU 的集中开发变得简单且高效。同时，VOS 开源，不仅支持华为自己的微处理器芯片，而且支持世界范围内包括恩智浦、英飞凌等企业研发的众多芯片。VOS 已经通过了最高车规等级的 ASIL D 认证，在网关、电控系统、传感器以及第三方设备上得到了广泛应用，已经实现了与北汽、东风等多家主机厂的合作。

HOS 整体遵从分层设计，从下向上依次为内核层、系统服务层、框架层、应用层。系统功能按照"系统 - 子系统 - 功能或模块"逐级展开，在多设备部署场景下，支持根据实际需求裁剪某些非必要的子系统、功能或模块（见图 5-21）。

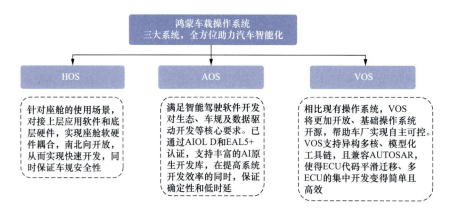

图 5-20　鸿蒙车载操作系统

注：信息来源于华为官网，由中国电动汽车百人会车百智库汽车产业研究院整理。

图 5-21　HOS 架构

注：信息来源于华为官网，由中国电动汽车百人会车百智库汽车产业研究院整理。

（1）系统内核采用微内核设计，安全性与稳定性更高，并通过提升 IPC（Instructions Per Cycle，每周期指令数）性能提高了系统整体性能，仅包括操作系统必要的功能模块（任务管理、内存分配等），其他模块出现问题不会影响整个系统的运行，系统稳定性明显提高。

（2）分布式设备虚拟化：分布式设备虚拟化平台可以实现不同设备的资源融合、设备管理、数据处理，多种设备共同形成一个超级虚拟终端。针对不同类型的任务，为用户匹配并选择能力合适的执行硬件，让业务连续地在不同设备间流转，充分发挥不同设备的资源优势。

（3）框架层的VehicleStack（整车级软件框架）可以实现3个控制系统的跨域集成调度能力。华为VehicleStack是面向服务的跨域集成软件框架，能使整车特性得到快速开发、验证与部署。通过分布式通信、数据和安全框架，集成跨域调度能力与统一开放，可按照整车的应用场景和体验需求调用系统能力，实现性能最优和体验最优。

2. 斑马智行：自主研发操作系统，软硬联合构建产业生态

斑马智行基于AliOS，布局微内核、虚拟化引擎、中间件、功能软件、工具链，自研操作系统。在系统软件层面，斑马智行自研微内核和虚拟化引擎，打造安全性Linux宏内核，并基于AUTOSAR AP和ROS2打造中间件产品。在基础框架和基础服务方面，斑马智行自研面向自动驾驶的功能软件和算法、安全模块和面向车载娱乐的小程序框架等，并支持KANZI、Fluter、Unity、Unreal等生态应用框架。

随着智能汽车电子电气架构发展，AliOS已发展成云端一体、多核分布、异构融合的操作系统，具体体现在AliOS的"三部曲"（见图5-22）。

（1）第一部曲是智能车载操作系统，主要面向车载信息娱乐系统，2014年开始研发，2016年正式上市。该系统可以让车

机接入互联网及设备服务，系统分层解耦实现定制化，目前应用量接近 300 万辆车。

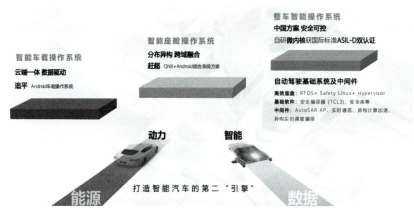

图 5-22   斑马智行车用操作系统发展三部曲

注：信息来源于斑马智行于百人会高端研讨会嘉宾发言，由中国电动汽车百人会车百智库汽车产业研究院整理。

（2）第二部曲是智能座舱操作系统，斑马智行基于自研分布式计算、存储及通信软总线等核心技术打造并量产了异构融合式智能座舱操作系统，支持微内核、宏内核及面向服务的架构（SOA），具有跨域融合的能力，可实现自由跨屏交互、智能人机交互、深度语义识别、智能人机共驾等智能座舱新体验，从技术和体验上超过业内主流的"QNX + Android"组合方案，该系统于 2020 年研发完成，2021 年底到 2022 年上半年逐步大量应用，目前已在智己 L7、第三代荣威 RX5、MG ONE、大通 MIFA 9 等重点车型搭载。

（3）第三部曲是整车智能操作系统，包含安全车控操作系统和自动驾驶操作系统。斑马智行已完成智能驾驶操作系统内核研发，并通过 ASIL D 功能安全认证，面向智能驾驶的 Hypervisor 也获得了 ASIL D 以及 SIL3 双认证。斑马智行的汽车功能安全管理体系已取得 ASIL D 认证。2022 年斑马智行发布自动驾驶操作系统——AliOS Drive，于 2024 年实现整车智能操作系统的量产应用。

在自动驾驶操作系统领域，AliOS Drive 具备双核驱动、分层解耦、跨域共用的技术特点。在双核驱动方面，兼具安全与性能优势，安全域为 AliOS RTOS，是自研安全实时微内核，达到汽车功能安全最高等级 ASIL D 要求；性能域为 AliOS Safety Linux，基于 Linux 进行实时安全增强。在分层解耦方面，实现操作系统与硬件、应用的分层双解耦，提升跨平台效率，降低 AI 算法或芯片适配与跨平台移植成本。在跨域共用方面，基于 SOA 理念打造（见图 5-23）。

图 5-23　斑马智行的"AliOS 三部曲"演进路线

注：信息来源于斑马智行官网，由中国电动汽车百人会车百智库汽车产业研究院整理。

在合作模式方面，斑马智行提出联合定义、白盒交付、开放合作三大核心模式。在联合定义方面，实现车企核心技术受控。斑马智行提供基础操作系统，融入并协同建设客户技术能力。在白盒交付方面，支撑车企差异化创新。战略开源 + 本地支持，基于底层开放实现更大限度创新。在开放合作方面，形成"AI+OS+芯片"生态。让合作伙伴可以快速融入生态（见图 5-24），给车企更加多元化的选择。

图 5-24　斑马智行汽车产业生态布局的主要组成部分

注：信息来源于斑马智行官网，由中国电动汽车百人会车百智库汽车产业研究院整理。

斑马智行采用"AI+OS+ 芯片"新生态范式，软硬协同构建产业生态；推动自主操作系统与芯片软硬协同，与地平线、芯驰科技分别联合发布智能驾驶、智能座舱生态化平台，实现软硬深度融合；发展智能汽车操作系统新生态。

3. 中兴：聚焦底层软件打造"国家队"，合作构建应用和硬件生态

中兴聚焦底层操作系统研发，自研内核、Hypervisor、工具链产品。中兴自研 GoldenOS 微内核和 Hypervisor 产品，基于开源 Linux 进行安全性、实时性、性能调优，打造车用 Safety Linux，并广泛自研车用操作系统配套工具链，包括操作系统 IDE、编译、调测、优化、维护等工具。

中兴以生态合作模式构建整体国产解决方案，力图打造"车用操作系统国家队"。中兴未采用软件全栈布局模式，而是联合东软睿驰、芯驰科技、黑芝麻智能等上下游生态伙伴共同构建中间件、功能软件、工具链、芯片生态（见图5-25）。生态合作模式使中兴能够集中资源打造高性能、高安全的底层操作系统，更有效地联合车企、供应商的力量，打造"车用操作系统国家队"。

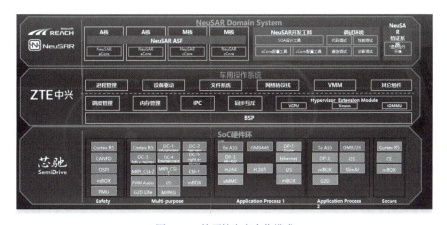

图 5-25   软硬件生态合作模式

注：信息来源于中兴百人会论坛嘉宾发言，由中国电动汽车百人会车百智库汽车产业研究院整理。

中兴坚持 Linux 安全性改造与自主微内核方案结合，通过三步走方案实现功能安全和自主内核替代。第一步，对 Linux 进行安全性改造，基于 Safety Linux 构建智驾操作系统；第二步，打造通过 ASIL D 功能安全认证的 Hypervisor 和微内核，对 Linux 进行失效监控和接管，并由失效监控和接管逐渐向冗余功能过渡；第三步，构建自主微内核上层中间件及功能软件生态，替代 Linux 支撑感知、规划决策模块（见图 5-26）。

第一步：底层基于Safety Linux构建   第二步：底层基于RTOS+Safety Linux构建   第三步：底层基于增强RTOS构建

基于纯Safety Linux的智驾OS   基于RTOS+Safety Linux分域安全的智驾OS   基于增强微内核RTOS的智驾OS

图 5-26   中兴"三步走"实现功能安全路径

注：信息来源于中兴百人会论坛嘉宾发言，由中国电动汽车百人会车百智库汽车产业研究院整理。

赋能主机厂转型，在智能座舱、智能驾驶系统方面已取得量产经验。中兴车用操作系统（包括 Safety Linux、微内核操作系统及 Hypervisor 虚拟化产品）正在和国内主流 OEM（如一汽、长安、东风等）展开广泛合作。获得多家车企技术验证和量产项目定点。此外，中兴正在积极与主机厂、合作伙伴探讨构建 L3 级以上的国产自动驾驶操作系统、中间件、芯片融合统一生态。

4. 普华基础软件：结合汽车开放系统架构国际标准打造国产车用操作系统方案，以开源方式构建生态

普华基础软件聚焦基础软件层，结合汽车开放系统架构国际标准打造国产车用操作系统方案。普华基础软件具备安全车控操作系统、智能驾驶操作系统的开发能力，并且具有产品，基于汽车开放系统架构国际标准的灵智安全车控操作系统截至 2024 年底累计装车量超过 2000 万套，灵思智能驾驶操作系统已成功应用于智驾域控、座舱域控领域，实现上车应用。此外，依托操作系统领域的核心技术，普华基础软件正在向内核领域延伸，自主研发智能驾驶操作系统内核（见图 5-27）。

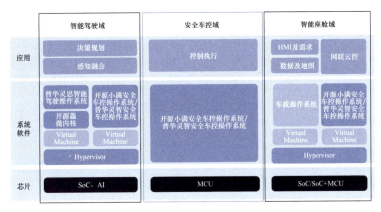

图 5-27 普华基础软件车用操作系统业务布局

注：信息来源于普华基础软件，由中国电动汽车百人会车百智库汽车产业研究院整理。

普华基础软件车用操作系统的发展经历了初创探索期
（2008—2019年）与创新发展期（2020至今）两个阶段。

（1）初创探索期：2009年起，普华基础软件先后牵头国家
"十一五""十二五"核高基专项课题，打造满足量产需求的高
质量、自主知识产权 AUTOSAR CP 产品，在上汽、一汽、奇瑞、
长安等自主品牌厂商的 14 个车型中得到应用。此外，普华基础
软件成为 AUTOSAR 组织的高级合作伙伴，先后参与软件体系
架构、操作系统、通信、符合性测试等标准的制定工作，并作为
秘书长单位牵头成立中国汽车电子基础软件自主研发与产业化联
盟（CASA），推动国产操作系统上车和行业标准制定。

（2）创新发展期：2020 年，普华基础软件车控操作系统
通过 ASIL D 认证，与国际先进技术开启同台竞技。2021 年、
2022 年，普华基础软件先后发布对应 AUTOSAR AP 标准的
普华灵思智能驾驶操作系统 1.0、2.0，并提供面向 AUTOSAR
CP、AP 应用的配置、开发、调试、编译以及代码生成封装的整
体工具。此外，普华基础软件正在聚力打造自动驾驶操作系统内

核，业务由中间件向内核层面延伸。

普华基础软件以开源方式构建安全车控和智能驾驶操作系统生态。 2016 年，普华基础软件在 CASA 软件开源社区内部开源 AUTOSAR 3.1.5 的通信、诊断、网络管理、标定四大协议栈，以更好地建立产业生态。2023 年 2 月，中国汽车工业协会软件分会发布中国车用操作系统开源计划，普华基础软件宣布作为开源计划核心发起单位将于 5 月发布并贡献原创微内核产品（见图 5-28），以开源形式推动产业层面形成生态合力，共同打造中国标准。

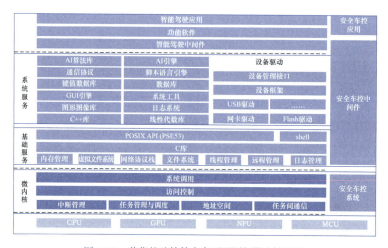

图 5-28　普华基础软件发布开源原创微内核架构

注：信息来源于普华基础软件，由中国电动汽车百人会车百智库汽车产业研究院整理。

5. 东软睿驰：布局发展广义、带动狭义的自主可控汽车操作系统

东软睿驰自研"AUTOSAR AP+CP+ 中间件"广义操作系统。 东软睿驰在创建之初就成立基础软件团队，2017 年加入 AUTOSAR 组织并成为高级会员单位，2018 年起相继发布 NeuSAR 1.0、2.0、3.0、4.0，以及针对域控制器的软件开

发平台——NeuSAR DS（Domain System），率先实现国内
"AUTOSAR AP+CP+中间件"全栈软件平台产品量产落地，
全球首家升级至 AUTOSAR AP R21-11。2022 年，东软睿驰
发布的 NeuSAR 4.0 在完善 AUTOSAR 的基础上，推出了面向
跨域融合阶段的全新汽车软件应用开发框架，升级 NeSAR SF
服务框架、NeuSAR DevKit 工具链，将开发视图从域控制器层
面向整车层面迁移，解决多核异构域控制器的软件部署难题，助
力车企更高效地实现整车功能的个性化、差异化创新，并基于应
用开发框架衍生大量应用软件，打造自主可控的操作系统，构建
汽车生态圈（见图 5-29、图 5-30）。

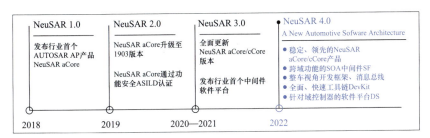

图 5-29　NeuSAR 发展历程

注：信息来源于东软睿驰，由中国电动汽车百人会车百智库汽车产业研究院整理。

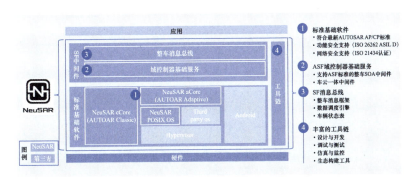

图 5-30　NeuSAR 4.0 框架

注：信息来源于东软睿驰，由中国电动汽车百人会车百智库汽车产业研究院整理。

东软睿驰坚持"软件先行"的发展理念。东软睿驰提出"软件先行"的开发方法论，即通过应用软件开发，与硬件供应商开发并行，实现上层应用可持续地优化迭代，硬件可灵活地升级和替换，从而助力产品更快速、无缝导入量产。如 NeuSAR DS 对域控制器多核异构下的多种操作系统、AUTOSAR CP/AP，以及 SOA 中间件以及其他支撑上层应用的必要的软件环境进行封装，实现完整的运行环境和工具链，主机厂可以基于 NeuSAR DS 提供的原型硬件或者虚拟化环境，快速进入应用开发阶段。东软睿驰同时为生态合作伙伴提供硬件导入的支持，包括培训及提供相应的硬件适配工具和开发方法，使得在后续硬件开发过程中直接适配无缝导入量产。

东软睿驰倡导"承上启下，继往开来"的生态构建。一方面，东软睿驰聚焦中间件层发挥衔接作用，向上提供标准、可复用、稳定的中间层框架，为应用迭代开发提供基础，向下提供标准设备驱动模型，与硬件相互促进实现"摩尔定律"；另一方面，东软睿驰基于 AUTOSAR 体系拓展新领域，兼容标准 AUTOSAR 架构体系及其开发方法论，面对新需求把 AUTOSAR 未涉及的功能特性变成增量并固化，提炼出支撑多核异构硬件体系、标准框架、跨域协同的创新方法学。东软睿驰与中国汽车工业协会共同策划发起中国汽车基础软件生态委员会（AUTOSEMO），在 SOA 功能软件层主导建立 AUTOSEMO ASF 框架，并为汽车开发者提供支撑 SOA 架构的软件平台及方法论。

东软睿驰与车企进行联合开发，探索构建"伴生式"伙伴关系。一是提供通用、可靠的基础组件；二是为车企个性化需求提供定制化服务；三是在产品和服务的基础上帮助车企搭建核心软件团队，推动跨车型、跨部件的软硬件解耦，构建面向抽象化硬件的新型软件开发体系。

6．百度：内核之上全栈布局，打造独立于 AUTOSAR 的中间件体系

百度在中间件、功能算法、应用软件、造车、Robotaxi 运营方面全面布局，打造"全栈"优势和"量产迭代"优势。 从技术层级看，百度基于 Linux、QNX 或安卓内核，自研 BSP 软件、硬件抽象层（虚拟化）、服务总线（中间件）、功能软件、应用软件，实现除内核外的全栈自研。从业务布局看，百度打造智能驾驶、智能座舱、安全车控操作系统、路侧基础设施、云端业务，实现"车—路—云—图"的横向全面覆盖。全栈布局使百度能够更好地导入上层应用软件需求，辐射下层操作系统不断迭代升级，并通过集度、萝卜快跑等自主造车和 Robotaxi 品牌量产、迭代。

百度 Apollo OS 聚焦通信及计算中间件，打造以 Cyber RT 服务总线为核心的软件平台。 早期 Apollo OS 使用在工业领域广泛应用的中间件 ROS，但由于 ROS 并非为自动驾驶领域专门设计，在依赖中心节点的通信方式、任务调度等方面存在可靠性问题，Apollo OS 3.5（见图 5-31）以后改为使用自研的 Apollo Cyber RT 开源框架。Cyber RT 基于开源 DDS 针对自动驾驶特点进行了深度定制，一是以分布式的自动发现机制代替依赖中心节点的 Master 通信机制，解决了 ROS1 依赖中心节点导致的可靠性问题；二是将调度、任务从内核空间转移到了用户空间，与算法业务逻辑紧密结合以获得更快的反应速度，并解决了 ROS2 不具备实时抢占功能的问题，保障了调度的完全可控和确定性

（见图 5-32）。目前 Apollo OS 具备高并发、低延迟以及高吞吐的特点，支持多域融合架构和路侧应用，其中计算中间件和通信中间件在 2022 年已通过功能安全产品认证。

Cloud Service Platform	HD MAP	Simiulation	Data Platform	Security	OTA	DuerOS	Volume Production Service Componets	V2X Roadside Service
Open Software Platform	Map Engine	Localization	Percpetion	Planning	Control	End-to-End	HMI	V2x Adapter
	Apollo Cyber RT Framework							
	RTOS							
Hardware Development Platform	Computing Unit	GPS/IMU	Camera		LiDAR	Radar		Ultrasonic Radar
	HMI Device	ASU	AXU		V2X OBU			
Open Vehicle Certificate Platform	Certified Apollo Compatible Drive-by-wire Vehicle				Open Vehicle Interface Standard			

图 5-31　Apollo OS 3.5 架构

注：信息来源于百度 Apollo，由中国电动汽车百人会车百智库汽车产业研究院整理。

Apollo Cyber RT架构	
基础库层	• 主要用在Cyber RT内部模块里
通信层	• 使用经典的Pub/Sub的匿名通信模式，基于动态的服务发现去除了中心化的节点，同时支持进程间和跨机通信
数据缓存和融合层	• 框架提供了数据的Observe模式，方便算法根据业务定义数据融合策略，聚乙烯离线仿真等业务提供更好的控制力度
计算调试层	• 屏蔽了操作系统的底层细节，不再对应用层体现线程的概念，而是将其封装为Processor，并结合协程的使用，实现了用户空间的任务调度和切换
统一接口	• 接口是面向对象的高度封装类，使用者无须关注底层的具体执行单元和线程模型，只需按需求选择接口即可加载到框架中运行

图 5-32　Apollo Cyber RT 架构

注：信息来源于百度 Apollo 与华泰证券，由中国电动汽车百人会车百智库汽车产业研究院整理。

百度车用操作系统经历了自动驾驶、整车、车路云一体 3 个发展阶段。第一阶段以 Apollo 平台为核心，打造基于自主中间件的自动驾驶操作系统。第二阶段开始设计开发面向下一代的智能汽车操作系统，涵盖自动驾驶和车载娱乐两大场景，其中自动驾驶操作系统是以 ACU、高性能计算框架和智能驾驶模型等为核心组件的高度智能化的系统，以服务化架构部署在 Apollo OS 服务总线上；车载娱乐操作系统结合百度小度助手、语音引擎和地图等核心应用，打造面向用户的车内极致体验。第三阶段采用车路云一体的操作系统设计，更多考虑多域无缝连接支持智慧交通场景（见图 5-33）。

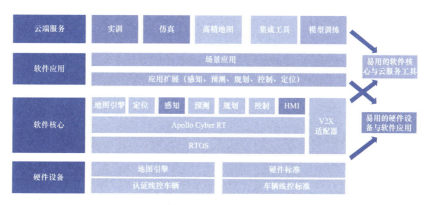

图 5-33　Apollo 8.0 架构

注：信息来源于百度 Apollo，由中国电动汽车百人会车百智库汽车产业研究院整理。

7. 国科础石：面向新一代智能终端布局系统软件和云原生开发平台，以开源方式构建产业生态

国科础石面向新一代智能终端布局智能操作系统整体解决方案。国科础石自研智能汽车系统软件，包括 I 型 Hypervisor，安全性、实时性强的础光 Linux，分别面向自动驾驶和安全车控的础光智能操作系统和础光 RTOS，并提供中间件、功能软件库、开发平台、配套工具链等产品（见图 5-34）。国科础石推动公司技术及产品进一步横向衍生应用，发展面向复杂智能操作系统领域的系统软件产品解决方案（见图 5-35）。

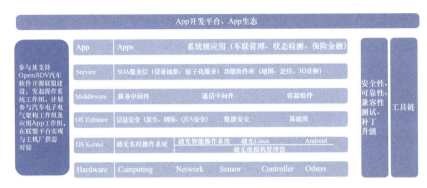

图 5-34   国科础石业务全景图

注：信息来源于国科础石，由中国电动汽车百人会车百智库汽车产业研究院整理。

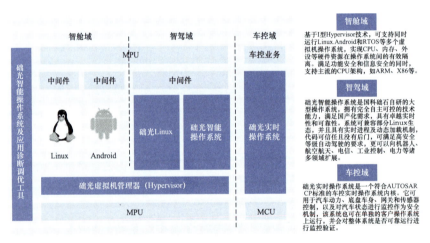

图 5-35   础光智能操作系统：提供面向智能汽车全域的操作系统内核解决方案

注：信息来源于国科础石，由中国电动汽车百人会车百智库汽车产业研究院整理。

国科础石自研自动驾驶柔性内核以实现性能、安全性、实时性的平衡。 一方面，础光智能操作系统采用宏内核架构，减少上下文切换带来的性能损失；另一方面，础光智能操作系统在设计原理上吸收微内核思想，通过内核功能的精简保障安全性和实时性。

国科础石面向汽车软件 SOA 化趋势，自研础光智能汽车中间件（见图 5-36）与工具链产品。 国科础石掌握和突破中间件架构自适应技术、SOA 架构代码自动生成技术，提升智能汽车中间件的适配性、兼容性，同时实现全面的组件化服务治理技术、确定性调度及执行技术，满足 ADAS 或 AD 应用的海量数据传输需求，助力汽车 OEM 及 Tier1 高效构建安全关键型的软件系统，降低软件研发复杂度与成本。础光中间件采用模块化、轻量化及可扩展性设计，拥有与 AutoSAR AP、CP 或 ROS2 应用与工具良好的互操作性；集成高性能分布式通信组件，全域通信采用分布式的订阅和发布机制，支持云端 RTPS Relay 协议、轻量化 DDS-XRCE 协议，满足多源异构数据通信需求，支持确定性通信。础光中间件配套的工具链支持一站式 SOA 服务建模、开发、部署及运维，高效易用，适用于乘用车、商用车、低速无人车、工程机械等不同领域的汽车软件研发场景，为国内产业新一轮升级提供强有力的基础保障。

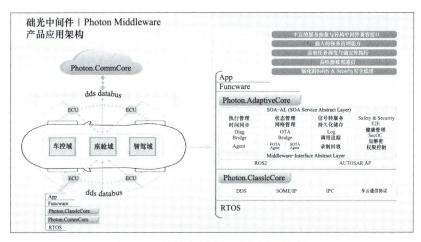

图 5-36　国科础石自研的础光中间件架构

注：① 础光为暂定名称。

　　② 信息来源于国科础石，由中国电动汽车百人会车百智库汽车产业研究院整理。

国科础石打造开源操作系统，推动形成产业生态和行业标准。国科础石已开源基于 Linux 5.10 进行实时性、安全性增强的础光 Linux，在 2023 年 4 月开源础光 RTOS。此外，国科础石已加入 OpenSDV 汽车软件开源联盟，并计划将开源项目逐步贡献给该组织（见图 5-37）。

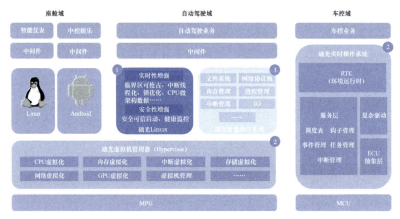

图 5-37　国科础石汽车操作系统领域业务布局

注：信息来源于国科础石，由中国电动汽车百人会车百智库汽车产业研究院整理。

8. 国汽智控：以功能软件层为重点布局广义操作系统，构建多种合作模式

国汽智控基于 Linux 内核自研中间件、功能软件、工具链产品。其中功能软件包括抽象层（平台适配、数据处理、抽象）、框架层（数据流、安全监控等）、服务层（按服务 license 分为数据安全、部分信息安全、V2X、车云计算、数据服务、部分算法单元等）及定制化集成开发 SDK 接口，并在电脑端提供面向智能驾驶开发的个性化、模块化的设计、开发、集成、部署、调试、测试一体化的计算平台开发系统 GAASD（见图 5-38）。

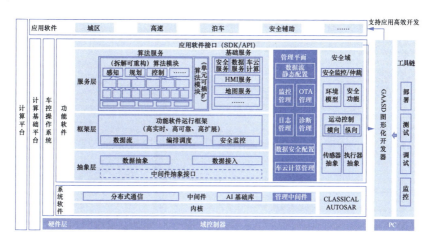

图 5-38　国汽智控汽车操作系统领域业务布局

注：信息来源于国汽智控，由中国电动汽车百人会车百智库汽车产业研究院整理。

国汽智控以功能软件为核心布局广义操作系统。 ICVOS 提供高优先级、稳定可靠的确定性调度，部署分配计算资源，结合运行监控辅助开发者定位、分析软件行为和资源使用方面的问题及系统级别优化。此外，ICVOS 产品通过 SGS 公司的 ASIL D 功能安全认证，成为国内首个完全自主研发并通过 ASIL D 认证的智能驾驶操作系统功能软件，包括数据流框架、环境模型、安全监控等。

国汽智控积极探索多种合作方式，包括单独提供软硬件一体化解决方案、联合合作伙伴提供软硬件一体化方案、单独软件解决方案、部分软件模块及定制化开发方案等（见图 5-39）。国汽智控目前已与广汽、比亚迪、长安、宇通等多家国内主流主机厂达成量产定点合作，合作内容涉及操作系统、域控、数据安全、自动驾驶应用开发等方面。截至目前意向量产合作订单达 1.5 万台套。

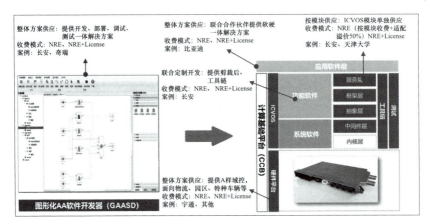

图 5-39   国汽智控汽车操作系统商业模式

注: 信息来源于国汽智控, 由中国电动汽车百人会车百智库汽车产业研究院整理。

第四节   其他 OS 发展的启示

一、服务器操作系统发展的历程

可移植性和开放性是服务器操作系统演变的主线。Linux 凭借可移植性成为第一代通用服务器操作系统, 但由于不同商业版本缺乏统一标准, 被具备更强的可移植性的 Windows 取代, 而 Linux 凭借更加开放的免费开源模式逐渐后来居上, 与 Windows 形成了两强对立的格局。

20 世纪 80 年代, UNIX 凭借可移植性、开放性和高稳定性, 逐渐成为服务器市场的主流操作系统。1964 年, IBM 开发出了世界上第一台服务器 System 360 大型机, 计算性能达到了每秒钟 100 万次。早期每一台服务器都配备专有的操作系统和语言, 缺乏行业统一的标准, 软件很难在不同的服务器间迁移。1969 年, AT&T(American Telephone & Telegraph,美国电话电报公司)

打造出一款具备高稳定性的 UNIX 操作系统，采用较高级的 C 语言写成，能够以较低的成本将软件从一种服务器移植到另一种服务器。客户不再被束缚在特定硬件上，制造商也不再需要开发自己的操作系统或语言。

UNIX 发展早期凭借较强的开放性快速扩张影响力。例如允许大学、研究机构以较低的成本使用系统，支付象征性的"媒介费"即可获得完整的源代码用于学术研究。以高校为主的传播途径推动 UNIX 社区迅速发展，用户群体遍及全球，UNIX 逐渐成为开放的、被广泛理解的行业操作系统。五花八门的 UNIX 商业版本把持了高端的企业级用户市场，其中的代表厂商是 IBM（International Business Machines Corporation，国际商业机器公司）、DEC（Digital Equipment Corporation，美国数字设备公司）、惠普、（Sun Microsystems，太阳微系统公司）、SGI（Silicon Graphics，美国硅图公司）等。

20 世纪 90 年代到 21 世纪初，Windows 凭借可移植性取代 UNIX 成为市场占有率最高的服务器操作系统。UNIX 由于没有通用版的存在和早期混乱的授权，不同版本的 UNIX 遍地开花，版本间的可移植性越来越差。1993 年，微软打造出高可移植性的 Windows NT 服务器操作系统以争夺服务器市场。到 2005 年，Windows 已经取代 UNIX 成为服务器操作系统市场占有率第一。虽然大型应用环境还是 UNIX 的天下，但 Windows 凭借统一的版本、简单的管理和便捷的操作成为客户更普遍的选择。

2010 年以来 Linux 凭借开源、免费的特性与 Windows 形成两强对立的竞争格局。Linux 允许用户销售、复制并且改动程序，要求修改后的代码也免费公开，这些举措推动 Linux 生

态快速蔓延，吸引了大批资金不足的企业。同时由于 AT&T 对
UNIX 及其变种声明了版权，因此引发了长达数十年的产权纠纷，
Linux 迅速占据了原本属于 UNIX 的市场。目前 Linux 已成为装
机量最多的服务器操作系统，但收入规模最大的服务器操作系统
依然是 Windows。

二、PC 操作系统发展的历程

20 世纪 80 年代，得益于芯片发展以及 IBM 产品的高市场
占有率，微软奠定了在 PC 操作系统领域的地位。个人计算机真
正起源是 1974 年英特尔研发出 8 位元处理器 Intel 8080、1979
年英特尔生产的 16 位微处理器 i8088 以及 x86 架构随 IBM 进入
PC 领域，开启了 PC 时代。IBM 向社会征集操作系统提供商，
微软以 5 万美金购买 QDOS 的使用权，在进行改写后将其命名为
Microsoft DOS（Microsoft Disk Operating System，微软磁盘
操作系统，下简称为 MS-DOS），并授权给 IBM 使用。

IBM PC 的普及，使 MS-DOS 取得了巨大成功，这也将微
软和英特尔牢牢绑定在一起，形成头部效应。因为其他 PC 制造
者都希望与 IBM 兼容，所以 MS-DOS 在很多家公司被特许使用，
微软成功地在短时间内拥有了庞大的用户群，MS-DOS 成了 PC
的标准操作系统，快速发展起来。

微软推出 Windows 应用软件并凭借开放生态把握操作系统
在计算机架构中核心地位。图形界面是 PC 端技术的革命性创新，
虽然苹果的图形操作系统起步更早且在产品质量上更胜一筹，但
真正决定两家企业在 PC 市场胜败的关键是两位创始人截然不同
的理念。

乔布斯推崇软硬件一体化，从软件到硬件每个细节都力求完美，希望呈现给用户充满设计美感的产品。苹果没有将 Mac 授权给其他计算机厂商，这也奠定了苹果后来走上高端机路线的基础。相比之下，微软创始人的态度更加开放和包容。

盖茨认为软件才是"灵魂"，对下开放硬件体系，捆绑英特尔芯片，联合众多硬件厂商开启全产业联盟模式，把握对产业链的控制权；对上推出、收购专业级应用软件产品，例如浏览器 IE、办公软件 Office、通信软件 Skype 等，同时吸引众多软件开发者，形成生态。

20 世纪 90 年代，Windows 技术迭代更新，混合 16/32 位的 Windows 95 操作系统迅速占领市场。1978—1995 年，16 位操作系统 MS-DOS 大行其道。直到 1995 年，微软推出了混合 16/32 位的 Windows 95 操作系统，成为操作系统发展史上重要的里程碑，它具有更加稳定、强大、快速的用户操作界面。Windows 95 不再需要繁杂的操作方法，普通人就能够轻松使用，并且它拥有更好的兼容性，运行速度也更快，这让它在发行后的一两年时间里迅速占领市场，2019 年 Windows 的市场占有率达到 87.96%。

相较 Windows，苹果选择了不同的发展路径，独特的产品风格开始受市场追捧。在 1990—1997 年，苹果推出了多款 Mac 产品，但均没有获得巨大成功，其市场份额一度下滑至 5%。直到 1997 年，乔布斯回归苹果，大胆起用新锐设计师乔纳森伊夫。产品将 CRT（Cathode Ray Tube，阴极射线管）显示器、机箱融为一体，配以半透明外壳，带来了惊人的视觉效果，现代苹果电脑的独特产品风格开始形成，在市场中苹果电脑备受追捧。

2000 年之后，全球桌面操作系统市场完全被微软和苹果所主导。Windows 的市场份额一直处于 80% 左右，但处于缓慢衰退状态；Mac 的占比逐渐增大，目前仍处于 10% 以内，其他操作系统始终在 2% 以内。对比 IBM，微软把握住了基础软件的核心——操作系统，将 IBM 逐渐边缘化，成为其他硬件厂商一样的组装角色，导致 IBM 从最开始的广泛受益于 PC 繁荣，到 20 年后逐步退出 PC 舞台。

三、手机操作系统发展的历程

移动端设备方兴未艾的 21 世纪初，各大厂商纷纷在手机操作系统上发力，短时间内形成了 Symbian、Windows Mobile、BlackBerry OS、Tizen、安卓和 iOS 几大阵营。然而数年以后，其他手机操作系统的市场份额逐渐减少，形成安卓和 iOS "赢家通吃" 的竞争格局。

20 世纪 90 年代，大多数手机没有操作系统概念，少数沿用了掌上电脑（PDA）操作系统。得益于 2G 的发展，各大厂商争相拓展移动手机终端市场，逐渐形成摩托罗拉、诺基亚、爱立信三足鼎立之势。此时手机仅有打电话、发短信等少数功能，手机操作系统还未形成，有少数将通话功能和 PDA 结合的手机沿用掌上电脑操作系统——EPOC 操作系统等。EPOC 早期有无线通信和一个外加应用程序体系，同时具备实时性、多任务、低功耗、内存占用少等特点。

21 世纪初期，操作系统形成以 Symbian、Windows CE、Blackberry 为主的众多操作系统竞争格局。通信技术发展至 3G 时，手机功能逐渐增多，开启了手机智能化转型时代，因此操作系统得到了快速发展。一是由 PDA 操作系统发展而来，例如 Palm OS、Blackberry OS、Windows CE OS；二是由 EPOC OS 演变而来的专为手机研发的操作系统——Symbian，其凭借着内存占用小，运行流畅的特点以及诺基亚市场份额的提升，迅速占领了市场，其全球市场份额一度超过 60%。Symbian 最大的特点就是采用了系统内核与人机交互界面分离技术，面向 MCU，所以对硬件要求低。

21 世纪 00 年代末期，逐渐形成安卓和 iOS 双寡头格局，并且延续至今。随着手机架构、交互模式升级，智能手机时代来临。2007 年 iOS 诞生，苹果手机始终采用闭环开发模式，主打性能、用户体验和设计感，开辟了与其他竞争对手不同的路径，而 iOS 未向第三方手机厂商开放。2008 年安卓问世，凭借开源、免费、可移植性强的特点，其迅速抢占市场，从 2013 年起以近 80% 的高市场占有率延续至今。

免费开源系统的出现，为手机厂商提供了离开 Symbian 阵营的机会，安卓使普遍缺乏操作系统的手机厂商只需要采购芯片和稍微修改驱动，就可以推出一款产品，进一步降低了手机厂商门槛，激发了市场活力。

安卓的开源性和免费性吸引了更多手机厂商与其合作，并于 2011 年第一季度在市场份额上首次超越 Symbian，成为全球第一大手机操作系统。除了苹果以外，几乎全球稍有实力的手机厂商都在安卓基础上打造定制化操作系统，使安卓逐渐成为手机行业的"标准化"系统。

相较于 Android，Symbian 逐渐被边缘化并退出，有以下几个原因：一是 Symbian 提供的开发环境极具考验，从 Visual

Studio 插件换到 Eclipse，使开发者需要投入成本进行学习和适应；二是向前兼容性不足导致缺少应用生态，版本更新时开发者需重新开发；三是手机厂商要想加入 Symbian 阵营须交付一大笔授权费；四是 Symbian 的闭源路线。

四、其他智能终端操作系统发展的启示

在操作系统的发展历程中，以个人计算机为硬件入口的 PC 互联网时代，诞生了 Windows 与 MacOS；以手机为硬件入口的移动互联网时代，诞生了安卓与 iOS；以汽车等终端为硬件入口的物联网时代，有望造就新的操作系统竞争格局（见图 5-40）。

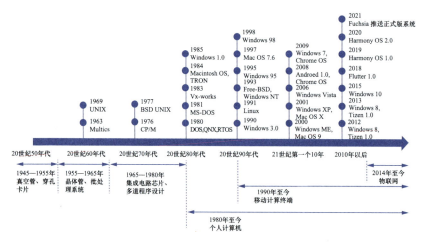

图 5-40　桌面、移动端或全场景操作系统发展历程

注：信息来源于《现代操作系统》，由中国电动汽车百人会车百智库汽车产业研究院整理。

操作系统的发展与芯片密切相关，生态壁垒的产生在于软硬件高度耦合。操作系统连接着底层硬件调度，硬件改变牵连着操作系统的发展，软硬件强强结合会形成产业壁垒。例如 PC 端微软和英特尔的"Wintel"联盟、手机终端 Android 与 ARM 的

适配性捆绑。同时，芯片升级带动操作系统的发展。20 世纪 80 年代前，CPU 是 8 位的，被 IBM 大型机和操作系统垄断。进入 PC 领域，CPU 从 8 位升级到 16 位，IBM 操作系统没有成功切入 16 位操作系统市场，而微软凭借技术优势得以受益；1997 年，微软推出 16/32 位混合操作系统以及随后推出了 64 位操作系统，它们都是基于 CPU 发展的。进入手机终端领域，多核异构式的硬件架构，给 iOS 和 Android 带来了机遇。

操作系统的先发优势较为重要，后来者很难覆盖掉已经构建完整的操作系统生态。复盘操作系统发展史可知，一旦某一赛道操作系统市场格局确定之后，后来者几乎没有翻盘可能性。从大型机到 PC，再到移动手机，每一代终端市场在经历初期竞争后，均呈现出明显的马太效应。例如 PC 造就了 Windows、手机终端造就了 Android 和 iOS。Android 踩准消费者对手机硬件偏好的变化，将手机硬件操作方式从九键发展到触屏。

只有踩准了用户体验和硬件变迁的时代浪潮，才能以相配套的操作系统产生先发优势。由于先聚集生态的操作系统已经建立起完整供应链，后者很难与其竞争。例如手机操作系统，即使三星在硬件端具有优势，但 Tizen 仍难以撼动市场份额接近 70% 的 Android。此外，虽然 Android 在手机终端非常强势，但无法参与 PC 市场的竞争中，因为后来者需要挑战的是先行者构建的整个行业生态。

操作系统的商业模式具有一定垄断性，把握生态主动权较为重要，第三方合作伙伴和开发者是构建繁荣生态的基石。目前在软件产业中，从各个产品、服务、标准、商业模式之间的竞争，发展成各个生态系统之间的竞争（见表 5-4）。

表 5-4 移动端操作系统技术与生态对比

操作系统	公司	全球市场占有率（2021年）	是否停止更新	更新时间	收款条件	内核	支持的CPU架构	官方应用商店	官方应用数量/万个	总开发者数量/万个
安卓	Google、开放手持设备联盟	85.4%	否	2020.09	自由及开放源代码软件，专有组件除外	Linux	ARM、MIPS、I.MX、X86	Google Play	342（2021.06）	2000
iOS	苹果	14.06%	否	2020.12	专有软件，含有开源组件	XNU	ARM	App Store	176（2021.06）	2400
Windows10 Mobile	微软	小于1%	是	2019	专有软件	Windows NT 10.0	ARM	Windows Store	67（截至2019年）	小于1
BlackBerry 10	黑莓	小于1%	是	2018	专有软件	QNX	ARM	BlackBerry World、Amazon Store	12（截至2013年）	小于1
Tizen	Linux基金会、英特尔、三星电子、Tizen协会	小于1%	是	2017	自由及开放源代码软件，专有组件除外	Linux	ARM	Tizen Store	小于1	小于1
Symbian	诺基亚、塞班基金会	小于1%	是	2014	自由及开放源代码软件，专有组件除外	EPOC32	ARM	Nokia Store	13（截至2012年）	小于1

注：信息来源于 42matters，由中国电动汽车百人会车百库智能汽车产业研究院整理。

在 PC 时期，微软 Windows 生态不仅有自有的 Office 办公软件核心技术加持，更重要的是其易开发度以及繁荣的开发者生态。进入移动互联网时代，竞争已经上升到应用、服务和生态系统的全方位竞争。现在 iOS、Android 全球范围内开发者数量达到 2400 万、2000 万，强大、活跃的生态体系让其他操作系统难以复制及超越（见表 5-4）。10% 份额是生态突破的关键临界点，参考 PC 时代苹果 MacOS X 在 2012 年桌面操作系统的市场占有率为 9.3%，虽然份额不高，但是软件应用数量是 Windows 生态的 62%——这说明虽然苹果 MacOS X 的市场占有率不高，但是开发者非常愿意去开发苹果桌面生态。

第五节　发展建议

一、完善顶层设计

建议制定车用操作系统产业规划，界定自主可控车用操作系统的范围，明确自主可控车用操作系统的演进路线和时间表，提出自主装车率要求和衡量方法。整体谋划车用操作系统与芯片发展战略，平衡短期装车迭代与远期技术发展目标，以 AI 工具链等增量环节作为重点突破口，规划如何在智驾等并跑领域和车载、车控等跟随领域分配资源。

二、允许多路线并举，采用赛马机制

在产业层面，鼓励探索不同技术和商业路线，例如宏内核、微内核、混合内核并行发展，开源组织和企业并行发展；在企业

层面，不指定特定企业，采用赛马机制，通过市场竞争不断迭代。

三、打造行业基础标准，构建"赛马"环境下的统一生态

为避免"赛马"阶段中行业生态割裂，车企"选马"失败的切换成本过高，需构建行业统一基础标准，在竞争环境下保证兼容性、适用性。一是结合国际竞争形势、国内标准基础、国内产业优劣势识别当前需优先制定的标准。二是改进标准制定和收敛方式，由政府规定标准收敛时间和组织单位，明确以主要车企作为标准裁判员，推动接口标准快速收敛。三是形成共识后快速制定具备公信力的行业标准和团体标准，在国标出台之前推动标准共识的达成和落地。

四、多维政策引导装车，推动生态建设

直接补贴和间接支持政策并举。一是围绕内核等难点环节以及工具链等增量环节建立科技补贴项目，揭榜挂帅；二是针对整车集成、软件算法适配、芯片适配建立生态补贴，鼓励车企、软件算法企业、芯片企业、操作系统企业所在地方政府出台补贴政策；三是针对操作系统装车实施消费补贴，引导"装车"与"卖车"目标统一，由市场决定补贴具体归属；四是采用金融支持、创新产业及项目监督考核等方式间接推动装车。

五、界定企业开放的底线要求和时间表，发挥开源鲶鱼效应

开源是战略选择，开放是必须的。明确界定开放的底线要求，如要求企业开源与芯片适配的相关代码，在核心架构、接口、数据格式、通信协议方面建立开源运作模式或开放标准，要求企业

公布开放的具体时间表。支持至少一个开源组织长久发展，发挥鲶鱼效应推动产业提升开放水平。持续探索开源在企业领域的实现路径，探索新型组织方式、盈利模式；探索由政府、协会、认证机构、企业资助建立非商业性认证团队，免费提供开源软件功能安全评估、评审和培训服务并公开评估资料；探索由研究机构、行业联盟主导统一 Linux 内核基线版本，减少车企适配压力。

六、组建整车、操作系统、芯片、算法企业联合体，发挥车企链主作用

建立"整车＋操作系统＋芯片＋算法"产业创新联合体，合作制定行业基础标准，共同开展关键核心技术攻关和重大科技成果的产业化，确保竞争状态下的生态统一、产业协同。在联合体下可探索围绕主要车企建立2～3个"车企－操作系统－芯片"联盟（合作组），发挥车企的链长作用，推动软硬件深度结合打造最佳案例快速装车；在不同联盟（合作组）间采用赛马机制，通过市场竞争决出胜者，快速推广方案。

06

第六章

感知零部件

感知技术是智能驾驶汽车的"眼睛"，其精准程度直接决定着智驾系统的安全性和可靠性。随着汽车高阶智能驾驶渗透率的快速增长，对智能感知零部件提出了更高的要求。智能驾驶系统依赖多种传感器协同工作，以实现对周围环境的全面感知，主要包括摄像头、毫米波雷达、激光雷达和超声波雷达等，它们各具特点，相互补充。摄像头成本相对较低，能够捕捉丰富的图像信息，并利用图像识别技术实现多种功能，但易受光照和天气条件影响；毫米波雷达具有直接测距测速、不受恶劣天气影响等优势，是其他传感器的良好补充，但分辨率相对较低；激光雷达具有精度高、测距远、抗干扰能力强等显著优势，是高级自动驾驶的关键传感器之一，但成本较高；超声波雷达成本低廉，主要用于近距离探测，例如泊车辅助等场景，但探测距离有限。智能驾驶系统通常采用传感器融合技术，将来自不同传感器的信息进行融合处理，以克服单一传感器的局限性，提高感知系统的可靠性和鲁棒性。

我国在智能感知零部件领域发展迅速。在激光雷达领域，我国企业在技术创新和成本控制方面取得了显著进展，部分企业已在全球市场占据领先地位，实现了产业化领跑；在摄像头领域，我国企业已成为全球重要的供应商；在毫米波雷达和超声波雷达领域，我国企业虽然已基本实现国产化，但在核心技术与零部件方面仍依赖于海外厂商。未来，我国在智能感知零部件领域需结合产业化发展，突破核心技术瓶颈，建立完善的产业链和标准体系，以提升在全球市场的竞争力。

第一节　发展背景

　　智能驾驶功能加速迭代与渗透，推动智能感知零部件创新。感知技术是智能驾驶汽车的"眼睛"，包括纯视觉、多传感器融合两种路线。纯视觉路线已广泛应用于中低阶智能驾驶系统，目前正在通过算法迭代和硬件升级向中高阶智驾方向发展；多传感器融合路线通过引入激光雷达、毫米波雷达，大幅提升汽车感知能力，正成为新兴企业打造高阶智能驾驶系统的主流选择。

　　随着智能汽车加速发展，智能驾驶和智能座舱已成为车企打造差异化竞争力、提升汽车产品科技属性的主要载体。技术含量和复杂度最高、用户体验提升最明显的智能驾驶更成为新势力参与市场竞争的主战场。近年我国车企已规模化应用 L2+ 高速 NOA 和 L2++ 城市 NOA；德国和日本车企也已合法应用 L3 自动驾驶汽车，智能驾驶竞争正进入白热化状态。作为智能驾驶核心的感知零部件，当前市场格局和技术路线尚未固化，在技术创新、产业化应用、降低成本方面仍有很大空间。

一、汽车智能驾驶加速渗透和功能升级推动感知零部件创新

　　智能驾驶渗透加速，2025 年我国乘用车 L2 及以上辅助驾驶的渗透率有望达到 70%。近年，随着汽车向智能化方向加速发展，智能驾驶的渗透率呈现快速上升趋势。2020 年我国乘用车 L2 辅助驾驶的渗透率仅为 15%，到 2023 年上半年已上升至 42.4%，2024 年达到 57.3%（见图 6-1）。除了传统 L2 辅助驾

驶外，高速 NOA、城市 NOA 等已成为车企在智能化领域的主要竞争点，2024 年上半年 NOA 的渗透率达 11%，其中城市 NOA 覆盖场景、用户体验将成为车企胜出的关键点。

图 6-1　2020—2025 年中国乘用车 L2 及以上辅助驾驶的渗透情况

注：信息来源于工信部，由中国电动汽车百人会车百智库汽车产业研究院整理。

车载感知零部件单车价值稳步提升，市场空间广阔。随着智能驾驶的应用普及和功能升级，车载感知零部件的单车应用数量和价值快速增长。在摄像头方面，随着辅助驾驶、环视、泊车等功能渗透率提升，单车摄像头搭载量快速增长，2023 年我国乘用车单车摄像头搭载量达 4 颗，高于全球 3.2 颗的平均水平，预计到 2025 年将增至 7 颗。作为智能驾驶先行者的新势力，单车摄像头搭载量更高，2023 年单车平均搭载量达到 7 颗。摄像头像素逐步从过去的 120 万、200 万像素向 800 万甚至更高像素升级。在毫米波雷达方面，传统辅助驾驶单车毫米波雷达搭载量只需 1～2 颗，而以 NOA 为代表的高阶智能驾驶单车毫米波雷达搭载数量已达到 5 颗甚至更高。在激光雷达方面，由于 NOA 对三维感知的高精度需求，2024 年北京车展上，搭载激光雷达展车数量达 72 款，其中中国品牌就有 64 款，我国已成为引领车载激光雷达产业化应用的领头羊。

新型感知零部件软硬件技术创新和产业化应用成为政策支持方向。车载感知零部件作为智能汽车技术创新的重要方向，已成为国家政策支持的重点领域。《车联网（智能网联汽车）产业发展行动计划》中提出加快车载视觉系统、激光 / 毫米波雷达等感知零部件的联合研发和成果转化；智能汽车领域的唯一战略性规划《智能汽车创新发展战略》中提出要突破车载传感器关键技术和产业化应用，鼓励传感技术的"军转民"应用。在标准方面，以激光雷达为代表的新型传感器仍面临可靠性不足的问题，《国家车联网产业标准体系建设指南（智能网联汽车）（2023 版）》中提出完善车载激光雷达、毫米波雷达性能相关标准（见表 6-1），目前激光雷达与毫米波雷达相关标准已开始起草。总体上看，感知零部件已成为我国智能汽车产业链中政策扶持的重点环节之一。

表 6-1 激光雷达、毫米波雷达相关行业政策

政策文件	发文部门	发布时间	相关政策内容
《车联网（智能网联汽车）产业发展行动计划》	工信部	2018 年 12 月	重点突破智能网联汽车复杂环境感知、新型电子电气架构、车辆平台线控等核心技术。加快车载视觉系统、**激光 / 毫米波雷达**、多域控制器、惯性导航等感知器件的联合开发和成果转化
《智能汽车创新发展战略》	发改委、工信部、科技部等 11 部委	2020 年 2 月	突破关键基础技术任务中提到：重点突破新型电子电气架构、**多源传感信息融合感知**、新型智能终端、智能计算平台、车用无线通信网络、

续表

政策文件	发文部门	发布时间	相关政策内容
《智能汽车创新发展战略》	发改委、工信部、科技部等11部委	2020年2月	高精度时空基准服务和智能汽车基础地图、云控基础平台等共性交叉技术。构建跨界融合的智能汽车产业生态体系中提到：推进**车载高精度传感器**、汽车芯片、智能操作系统、车载智能终端、智能计算平台等产品研发与产业化，建设智能汽车关键零部件产业集群；开展军民联合攻关，加快北斗卫星导航定位系统、高分辨率对地观测系统在智能汽车相关领域的应用，促进车辆电子控制、高性能芯片、**激光/毫米波雷达**、MEMS、惯性导航系统等自主知识产权军用技术的转化应用
《国家车联网产业标准体系建设指南（智能网联汽车）（2023版）》	工信部、国家标准委	2023年7月	在智能网联汽车标准研究计划中纳入**车载激光雷达、毫米波雷达性能**要求及试验方法标准

注：信息来源于公开资料，由中国电动汽车百人会车百智库汽车产业研究院整理。

二、智能驾驶感知技术方案包括纯视觉、多传感器融合两种

感知技术是智能驾驶实现的基础与前提，也是汽车感知外部世界的"眼睛"，其精准程度影响并制约智驾系统的安全性和可靠性。传感器是感知系统的核心硬件，感知系统通过摄像头、毫米波雷达、激光雷达、超声波雷达等各种传感器收集海量的环境数据来实现车辆的决策和控制，如车辆状态、道路状况、交通标志、其他车辆和行人的位置及动态等。

　　根据传感器配置，目前智能驾驶感知技术方案分为纯视觉、多传感器融合两种。纯视觉方案主要通过摄像头捕捉和分析图像数据来感知环境，以识别交通标志、行人、车辆等多种对象，该方案简单且成本低，目前已广泛应用于中低阶智驾方案中。然而，纯视觉方案在光照变化大、视线受阻或天气条件恶劣时识别性能会受到影响。多传感器融合方案则是将摄像头、激光雷达、毫米波雷达等多种传感器的数据进行综合处理，充分利用每种传感器的优势，以形成更全面和准确的环境感知能力。如激光雷达在精确测距和 3D 映射方面表现出色，而毫米波雷达能在恶劣天气下依然稳定测速。但多传感器融合方案面临数据整合和处理难、成本和系统复杂度高等问题，更多用于中高阶智驾方案（见表 6-2）。

表 6-2　纯视觉方案与多传感器融合方案对比

对比项目	纯视觉方案	多传感器融合方案
优点	• 硬件成本低 • 分辨率高 • 视觉信息丰富	• 感知精准 • 具备较高的安全冗余性 • 激光雷达可形成精准 3D 模型 • 毫米波雷达可适应恶劣天气 • 图像算法或数据积累要求较低
缺点	受天气与光照影响大	硬件成本偏高
硬件成本	较低，1000 ～ 10 000 元	较高，5000 ～ 30 000 元
开发难点	2D 方案依赖大量数据训练；3D 方案，如 BEV+ Transformer+ OCC 方案对算力需求高	多传感器数据处理与融合；不同传感器适配难度较大
代表企业	特斯拉、大疆车载、Mobileye L2 级产品	华为、蔚来、理想、小鹏、Mobileye L3 级产品

注：信息来源于公开资料，由中国电动汽车百人会车百智库汽车产业研究院整理。

1. 纯视觉方案领域算法创新和算力提升是主要发展方向

　　纯视觉方案具有轻感知、重算法的特征。纯视觉方案需要大量的数据积累和场景迭代算法，由于摄像头仅提供 2D 数据，需进行图像分割、物体分类、在线标定等一系列步骤来分析图像中每个物体,纯视觉方案智驾领先企业均积累了丰富的数据。如 Mobileye 累积了超过 200 PB 的视频素材,共 1600 万个 1 分钟视频片段;特斯拉为 60 亿个物体标签化处理特征、深度、速度数据,累积数据量达 1.5 PB。纯视觉方案硬件成本较低,在中低阶智能驾驶中,结合成熟的 2D 图像数据处理技术,最低配置仅需一个摄像头即可实现 L2 辅助驾驶功能,也可通过增加传感器和提升算力来实现更高级别的智能驾驶功能(见表 6-3)。但随着智能驾驶迈向高阶,汽车对感知能力的要求明显提升,由于纯视觉方案存在在黑暗、雨雾等环境下感知能力受限、数据漏检等缺点,难以应对极端情况的感知。目前纯视觉方案主要用于中低阶智驾,仅有特斯拉、大疆车载等少数企业在高阶智驾中采用纯视觉方案(见表 6-4)。

表 6-3　典型纯视觉方案配置及功能

配置	智驾级别	所需算力	实现功能
1V0R、1V1R、1V3R	L2	4 ~ 5 TOPS	ACC 自适应巡航、FCW 前向碰撞预警、AEB 自动紧急制动、LDW 车道偏离预警、LKA 车道偏离辅助、LCC 车道居中保持
1V5R	L2	5 ~ 10 TOPS	ACC 自适应巡航、FCW 前向碰撞预警、AEB 自动紧急制动、LDW 车道偏离预警、LKA 车道偏离辅助、LCC 车道居中保持
5V5R	L2	5 ~ 10 TOPS	ACC 自适应巡航(全速域)、TJA 交通拥堵辅助(ACC+Stop&Go+ 循前车轨迹)、ALC 拨杆变道辅助、FCW 前向碰撞预警、AEB 自动紧急制动、LDW 车道偏离预警、LKA 车道偏离辅助、LCC 车道居中保持、ESA 紧急转向避障、泊车功能包括 APA 全自动泊车和 RPA 遥控泊车、记忆泊车

配置	智驾级别	所需算力	实现功能
7V、7V5R、10V5R、11V5R	L2+ 高速NOA	30 ～ 100 TOPS 10 ～ 150 TOPS	高速 NOA、ACC 自适应巡航（全速域）、TJA 交通拥堵辅助（ACC+Stop&Go+ 循前车轨迹）、ALC 拨杆变道辅助、FCW 前向碰撞预警、AEB 自动紧急制动、RCW 后方碰撞预警、RCTB 后方横穿制动、LDW 车道偏离预警、LKA 车道偏离辅助、LCC 车道居中保持、ESA 紧急转向避障、BSD 盲区预警、TSR 交通限速识别、泊车功能包括 APA 全自动泊车和 RPA 遥控泊车

注：V 代表摄像头、R 代表毫米波雷达，信息来源于汽车电子与软件，由中国电动汽车百人会车百智库汽车产业研究院整理。

表6-4   典型纯视觉方案车型

车型	智驾级别	传感器配置	算力配置
特斯拉 Model 3	L2++ 城市 NOA	11V	特斯拉新款 FSD（HW4.0），216 TOPS
极越 01	L2++ 城市 NOA	11V5R	双英伟达 Orin X，508 TOPS
极氪 001/009	L2+ 高速 NOA	7V12R	双 Mobileye EyeQ5H，48 TOPS
宝骏云朵	L2+ 高速 NOA	7V	TI TDA4 VH，32 TOPS
领克 09/ 博越 L	L2+ 高速 NOA	6V5R	地平线 J3+TI TDA4 VM，8 TOPS
深蓝 SL03	L2	10V5R	地平线 J3+8155（部分），大于 5 TOPS
星越、极星 2、沃尔沃 CX40、几何等	L2	1V1R	Mobileye Q3/Q4，小于 2.5 TOPS

注：V 代表摄像头、R 代表毫米波雷达，信息来源于公开资料，由中国电动汽车百人会车百智库汽车产业研究院整理。

纯视觉方案将在现有硬件体系下向更优算法、更高算力和更高性能方向发展。纯视觉方案在高阶智驾中的演进方向主要在于算法从传统的 2D+ 深度学习图像识别技术迈向 3D 图像识别标定技术，进而提升感知能力、减少错误判断。在硬件方面，摄像头的分辨率、动态范围、灵敏度等关键参数逐步提升，仅像素就从早年的 30 万像素升至 800 万像素，识别能力与距离、弱光感知等关键能力显著提升。如特斯拉最新的自动驾驶平台中，在算法上引入了 BEV、Transformer、Occupancy 以及端到端技术，将周围环境实时转化为鸟瞰图，极大提升感知能力，减少极端案例识别失误率（见表 6-5）。而硬件除 FSD 芯片算力升级外，前视摄像头由 130 万像素升级至 500 万像素，摄像头数量则从 8 个降至 7 个。大疆在宝骏云朵中采用了前视惯导立体双目摄像头和 BEV 算法，仅用 7 个摄像头和 32 TOPS 算力就实现了高速 NOA 功能。

表 6-5 特斯拉智能驾驶感知方案发展历程

时间	特点	硬件	软件	算法
2016 年前	软硬件均由 Mobileye 提供	HW1.0	Auto Pilot 1.0	2D+CNN
2016—2017 年	硬件与英伟达合作；算法自研	HW2.0 HW2.5	Auto Pilot 2.0	2D+CNN
2018—2019 年	硬件采用自研芯片 FSD；算法升级为 HyraNet 神经网络架构 +BiFPN 特征提取网络	HW3.0	Auto Pilot 3.0	2D+CNN （HydraNet +BiFPN）
2020 年	算法引入 BEV+Transformer；特征级融合取代后融合，自动标注取代人工标注；云端布局 Dojo	HW3.0	FSD Beta	BEV+Transformer
2021—2022 年	算法引入时序网络；BEV+Transformer 引入 Occypancy Network 算法	HW3.0	FSD V9–V10	BEV+Transformer +Occupancy Network
2023 年至今	引入端到端技术	HW4.0	FSD V12	BEV+Transformer +Occupancy Network

注：信息来源于公开资料，由中国电动汽车百人会车百智库汽车产业研究院整理。

2. 多传感器融合是量产高阶智能驾驶的主要技术方案

多传感器融合是将来自多类传感器的数据进行组合的技术方案，可提高数据采集的准确性和可靠性，并提供更全面的环境覆盖能力。多传感器融合方案具有"重感知、重算法"的特征。在感知上，其不仅采用多种传感器采集更丰富的环境数据，如采用激光雷达生成周围环境点云图，使得障碍物检测和车辆定位精确度更高；采用毫米波雷达可保证感知系统在雨、雾、雪等恶劣天气下的正常工作，还结合摄像头综合判断融合后的数据（见图6-2）。在算法上，多传感器融合方案需要算法处理和协调来自不同传感器的数据，如摄像头提供2D数据，激光雷达提供3D数据，算法需融合不同空间维度中的数据进行物体识别和跟踪、环境模型构建、决策和规划。

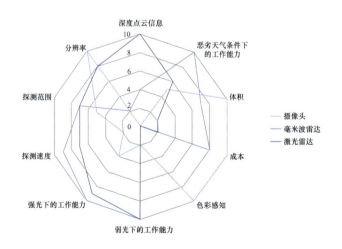

图6-2　激光雷达、毫米波雷达、摄像头特征对比

注：信息来源于公开资料，由中国电动汽车百人会车百智库汽车产业研究院整理。

采用多传感器融合方案可更快实现高阶智能驾驶的规模化应用，提升用户驾驶体验。 对于多传感器融合方案，不需要复杂图像解析，如激光雷达可以直接提供物体 3D 位置数据，毫米波雷达可以提供物体速度数据，这不仅能直接用于决策，还能应对纯视觉方案不易处理的边缘场景，提供安全保障。同时，车端安装激光雷达能提供更好的视觉真值数据，更高效地训练感知算法。目前，华为、理想、蔚来、小鹏等企业均采用多传感器融合方案，相关高阶智能驾驶已实现规模化应用（见表 6-6）。如问界 M9 Max/Ultra 采用华为 ADS 2.0 智驾系统，搭载 1 个 192 线激光雷达、3 个毫米波雷达和 11 个摄像头。2024 年 1 月，问界开通可用于全国所有城市、国道、县道、乡道等公开道路的 NCA 智驾领航辅助功能，覆盖全国 99% 可用路段。但过高的硬件成本是限制多传感器融合方案规模化推广的主要因素，目前主流城市 NOA 智驾方案硬件成本均超过 1 万元，其中仅激光雷达的成本就超过 2000 元；而在纯视觉方案中，特斯拉 HW3.0 的硬件成本不超过 1 万元，大疆车载方案的成本控制在 6000 元左右。此外，多传感器融合路线面临数据同步、标定和融合缺少成熟算法等问题，需很强的算法开发团队，技术门槛高是多数传统车企难以自研的主要原因。

表 6-6 典型多传感器融合方案车型

车型	智驾级别	传感器配置	算力配置
问界 M9 Max/Ultra	L2++ 城市 NOA	1L3R11V12U	华为 MDC610，算力为 200 TOPS
理想 L8 Max	L2++ 城市 NOA	1L1R11V12U	双英伟达 OrinX，算力为 508 TOPS
蔚来 ES8	L2++ 城市 NOA	1L5R11V12U	四颗英伟达 OrinX，算力为 1016 TOPS
小鹏 G9 Max	L2++ 城市 NOA	2L5R11V12U	双英伟达 OrinX，算力为 508 TOPS

续表

车型	智驾级别	传感器配置	算力配置
比亚迪仰望 U8	L2++ 城市 NOA	3L5R12V14U	双英伟达 OrinX， 算力为 508 TOPS
上汽智己 LS7	L2++ 城市 NOA	2L5R11V12U	英伟达 OrinX， 算力为 254 TOPS
阿维塔 12	L2++ 城市 NOA	3L3R11V12U	华为 MDC810， 算力为 400 TOPS

注：L 为激光雷达、V 为摄像头、R 为毫米波雷达、U 为超声波雷达，信息来源于公开资料，由中国电动汽车百人会车百智库汽车产业研究院整理。

智能驾驶感知技术仍将长期处于竞争状态，以激光雷达和 4D 毫米波雷达为代表的感知零部件是重要创新领域。 纯视觉方案未来将主要围绕算法创新，并通过升级摄像头来提高感知能力。多传感器融合方案在硬件和软件方面的创新仍在加速发展。在硬件方面，激光雷达的探测距离、线数和分辨率正在不断提高，集成化、芯片化、固态化将推动激光雷达成本持续下降；毫米波雷达技术正在向 4D 方向发展，射频 MIMO 技术成熟、芯片集成化将进一步降低生产成本，4D 毫米波雷达有潜力替代低线数激光雷达和传统毫米波雷达，在中阶智驾（高速 NOA）应用中占据一席之地。

第二节　摄像头

一、车载摄像头是智能驾驶系统的主要传感器

1. 车载摄像头在智能驾驶中应用成熟

车载摄像头是智能驾驶系统中核心的视觉传感器，其"视觉

感知"过程为：首先由镜头采集并聚焦外部图像，随后摄像头内部的感光元件对光信号进行感应，配合图像信号处理器（ISP）进行优化处理，将其转化为清晰的数字信号供后续算法分析。凭借能够提供丰富的环境数据、实现多样化的应用功能（如目标检测、车道识别、交通标志识别等），以及成本相对较低的优势，车载摄像头已成为 ADAS 的主流选择，也是自动驾驶发展的重要基础之一。

车载摄像头在 ADAS 中的应用历史可以追溯到 20 世纪 90 年代，经历了从初步探索到广泛应用的发展过程。

20 世纪 90 年代为初步探索期。随着汽车电子技术的发展，为增强驾驶安全和舒适度，ADAS 的概念被首次提出，当时车载摄像头主要被用于执行简单的任务，如丰田和日产等车企尝试在高端车型中搭载后视摄像头，便于辅助驾驶员泊车和查看后方盲点。

2000 年前后，车载摄像头进入实验与初步应用期。车载摄像头软硬件的进步，如分辨率提升、宽动态范围的实现、视觉算法的演进，让其逐渐具备更智能化的功能，如车道偏离预警、交通标示识别等。

2010 年前后，车载摄像头进入快速普及阶段。随着技术的进步，越来越多的摄像头被集成到车辆中，形成了多摄像头系统。如前视摄像头、侧视摄像头、后视摄像头和环视摄像头共同工作，以提供全方位的视觉感知。摄像头也从单一任务（如倒车）处理发展为多任务处理，开始与其他传感器（如超声波雷达、激光雷达）协同工作。摄像头的应用范围进一步扩大，支持更多高级功能，如行人防碰撞预警、自动紧急制动、自适应巡航控制等。这些功能不仅提高了行车安全性，还提升了驾驶体验。

目前，车载摄像头正进入智能化阶段。车载摄像头成为 L2 自动驾驶和 L3 自动驾驶的核心传感器之一，与其他传感器（如毫米波雷达、激光雷达）协同工作。传感器技术的进步，结合计算机视觉、AI 技术赋能，使摄像头对复杂场景（如雨雪、暗光）具有更强的适应能力。特斯拉等汽车制造商推动了基于纯视觉（摄像头）方案的自动驾驶，减少对其他传感器的依赖。

2. 多摄像头系统是实现和增强智能驾驶功能的核心零部件

摄像头通常可分为前视摄像头、环视摄像头、侧视摄像头、后视摄像头以及车内摄像头。这些摄像头根据安装位置不同，承担不同的 ADAS 功能，例如前视摄像头用于实现车道保持、前方碰撞预警等，环视摄像头和侧视摄像头主要用于实现 360° 视野辅助和盲区检测，后视摄像头多用于倒车辅助等功能。

从功能上看，摄像头的数量与性能将决定汽车智能驾驶能力。L0 ～ L1 智能驾驶通常需要 1 ～ 2 颗前视摄像头，用于行车中感知前方道路环境。L2 智能驾驶通常需搭载 1 ～ 5 颗摄像头，除前视摄像头外，通过增加侧视、后视摄像头，实现车道变更辅助等高级功能。L2+（高速高架 NOA）智能驾驶至少需要 7 颗摄像头，除前视摄像头感知道路信息外，还需要环视摄像头生成 BEV（鸟瞰图），感知周边信息；L2++（高速高架 NOA 与城市 NOA）智能驾驶通常需要 7 ～ 13 颗摄像头，通过提升视觉传感器分辨率、动态范围等方面性能，补充冗余感知能力。L3 智能驾驶需 8 ～ 13 颗摄像头，L4/L5 智能驾驶需 15 ～ 18 颗摄像头（见表 6-7）。

表 6-7 车载摄像头的主要应用场景

应用类型	摄像头类型	数量	分辨率/百万像素	安装位置	功能
行车辅助	前视摄像头	1～3	2～8	前挡风玻璃	前方车辆或行人监测、红绿灯或车道线识别等
	侧视摄像头	4	2～3	外后视镜下方或翼子板	侧前方或侧后方车辆监控
舱外	后视摄像头	1	2～3	后牌照板上方	后方车辆防碰撞
	后视摄像头	1	1～3	后牌照板上方	泊车辅助
泊车辅助	环视摄像头	4	1～3	左右外后视镜底座或后牌照板上方	全景影像图像拼接显示
其他	电子后视镜	2	2～3	外后视镜	代替传统外后视镜
	DVR	1	2～8	前挡风玻璃	行车记录

注：信息来源于公开资料，由中国电动汽车百人会车百智库汽车产业研究院整理。

前视摄像头是智能驾驶摄像头中的核心。前视摄像头主要用来记录和分析车辆前方的路况，它能够提供驾驶过程中最重要的视野范围，能够直接影响车辆的决策和规划。前视解决方案主要分为两大类——前视一体机形式和独立摄像头模组接入控制器的形式，广泛应用于实现包括前向碰撞预警、行人防碰撞预警、车道线偏离预警、车道保持辅助、自动紧急制动以及自适应巡航控制等多种驾驶辅助功能。前视解决方案通常通过前视摄像头获取道路数据，前视摄像头的分辨率一般在200万到800万像素范围，并且大多安装在车辆的前挡风玻璃位置。

根据镜头数量的不同，前视摄像头可以细分为单目摄像头、双目摄像头和三目摄像头。单目摄像头以成本较低的小型化设计为特点，主要应用于中低端车型，多采用前视一体机的形式完成L0、L1智能驾驶基础功能；双目摄像头可进一步分为双目立体摄像头和两个单目摄像头（广角、中焦）组合，能够提高目标识别的精度和距离感知能力；三目摄像头则由 3 个不同视场角（广角、中焦、长焦）的摄像头模组组成，通常需要将数据接入智驾域控制器进行高效处理，这种配置由于复杂度和性能需求较高，基本不会采用前视一体机形式，更常见于高级别自动驾驶系统。

侧视、后视及环视摄像头主要用于感知冗余和泊车辅助。 在高阶智能驾驶感知方案中，为了提升车辆的感知能力和安全性，系统通常会采用多种摄像头和传感器以实现全方位感知。

侧视摄像头在系统中作为异构冗余的传感器，用于检测车辆侧前方和侧后方的目标物体。其主要功能包括盲点监测、横穿车辆碰撞预警等。侧视摄像头通常按位置可分为侧前视摄像头与侧后视摄像头。侧前视摄像头视场角为 90° ～ 100°，最远探测距离大于 80 米，通常安装在车辆的 B 柱或外后视镜位置，其主要用于监测邻近车道的车辆动态、识别十字路口的车辆或行人，以及识别交通标志等场景。侧后视摄像头视场角同为 90° ～ 100°，但最远探测距离可达 100 米，通常安装在车辆的前翼子板位置，其主要用于变道或者高速公路汇入时监控侧后方相邻车道的车辆动态。

后视摄像头的作用是覆盖车辆正后方的视觉感知盲区，作为对侧后视摄像头的补充，视场角通常为 100° ～ 120°，探测距离为 50 ～ 80 米，与侧视摄像头及前视摄像头共同覆盖 360° 的中长距离视觉感知范围。其中倒车后视摄像头（RVC）是传统泊车辅助的主要工具，通常为广角摄像头，水平视场角（H-FOV）为 120° ～ 140°，其分辨率多为 100 万到 300 万像素。这类摄像头安装在车辆尾部，专门为倒车场景提供影像显示，帮助驾驶员分辨车辆后方环境以安全泊车。

环视摄像头（SVC）利用安装在车身四周的 4 个鱼眼摄像头
（水平视场角大于等于 170°，分辨率为 100 万～ 300 万像素），
通过拼接算法将局部图像整合成 360° 的鸟瞰图并显示在中控屏
幕上，实现车辆周围环境的全景可视化，可用于识别车身近距离
范围的车道线、监测移动物体，并将数据传输给控制器以实现车
道线偏离预警和移动物体预警等智能驾驶功能。

二、车载摄像头产业发展

1．产业竞争格局

车载摄像头的成本主要由摄像头模组封装、光学镜头、CMOS
图像传感器、串行器芯片、PMIC 芯片构成。其中，前三者占总成
本超过 70%，是产业链中十分重要的组成部分（见图 6-3）。

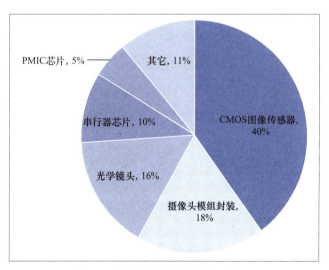

图 6-3　车载摄像头模组主要成本构成

注：信息来源于焉知汽车，由中国电动汽车百人会车百智库汽车产业研究院整理。

摄像头模组市场由欧洲、北美、日本的传统 Tier 1 领导。车载摄像头模组是安装在车辆上的集成摄像头系统，它包括摄像头传感器、镜头、ISP、外壳以及其他必要的电子和机械组件。车载摄像头模组制造难度相对较低，传统 Tier 1 除生产摄像头模组外还会生产域控制器及整体解决方案，具有系统集成能力、供应链管理优势。同时，传统 Tier 1 与车企的合作经验丰富，对车企需求的理解更深入，因此麦格纳、松下、法雷奥、博世、采埃孚、大陆集团等企业在摄像头模组领域合计市场占有率近50%。但由于摄像头模组利润较低，传统 Tier 1 正逐步将其外包。国内车载摄像头模组企业正结合消费电子业务快速拓展市场，市场份额正持续增长，如舜宇、欧菲光、联创电子、丘钛科技等传统 Tier 2，正向下游拓展摄像头模组。

图像传感器市场以中美日为核心。图像传感器是一种将光信号转换为电信号的电子设备，通常用于捕捉和记录图像。在汽车智能驾驶应用中，图像传感器需要具备高动态范围、低光性能、高分辨率、宽温度范围、强抗干扰能力、快速响应、全局快门、小尺寸、低功耗、高可靠性、高耐用性以及多功能等特点，以满足在各种复杂环境中提供高质量的图像数据，支持各类智能驾驶功能。安森美、豪威科技、索尼的市场占有率分列全球前三，索尼、豪威科技凭借在消费电子市场的优势帮助车载技术快速迭代，而安森美的市场占有率从 2019 年的超过 60% 降至 2023 年的 40%。

光学镜头市场主要集中于中日韩区域。车载摄像头中的镜头是负责收集光线并将其聚焦到图像传感器上的光学组件，镜头的质量和性能直接影响到摄像头的成像效果。为了满足车载应用的特殊需求，镜头需要具备高分辨率、低光性能、抗眩光和鬼影、高温度稳定性、高抗震性、高耐用性、小型化、轻量化、防水和防尘等特点。亚洲消费电子产业发达，具有成熟的摄像头设计经验。其中中国位居全球第一，代表企业包括舜宇光学、联创电子、欧菲光等，其中舜宇光学的镜头年出货量超过 9000 万颗，市场占有率超过 30%；日本麦克赛尔、电产三协、京瓷，韩国世高等企业也均具备一定实力，市场占有率排名位居全球前十。

2．技术发展趋势

（1）图像传感器向高分辨率、高动态范围发展

高像素可以提升分辨率与视场角，实现更远的有效探测距离和更宽的探测范围。前视摄像头的图像传感器正从 100 万～ 200 万像素向 500 万～ 800 万像素升级。100 万～ 200 万像素的摄像头在视场角为 50° 左右时，有效探测距离为 100～150 米；高像素可以兼顾广视角与长有效探测距离，如 800 万像素的摄像头可以在 120° 左右的视场角下，实现 200～250 米探测距离。同时，高像素摄像头拥有更高的分辨率，可以实现对复杂内容的识别，如识别车辆类型、交通指示牌等。因此，各大厂商正将摄像头高像素化，如特斯拉 HW4.0 将 3 个 120 万像素前视摄像头升级为 2 个 500 万像素前视摄像头；索尼推出 1700 万像素图像传感器 IMX735，最远探测距离可达 450 米。环视摄像头正从 120 万像素向 200 万～ 800 万像素升级。120 万像素的摄像头性能较为一般，在复杂环境或低光照环境下，成像噪点较多，主要用于近距离物体成像，如辅助驾驶员泊车。然而，随着高级智能驾驶的渗透率不断提升，环视摄像头的应用场景逐步拓展到行车

目标探测，同时被用于实现周视和侧视合一的超级鱼眼功能，这一趋势将推动环视摄像头像素升级至 500 万～ 800 万的水平。

图像传感器可以提升更高动态范围，适应光线复杂的场景。随着高阶智驾的快速发展，车载图像传感器对高动态范围（High Dynamic Range，HDR）技术的需求越来越高，以适应复杂的道路环境，如明暗交替、逆光和隧道出入口等场景。传统的图像传感器在高对比度场景中容易出现过曝或欠曝的问题，导致关键信息丢失。HDR 技术通过提升图像传感器在高亮度与低亮度区域的细节捕捉能力，提高了图像和算法的识别可靠性。目前，HDR 图像传感器的动态范围已超过 120 分贝，部分先进的图像传感器甚至支持 150 分贝以上的动态范围。例如，索尼的 IMX490 采用堆叠式设计，支持高帧率 HDR 输出，同时减少运动伪影；小鹏采用豪威科技的 LOFIC 架构 800 万像素图像传感器，总动态范围提高近 3 倍，相较于上一代产品感知距离提升 125%，识别速度提升 40%。

（2）ISP 方案多元化

在车载摄像头的组成模块中，ISP 是起到图像调整作用的核心部件。目前 ISP 通常集成在图像传感器中，以简化设计并节约空间。但图像传感器中集成的 ISP 通常算法简单、处理能力较弱，因此，通过自动驾驶 SoC 集成 ISP 或外置 ISP 方案正成为发展趋势。如富瀚微电子推出独立的 ISP，为高性能成像提供定制化解决方案；思特威推出了多款集成高性能 ISP 的图像传感器；豪威科技采用双重布局战略，既开发独立的 ISP，又研发集成 ISP 的图像传感器产品，以满足不同场景的需求。此外，Mobileye、安霸、黑芝麻智能、爱芯元智正在通过其智能驾驶芯片集成 ISP

模块,降低系统复杂度,同时提升图像处理的实时性和效果;蔚来、小鹏等车企通过自研集成 ISP 的智能驾驶芯片,优化自动驾驶系统中摄像头的成像质量和环境感知能力。

三、车载摄像头发展趋势

1．政策法规推动基础智驾普及,摄像头需求增长

全球主要国家和地区正在加速推动主动安全政策法规,带动前视一体机市场需求持续增长。其中,日本和欧盟已将 AEB 列为强制配置,美国也正在研究将 AEB 纳入联邦机动车安全标准。我国虽然发布了 AEB 的推荐性国家标准,但尚未强制要求安装(见表6-8)。同时,全球主要汽车测试体系,如欧洲 E-NCAP、美国 IIHS 及中国 C-NCAP,陆续强化了 AEB 相关测试场景的要求,进一步推动技术发展与市场应用(见表6-9)。

表 6-8　全球主要国家和地区的 AEB 法规要求

国家或地区	时间	相关内容介绍
日本	2019	日本国土交通省新规规定,从 2021 年起在日本推出的全新车型及改款车型必须配备 AEB
欧盟	2019	联合国欧洲经济委员会(UNECE)披露一项决议,日本、欧盟等约 40 个国家和地区同意从 2022 年起,为新车导入 AEB,目前正在逐步落实中
中国	2021.03	我国发布一项关于 AEB 的推荐性国家标准——GB/T 39901—2021《乘用车自动紧急制动系统(AEBS)性能要求及试验方法》,目前尚未发布强制乘用车安装 AEB 的相关规定
美国	2023.06	NHTSA 发布《联邦机动车安全标准:轻型车辆自动紧急制动系统》(NPRM),考虑将 AEB 和行人 AEB 系统纳入轻型车辆的《联邦机动车安全标准》(FMVSS)中

注:信息来源于公开资料,由中国电动汽车百人会车百智库汽车产业研究院整理。

表 6-9　全球主要国家和地区的 AEB 相关测试变化

国家或地区	新车评测机构	时间	AEB 相关内容变化点
美国	NHTSA	2015	自 2018 年起，AEB 是获得五星评级的必要条件
		2016	与 20 家车企达成协议，在 2022 年 8 月 31 日以前将 AEB 作为其乘用车系列的标准配置
		2021	评测内容中新增 4 项 ADAS 技术，其中包括行人自动紧急制动（PAEB）
欧盟	E-NCAP	2016	增加 AEB-VRU 测试内容，考虑 AEB 对路上行人的保护
		2018	增加 AEB-VRU Cyclist 指标，考虑 AEB 对路上骑行者的保护
		2020	扩充 AEB 测试内容，增加后向、迎面、交叉路口等多种场景下 AEB 对人员的保护
		2023	扩充 AEB 的测试场景，包括车对车十字路口碰撞场景、车头对撞场景等。同时，测试覆盖了 10～80 km/h 的时速区间，还模拟了前车的各种状态（静止、缓慢行驶、短距离或长距离急停）
中国	C-NCAP	2017	2018 版中纳入 AEB 评价指标，其中 AEB 测试包括车辆追尾 AEB 与行人 AEB
		2020	2021 版 AEB 对行人的测试中增加了对纵向行人和夜间行人测试场景，另外增加了 AEB 对二轮车的测试场景

注：信息来源于公开资料，由中国电动汽车百人会车百智库汽车产业研究院整理。

前视摄像头将逐渐成为汽车标配的主动安全产品。对于希望出口至这些国家和地区的车辆来说，通常需要单目前视一体机搭配 0～5 个毫米波雷达实现 AEB，单车至少需要增配 1 个摄像头。在技术的不断成熟、相关法规政策对 AEB 强制标配的要求，以及前视一体机整套系统成本的持续下降等多重因素下，前视摄像头有望成为标配。

2. 高阶智驾普及推动行业规模持续增长

高阶智驾与技术进步推动车载摄像头市场规模持续增长。2023年全球车载ADAS摄像头模组市场规模约为23.69亿美元，随着高阶智驾的渗透率增长，车载摄像头数量随之增长，分辨率、动态范围将增加，预计到2029年摄像头模组市场规模将增长至35.95亿美元，年复合增长率为7.2%。中国乘用车市场摄像头数量也将持续快速增长。据高工智能汽车研究院预测，2024年中国乘用车市场ADAS摄像头搭载量达7615万颗。2021年，中国乘用车前装市场车载摄像头市场规模为81亿元，2022年增长至101亿元。CINNO Research预计到2025年，中国乘用车前装车载摄像头市场规模有望突破250亿元，且国内乘用车摄像头总搭载量将超1亿颗，2022～2025年年复合增长率为17%（见图6-4）。

图6-4　中国乘用车前装市场摄像头出货量

注：信息来源于CINNO Research，由中国电动汽车百人会车百智库汽车产业研究院整理。

第三节　毫米波雷达

一、毫米波雷达产品分类及应用

1. 毫米波雷达的定义与应用

毫米波雷达是指利用波长位于1～10毫米、频率在30～300 GHz的电磁波波束工作的雷达，具有可直接测距和测速、不受恶劣天气影响、可全天候工作等特点。毫米波雷达的成本适中，识别能力强，因为波束窄、角分辨力高、频带宽、隐蔽性好，对烟、尘、雨、雾等具有良好的穿透性且不受恶劣天气影响。毫米波雷达能与其他传感器形成良好互补，并提供兼具高感知性能与低成本的传感器选择，是智能汽车感知层重要组成部分。

毫米波雷达的工作原理是使用无线电发现目标并检测与目标的距离、速度和方向，即由芯片控制天线发射一定频率的电磁波，电磁波碰到障碍物后反射并被天线接收，数字信号处理模块处理接收到的电磁波，再通过算法计算距离、速度、方向等信息。具体方法包括：①检测障碍物时直接通过有无回波确认；②测距时通过波束的飞行时间计算距离；③测速时利用多普勒效应或通过跟踪障碍物位置并进行微分得到速度；④测方位时通过有向天线或天线阵列与阵列算法将波束收窄进行方位测量。

目前毫米波雷达主要应用于辅助驾驶和座舱监控。在辅助驾驶领域，毫米波雷达已大量应用于辅助驾驶系统中作为前向雷达。随着毫米波雷达的成本不断降低、性能不断提升，毫米波雷达的搭载位置正从传统的前向向四角、后向、侧向等位置延展，以实现盲区检测、自动泊车、后碰撞预警等高阶辅助驾驶功能。在近年座舱智能化的风潮下，毫米波雷达正加速应用于座舱内儿童遗留检测、手势识别等领域。

2. 毫米波雷达分类

根据感知方式、工作频段、探测距离、安装位置等，毫米波雷达有多种分类方式。

（1）按感知方式分类

毫米波雷达可分为传统 3D 毫米波雷达与 4D 毫米波雷达。传统 3D 毫米波雷达可提供距离、速度、方向 3 个维度信息，但这类毫米波雷达不具备俯仰角度的分辨能力，无法提供高度信息；对多个静态目标的分辨能力较弱，可能存在误判；分辨能力与材质相关，很难识别金属物体，例如吸波材料可能会吸收或大幅减弱其表面接收到的电磁波，因而几乎没有返回的电磁波。

4D 毫米波雷达在传统 3D 毫米波雷达的基础上增加了高度方面的探测范围和精度，即增加了"高度"维度数据的解析能力，能够实现"3D+ 速度"4 个维度的信息感知，能对驾驶环境中的静止或运动物体、高空或低矮物体都进行区分，勾勒出弱目标如路障、路沿、弱势道路使用者（Vulnerable Road User，VRU）的轮廓，给出准确的可通过性的判断，提高在感知中的置信度。在行车场景中，4D 前向毫米波雷达除了可实现传统 3D 毫米波雷达的基本功能（如 ACC、AEB）外，还能对正前方、远距离的弱目标进行精确感知，为智能驾驶系统提供冗余备份。4D 角雷达能对较远距离的目标在宽波束的范围内进行感知和跟踪，弥补传统角雷达在感知距离、范围等方面存在的不足（见表 6-10）。

4D 毫米波雷达一般采用级联的方式实现多收多发，2 片级联价格在几百元，不足传统 3D 毫米波雷达的两倍；4 片级联价格在 1000 元左右，而且价格有望随着规模化推广进一步下探。

表 6-10　4D 毫米波雷达与传统 3D 毫米波雷达的关键指标对比

指标	4D 毫米波雷达	传统 3D 毫米波雷达	4D 毫米波雷达作用
探测维度	距离、速度、方位角、俯仰角	距离、速度、方位角	解决空中目标和地面目标的识别与分辨率问题
探测距离	300 米	200 米	解决高速远距离目标探测问题
单个目标点云数量	大于 100 个	小于 10 个	勾勒出目标轮廓，进而分辨出目标数量、类别、行为；与摄像头、激光雷达做数据融合
方位角精度	0.1°	0.3°	精准判断前方 150 米处车辆偏移情况
方位角分辨率	1°	3°	区分前方 200～250 米处并行的同距、同速的两辆车
俯仰角精度	0.1°	1°	测量高处障碍物的高度，判断本车能否安全通过；确定障碍物的高度，是否影响通行
俯仰角分辨率	1°	无/很低	区分自车前方 150 米处的天桥和天桥下地面目标

注：信息来源于高工产业研究院，由中国电动汽车百人会车百智库汽车产业研究院整理。

4D 毫米波雷达低成本、高环境适应性的优势与激光雷达形成互补。4D 毫米波雷达的点云数量可达到上万的水平，水平与垂直角度分辨率做到 1° 是短期内的极限，在分辨率上接近 16 线、32 线等中低线数激光雷达性能，但无法达到 96 线、128 线、144 线等高线数激光雷达几十万甚至百万的点云密度和质量。作为智能驾驶辅助传感器，4D 毫米波雷达和激光雷达各有优势，4D 毫米波雷达在全天候、全天时适应性以及测速、测距方面的能力更强，而激光雷达在测量精度、环境建模方面更具优势，二者共同使用，能增加感知冗余和鲁棒性（见表 6-11）。对于高速 NOA，4D 毫米波雷达结合摄像头基本能够满足感知要求，相对于激光雷达 3000 元的价格，4D 毫米波雷达成本在 1000 元左右，成本优势明显。综合来看，未来在高速 NOA 及以下等级的智能驾驶功能领域有望规模化应用 4D 毫米波雷达。

表 6-11　4D 毫米波雷达与激光雷达性能对比

对比项目	4D 毫米波雷达	激光雷达
耐候性	★★★	★
测速能力	★★★	★★
成本	★★★	★
测距	★★	★★★
穿透性	★★★	★
角度分辨率	★★	★★★
近距离探测能力	★	★★★

注：信息来源于公开资料，由中国电动汽车百人会车百智库汽车产业研究院整理。

（2）按工作频段分类

目前毫米波雷达使用的主要频段为 24 GHz 和 77 GHz，24 GHz 毫米波雷达和 77 GHz 毫米波雷达的性能不同，因此在应用领域上存在一定差异。从工作频段上看，24 GHz 毫米波雷达的工作频率较低、信号波长较长，因此探测距离较短，通常用于近距离探测与测距，可用于倒车雷达、停车辅助等；77 GHz 毫米波雷达的工作频率较高、信号波长较短，因此探测距离较长，适用于中远距离探测与测距，可用于自动跟随、盲区监测等。从体积上看，由于 77 GHz 毫米波雷达的波长仅为 24 GHz 毫米波雷达的约三分之一，收发天线体积大幅减小，雷达尺寸大幅下降，可更方便在汽车中布置应用（见表 6-12）。

表 6-12   24 GHz 与 77 GHz 毫米波雷达对比

参数	24 GHz 毫米波雷达	77 GHz 毫米波雷达
频率	24 ～ 24.25 GHz	76 ～ 81 GHz
带宽	最大支持 250 MHz 扫频带宽	最大支持 5 GHz 扫频带宽
探测距离	20 ～ 120 米	可达 200 米以上
探测角度	大	小
体积	大	天线是 24 GHz 的 33%，体积小
识别精度	0.5 米左右	最低 3.75 厘米
主要应用场景	盲区监测（BSD） 车道偏离预警（LDW） 车道保持辅助（LKA） 泊车辅助（PA） 变道辅助（LCA）	自适应巡航（ACC） 自动紧急制动（AEB） 前向碰撞预警（FCW） 自动驾驶（ADS）

注：信息来源于公开资料，由中国电动汽车百人会车百智库汽车产业研究院整理。

（3）按探测距离分类

按探测距离来分类，毫米波雷达主要分为 3 类：短程雷达（SRR）、中程雷达（MRR）、远程雷达（LRR）。它们的最大探测距离分别为 50 米、150 米、250 米。LRR 一般装在车辆前方和后方，实现 ACC、AEB、LDW 等功能；MRR 装在车身四角，实现 BSD、变道辅助等功能；SRR 装在车身周围，实现停车辅助、十字交通报警等功能。

不同探测距离决定了不同类型毫米波雷达的应用场景，不同等级的驾驶辅助功能需要不同的毫米波雷达。具体区别见表 6-13。

表 6-13　不同类型毫米波雷达应用

驾驶辅助功能	短程雷达（SRR）	中程雷达（MRR）	远程雷达（LRR）
盲点识别（BSD）	√（后方）	√（后方）	
变道辅助（LCA）	√（后方）	√（后方）	
后方穿越车辆预警（RCTA）	√（后方）	√（后方）	
后侧碰撞预警（RCW）	√（后方）	√（后方）	
自动代客泊车（AVP）	√（后方）	√（后方）	
倒车车侧警示系统（CTA）	√（前方）	√（前方）	
驻车开门辅助（VEA）	√（车身）		
主动车道控制（ALC）	√（前方）	√（前方）	
自适应巡航（ACC）			√（前方）
前方碰撞预警（FCW）			√（前方）
自动紧急制动（AEB）		√（前方）	√（前方）
行人检测系统（PDS）	√（前方）	√（前方）	

注：信息来自公开资料，由中国电动汽车百人会车百智库汽车产业研究院整理。

（4）按安装位置

按照安装位置分类，毫米波雷达可分为角雷达和前雷达。

角雷达安装在车辆后部和前部两侧，一般用短程雷达作为角雷达。通过角雷达实时输出准确的周边目标位置、速度等信息，并且基于多目标跟踪结果可以实现多种 ADAS 功能。其中，前角雷达主要实现横穿车辆预警、行人和自行车识别等功能；后角雷达主要实现 BSD、变道辅助等功能。

前雷达安装在车辆格栅和前保险杠上，可以探测到前方的障碍物，并在必要时进行自动刹车或调整车速。它的探测距离通常比较远，分辨力较强。一般用 MRR 或 LRR 作为前雷达，在 AEB、ACC 系统当中主要用于实现实时获取自车前方所有出现的运动和静止目标与输出目标距离、位置等信息，以及提供目标运动状态、类别等原始信息及相关功能控制等功能。

3.毫米波雷达的应用问题

传统毫米波雷达在实际应用中存在一定局限性。一是垂直方向感知缺陷，传统毫米波雷达只能输出距离、速度和角度信息，缺少高度信息，无法识别和区分不同高度的物体，如高处桥梁路牌和地面的车辆，可能造成误刹从而影响安全性。二是静物识别率不足，传统毫米波雷达在静物检测方面容易出现误检和漏检的情况，如静止车辆目标信息被地杂波干扰，识别难度较大。三是角度分辨率不足，当被探测物距离较近时，其回波会被混在一起，难以判断目标数量。四是监测区域受限，单颗雷达视场角与分辨率受限，车辆在运行过程中存在检测盲区，需要依靠多颗雷达进行补足。由于存在这些限制，车企降低了毫米波雷达在自动驾驶判断中的权重，主要作为安全冗余使用。

二、毫米波雷达产业发展状况

1.传统毫米波雷达

（1）技术趋势：小型化、集成化

芯片小型化、集成化带动毫米波雷达的成本下降与体积减小。毫米波雷达 MMIC（Monolithic Microwave Integrated Circuit，单片微波集成电路）芯片正从 GaAs、SiGe 发展至 Si CMOS。SiGe 在高频特性、导热性等方面的优势让其仍为主流工艺，但 SiGe MMIC 大多为分立式，体积较大。Si CMOS MMIC 具有高集成度、低成本、小体积优势。Si CMOS 是目前半导体主流工艺，基于 Si CMOS 的 MMIC 可结合信号处理 SoC 可集成在同一块芯片上生产，大幅降低综合成本、提升集成度、缩小体积，前端射频芯片需求从 GaAs 或 SiGe 的 7～8 颗、2～5 颗降低至 1 颗，雷达模块设计复杂度和难度大幅降低，进而缩短了研发周期。

高集成度天线技术进一步缩减毫米波雷达的成本与体积。毫米波雷达目前主要采用 AoB（Antenna on Board，板载天线），即将天线以及电源管理电路、闪存等集成在 PCB 上，但该技术需要高频 PCB，成本偏高、结构较复杂。AiP（Antenna in Package，封装天线）有望成为主流，该技术将收发天线、MMIC 芯片以及雷达专用处理芯片封装在一颗"大芯片"内，布板面积大幅缩小，不需要高频 PCB，能有效降低综合成本；同时芯片到天线的路径更短，具有更低功耗和更高效率的特点。

毫米波雷达迈向 SoC 化。随着 MMIC 芯片 Si CMOS 化、AiP 技术成熟，毫米波雷达正从不同模块分立器件走向高度集成的毫米波雷达 SoC。毫米波雷达 SoC 技术将收发模块如 MMIC、RF（Radio Frequency，射频）和处理模块如 DSP（Digital Signal Processor，数字信号处理器）、MCU 集成于同一块芯片中，充分满足汽车行业对于整体小型化、集成化要求。但毫米波雷达 SoC 的研发横跨芯片设计、天线设计、封装设计等研发领域，对研发厂商的要求较高。

（2）市场竞争：传统 Tier1 为主

全球市场仍以传统 Tier1 为主，中国企业正快速突破。毫米波雷达全球市场主要为大陆集团、安波福、博世、弗吉亚、电装及麦格纳六大传统 Tier1，合计市场占有率超过 80%。中国正快速取得突破，森思泰克、福瑞泰克、加特兰微电子、华为等已在要求相对较低的角雷达领域取得突破，2024 年上半年国产化率超过 30%，但在要求较高的前雷达领域市场占有率不足 10%。

2. 4D 毫米波雷达

级联方案借助性价比优势成为市场主流选择。国际主流企业均以 4 片级联方案为主。4D 毫米波雷达主要通过增加天线数量来提高分辨率，包括级联、级联 + 虚拟孔径成像和集成芯片 3 种方案。级联是指将发射天线和接收天线通过阵列协同的方式，在垂直方向上形成一种虚拟孔径阵列，以实现高度方向的测量，即通过 MIMO（Multiple-Input Multiple-Output，多输入多输出）技术实现二级联、四级联或八级联，达到增加实体天线数量的目的。虚拟孔径成像方案基于市场主流的车规级雷达芯片，使用虚拟孔径成像算法和独特天线设计，实现 4D 点云成像。集成芯片方案是指将多发多收天线集成在一颗 ASIC（Application Specific Integrated Circuit，专用集成电路）芯片中，直接提供成像雷达芯片。级联方案相较于其他两种方案而言，前期开发难度低、上市周期比较短，已成为市场主流技术方案。以常见的 4 片级联方案为例，其具有 12 根发射天线、16 根接收天线、192 个通道，方位角和俯仰角皆可达到 1° 左右的分辨率，理论上可达到 0.1° 的精度，最远探测距离可达 300 多米（见图 6-5）。相比于 2 片级联方案，4 片级联方案的探测范围、精度等性能更好，在满足性能要求的前提下，比 8 片级联方案或者更高级联方案量产成本低，是目前级联方案中的最优选择，代表性生产商有大陆集团、采埃孚、麦格纳、安波福和博世。

4D 毫米波雷达处于规模化量产前期，AEB 功能将是关键驱动因素。2023 年 1～6 月，中国乘用车新车 4D 毫米波雷达总安装量超过 11.4 万颗，占毫米波雷达总量的 1.3%。在市场应用方面，4D 毫米波雷达会优先替代前向毫米波雷达，优先满足智能驾驶行车需求，其次是替代角雷达，以更好地满足高阶智能驾驶安全要求。预计 2026 年 4D 毫米波雷达安装量将达到 559.4 万个，占总雷达安装量的 14.1%。

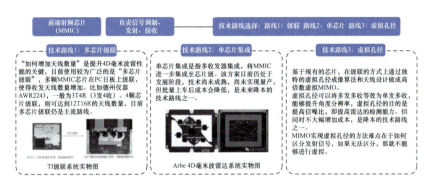

图 6-5　4D 毫米波雷达技术路线

注：信息来源于佐思汽研，由中国电动汽车百人会车百智库汽车研究院整理。

AEB 功能的普及是推动 4D 毫米波雷达发展的关键应用。4D 毫米波雷达突破了传统毫米波雷达在静物识别、横向移动检测、高度识别、相邻物区分和隐藏车辆探测等方面的局限，能更好弥补激光在雷达速度、距离测量能力和受恶劣天气和环境影响的不足，且成本仅为激光雷达的 30% 左右，未来有望替代传统毫米波雷达，与激光雷达形成互补，并在中高端乘用车型中成为主流选择。目前搭载 4D 毫米波雷达的车型较少，主要服务于 AEB 等功能，部分车企出于降低成本考虑，可能选择 4D 毫米波雷达实现高速 NOA 功能，但在进出匝道、路桥识别等方面存在短板。在国外，欧盟、日本等 40 多个国家和地区新车要求强制标配 AEB 功能，为 4D 毫米波雷达规模化上车提供有利条件。我国主管部门自 2021 年要求商用车强制安装 AEB，而且乘用车标配 AEB 也正成为业内共识，有望推动 4D 毫米波雷达市场规模持续扩大（见表 6-14）。

表 6-14　配备 4D 毫米波雷达的车型

车企	搭载车型	车型价格	4D 毫米波雷达数量、位置	4D 毫米波雷达型号
长安	SL03	515 纯电版 18.99 万；705 纯电版 22.19 万元	1 颗	森思泰克
飞凡	F7（进阶 Pro、长续 Pro 和性能 Pro）	进阶 Pro 22.99 万元；长续航 Pro 24.99 万元；性能 Pro 30.19 万元	1 颗	采埃孚 FRGen21
飞凡	R7（后驱屏霸 Pro 版、长续屏霸 Pro 版、性能屏霸 Pro 版、旗舰版）	后驱屏霸 Pro 版 29.99 万元；长续屏霸 Pro 版 31.99 万元；性能屏霸 Pro 版 33.99 万元	1 颗	采埃孚 FRGen21
赛力斯	问界 M5 后驱智驾版、问界 M5 四驱智驾版	M5 后驱智驾版 27.98 万元；M5 四驱智驾版 29.98 万元	—	纵目科技 ZM-SDR1
赛力斯	M5 纯电后驱智驾版、问界 M5 纯电后驱智驾版	M5 纯电后驱智驾版 28.98 万元；M5 纯电后驱智驾版 30.98 万元	毫米波雷达 3 颗，4D 毫米波雷达数量不明	纵目科技 ZM-SDR1
理想	L7Air/Pro/Max	L7Air 31.98 万元；L7Pro 33.98 万元；L7Max 37.98 万元	1 颗前向	森思泰克 STA77-6
宝马	xDrive40	74.69 万元	—	大陆集团 ARS540
宝马	xDrive50	84.69 万元	—	大陆集团 ARS540
宝马	M60	100.99 万元	—	大陆集团 ARS540

注：信息来源于公开资料，由中国电动汽车百人会车百智库汽车产业研究院整理。

国际 Tier1 主导 4D 毫米波雷达市场。4D 毫米波雷达技术延伸于传统毫米波雷达，国外企业具备技术优势。 在传统毫米波雷达领域，博世、大陆集团、海拉、富士通天、电装为市场占有率全球前五的厂商，合计占据近 70% 的份额。4D 毫米波雷达是在传统毫米波雷达的基础上演进而来的，国外企业具备技术优势，大陆集团 ARS540、采埃孚 FRGen21 已分别在宝马、飞凡实现规模化应用。2014—2016 年，国内外涌现了一批毫米波雷达创业公司，包括傲酷、Arbe、森思泰克、华为、华阳等，并获得了主机厂的认可，华为 4D 毫米波雷达已经开始在极狐车型上小规模应用（见表6-15）。在关键零部件领域，MMIC 芯片和软件算法等关键技术仍被国外企业掌控。其中，芯片作为毫米波雷达核心器件，行业集中度较高，几乎被国外厂商垄断，市场参与者主要有英飞凌、恩智浦、意法半导体、德州仪器等芯片巨头。博世、恩智浦等企业在软件和硬件层面具备双重优势，MMIC、DSP、FPGA（Field Programmable Gate Array，现场可编程门阵列）、ASIC 芯片等产品合计占据超过 90% 的份额。

表 6-15　不同企业的 4D 毫米波雷达产品

企业	产品	合作车企	技术路线
傲酷	Eagle 系列	通用、长城汽车	虚拟孔径
大陆集团	ARS540	宝马	4 片级联
Arbe	Phoenix	北汽、特斯拉	集成芯片
采埃孚	FRGen21	上汽飞凡	级联
安波福	FLR4+	极越	级联
Mobileye	eye 系列	极氪	级联
华为	—	极狐	级联
木牛科技	I79/O79	Bobcat	级联

注：信息来源于公开资料，由中国电动汽车百人会车百智库汽车产业研究院整理。

三、我国车载毫米波雷达发展面临的挑战

1. 4D 毫米波雷达产品规模化应用经验少，成熟度不足

4D 毫米波雷达在主机厂量产中属于前瞻预研性质，实际装配

较少，应用经验积累不足，导致产品成熟度仍不高。而且 4D 毫米波雷达本身仍存在诸多不足：第一，体积较大，使用级联方案的产品尺寸较大，不易和整车集成，特别是角雷达，可安装空间有限；第二，功耗高，散热难，4D 毫米波雷达收发通道多、数据计算量大、功耗密度高，在有限的空间内散热问题严重；第三，生产制造复杂度高，4D 毫米波雷达更精细，生产制造和出厂校正更复杂，产品一致性、可靠性以及射频产品的生产工艺等问题有待解决。

2. 射频、计算芯片等核心零部件仍依赖国外

毫米波雷达 MMIC 芯片占总 BOM 成本的 25% 左右，目前主要依赖恩智浦、英飞凌、德州仪器、Mobileye 等海外公司。毫米波雷达从 3D 转为 4D 后，射频前端数字信号处理部分算力需求大大增加，雷达厂商会选择 FPGA 芯片来进行开发，而毫米波雷达使用的 FPGA 芯片供应商主要有德州仪器、恩智浦、赛灵思等国外厂商（见表 6-16）。国内加特兰微电子、清能华波、矽杰微电子等企业也在布局 MMIC 和计算芯片，但整体实力相对薄弱。国内领先的加特兰微电子主流产品在成熟度方面用户认可度仍有待提升。

表 6-16　主要毫米波雷达芯片方案

企业名称	芯片方案	设计	特点／功能
恩智浦	S32R45	专用 S32R45 雷达处理器 +TEF82xx 收发器	能够提供优良的角分辨率，具备所需的处理能力和探测范围，不仅能够区分近距离的小物体，还能够在拥挤的环境中准确地区分车辆以及骑行者或行人等弱势道路使用者

续表

企业名称	芯片方案	设计	特点／功能
德州仪器	AWR2243 FMCW	集成封装天线（AoP）芯片	参考硬件设计、软件驱动程序、示例配置、API 指南和用户文档，同时提供 2 芯片级联和 4 芯片级联方案，能大大降低开发成本，AoP 芯片极大降低了用户的开发成本
赛灵思	ZynqUltraScale+RFSoC 系列 FPGA	ARM Cortex–A53 处理子系统和 UltraScale+ 可编程逻辑	作为面向可扩展、多功能、相控阵雷达的单芯片 TRX 解决方案，ZynqUltraScale+RFSoC 能够在预警场景下实现低时延收发，获得最佳响应时间；可为部署 5G 系统、有线电视接入、高级相控阵雷达、汽车雷达以及包括测量、测试和卫星通信在内的其他应用提供所需的更广泛的频段覆盖范围
英飞凌	RXS816xPL	雷达收发芯片（RASIC）	支持在单个设备中执行雷达前端所有功能，从 FMCW 信号调理到生成数字接收数据输出；满足了从 AEB 到自动驾驶中的高分辨率雷达等关键应用的 77 ～ 79 GHz 雷达的需求，能够探测和识别 300 米范围内的物体
Arbe	RFIC 芯片组	高度集成收发器和处理器	将多发多收天线集成在一颗芯片上，开发专用处理器匹配超高通道数，中专用集成，收发通道多，产品性能好，前期成本高，量产后性价比高

注：信息来源于天风证券，由中国电动汽车百人会车百智库汽车产业研究院整理。

3. 算法复杂度高，车企适配困难

4D 毫米波雷达的点云数量大幅增加，软件算法需对点云中的大量信息进行分析，过滤干扰以甄别有价值信息，并对信号处理后的信息进行处理、分类，整理出最终可以让自动辅助驾驶系统判断的信息。这使得 4D 毫米波雷达软件算法复杂程度较高，提升了开发难度和成本。据统计，软件算法占 4D 毫米波雷达总BOM（Bill of Material，物料清单）成本的 50%（见图 6-6），通常由算法公司或算法很强的硬件科技公司完成。当前主机厂为掌握智能驾驶系统的核心技术主导权和应用场景决策权，需要对算法有所掌握，但大多数车企并不具备掌握毫米波雷达算法的能力，对 4D 毫米波雷达的用途和价值认识处于偏模糊阶段。

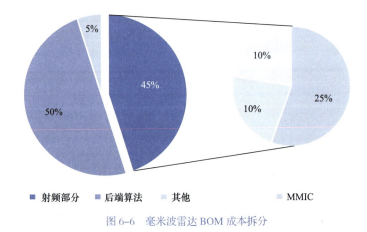

■ 射频部分　■ 后端算法　■ 其他　　　　■ MMIC

图 6-6　毫米波雷达 BOM 成本拆分

注：信息来源于盖世汽车，由中国电动汽车百人会车百智库汽车产业研究院整理。

4. 点云密度提升困难

毫米波雷达每秒产生的点云数量为 1～2 万，相比之下主流激光雷达的点云密度已达到每秒超 100 万个点云。而 2025 年之前，4D 毫米波雷达的高度、方位两个维度的探测精度不会小

于 1°，仍不足以分辨 100 米外的天桥和路面。以市场主流产品为例，大陆集团 ARS540 的分辨率是 1.2°×2.5°，森思泰克 STA77 的分辨率是 2°×4°，安波福的 FLR4+ 的分辨率是 1°×2°。

四、我国车载毫米波雷达未来展望

1. 成本下降有望推动 4D 毫米波雷达取代传统毫米波雷达成为市场主流

随着以 Arbe、Mobileye 厂商为代表的芯片集成方案供应商的产品量产上车，4D 毫米波雷达成本将大幅下探。据 Arbe 预计，2025 年其产品销量将达 280.9 万个，Mobileye 预计其产品在 2025 年能够实现量产。伴随工艺迭代、出货量提升，4D 毫米波雷达价格将下降至 500～700 元，与传统毫米波雷达价格相当，有望成为智能驾驶的主流传感器。

2. 射频和计算芯片集成化是趋势

当前的毫米波雷达级联方案仍采用多芯片 MMIC 与高性能 FPGA 的组合方式，尽管产线链和技术比较成熟、相对容易落地，但由于 4D 毫米波雷达收发通道多、整机复杂度高，需要系统性解决通道间的交叉标定问题，因此难以保障量产一致性，更难以实现大规模量产后产品的性能稳定性。新兴企业正通过将多发多收天线、MMIC 等集成于一个芯片以减少量产环节的不一致，并降低制造成本。如 Arbe 公司基于格芯 22FDX 工艺自主开发的雷达芯片组解决方案——"Phoenix"，尺寸仅拇指大小，价格在 300～400 美元。据 Arbe 公司预计，随着市场规模扩大和供应链成熟，未来 Phoenix 的价格可降至约 50 美元。

3.4D 毫米波雷达将率先在特定场景实现规模化应用

由于毫米波雷达对恶劣环境的高适应性，扬尘、高湿等环境对毫米波雷达工作状况影响较小，非常适合在矿区、港区、场区等复杂场景的自动驾驶汽车领域进行应用推广。如我国木牛科技的 4D 毫米波雷达已在斗山山猫（Bobcat）多款紧凑型工程机械车上应用。除自动驾驶外，4D 毫米波雷达凭借优异的探测性能、丰富的探测指标，在同步定位与建图（Simultaneous Localization and Mapping，SLAM）、车路协同、室内机器人等多个领域亦有规模化应用空间。

第四节　激光雷达

一、激光雷达产品分类及应用

1. 激光雷达的定义

激光雷达是以发射激光束探测目标的位置、速度等特征量的雷达系统。其工作原理是向目标发射探测信号（激光束），然后将接收到的从目标反射回来的信号（目标回波）与探测信号进行比较，做适当处理后，就可获得目标的有关信息，如目标的距离、方位、高度、速度、姿态，甚至形状等，从而对目标进行探测、跟踪和识别。相较摄像头、毫米波雷达等其他传感器，激光雷达具有精准、快速、高效作业的巨大优势，已成为自动驾驶的主传感器之一，是实现 L3 以上自动驾驶重要的传感器。

激光雷达测距原理包括 ToF、调频连续波（FMCW）两类。

ToF 指传感器发出经调制的近红外光，遇物体后反射，传感器通过计算近红外光发射和反射的时间差或相位差来计算被拍摄景物的距离，以产生深度信息，此外结合传统的相机拍摄，就能将物体的三维轮廓以不同颜色代表不同距离的地形图方式呈现出来。FMCW 为高频连续波，其频率随时间按照三角波规律变化。可通过发出恒定的激光光流，并定期改变光的频率，达到对物体位置与速度的精准测量。

ToF 与 FMCW 各有优势。与 ToF 相比，FMCW 的优势主要是具备 10～100 倍的高灵敏度，长距离探测、低功耗、抗干扰、同时获取即时速度。但由于传统 FMCW 设备普遍采用分立器件，因此 FMCW 存在体积大、成本高、速度慢等劣势。两者的对比见表 6-17。

表 6-17　ToF 与 FMCW 对比

性能	FMCW	ToF
探测体制	相干探测	直接探测
抗干扰能力	极强	差
有效探测所需光子数	10	1000
工作距离	可实现远距离探测	探测距离较近
人眼安全等级	高	低
精确速度信息	有	无
固态扫描兼容性	完全兼容	不适用
毫米波雷达兼容性	兼容	不兼容
技术成熟度	发展中	成熟
技术复杂度	复杂	简单
硅光集成制造工艺	适用	适用

注：信息来源于公开资料，由中国电动汽车百人会车百智库汽车产业研究院整理。

2. 激光雷达的分类

激光雷达通常根据扫描方式与波长进行分类。

根据扫描方式，激光雷达可分为3类：整体旋转的机械式激光雷达、收发模块静止的半固态激光雷达以及固态激光雷达。其中，半固态激光雷达具有 MEMS、转镜和棱镜3种方案；固态激光雷达包括光学相控阵（OPA）和闪光激光雷达（FLASH）。

机械式激光雷达的发射系统和接收系统存在宏观意义上的转动，也就是通过不断旋转发射头，将速度更快、发射更准的激光从"线"变成"面"，并在竖直方向上排布多束激光，形成多个面，达到动态扫描并动态接收信息的目的。

机械式激光雷达主要优点包括：一是扫描速度快，扫描速度只取决于发射系统的电子学响应速度，不受材料的特性影响，可以实现比 OPA 更高的扫描频率；二是接收视场小，机械式激光雷达扫描技术发射和接收同步扫描，接收视场小、抗干扰能力强、信噪比高；三是功率承受能力高，机械式激光雷达在自由空间中扫描，可以采用高峰值功率的激光脉冲进行高信噪比的探测。

但是机械式激光雷达存在以下缺点：一是结构笨重，马达和多面体棱镜的重量和体积较大，容易造成机械磨损，不利于长时间运转使用，可靠性将随时间逐渐降低；二是信号接收比偏低，扫描过程中光通过每一个多面体棱镜的表面时，都会经历一段较短的不能接收光信号的时间，使得信号接收比大幅降低；三是装调工作量大，需要将机械式激光雷达的发射系统和接收系统进行精密光学对准装配，不仅繁复且工作量大，大批量生产难度较高。

目前，国内外主流厂商包括 Velodyne、镭神智能、速腾聚创、禾赛科技等，但是机械式激光雷达结构升级遭遇瓶颈，目前尚无车规级产品上市。机械式激光雷达主要应用于无人物流车、RoboTaxi、无人驾驶巴士、RoboTruck、清洁机器人、安防、港口和无人叉车等领域（见表6-18）。

表6-18 主要企业的机械式激光雷达产品

企业	型号	线数	波长	测距	FOV	角分辨率
速腾聚创	Ruby-Plus	128	905纳米	250米（240米@10% NIST）	360×40	0.1×0.1
	Helios 32	32	905纳米	150米（110米@10% NIST）	360×70	0.1×1.33
	Helios 16	16	905纳米	150米（110米@10% NIST）	306×30	0.1×2
	RS-Bpearl	32	905纳米	100米（30米@10% NIST）	360×90	0.1×2.81
禾赛科技	Pandar 128	128	905纳米	200米	360	0.1×0.125
	QT128	128	905纳米	20米	360×105.2	0.4×0.4
	XT 32	32	905纳米	0.05~120米	360×31	0.18×1

注：信息来自公开资料，由中国电动汽车百人会车百智库汽车产业研究院整理。

半固态激光雷达（见表6-19）主要分为MEMS激光雷达、转镜式激光雷达和棱镜式激光雷达。相比传统的机械式激光雷达，半固态激光雷达可以实现更高分辨率、更高速度的图像采集，同时由于激光放大器采用固态芯片的形式，其稳定性和可靠性得到了很大的提高。半固态激光雷达整体体积更小，大量减少了转动部件，提高了耐久性。相比机械式激光雷达，半固态激光雷达的最大缺点是水平扫描范围只能达到120°，而机械式激光雷达可达到360°。

MEMS 激光雷达利用半导体工艺生产微振镜，不需要旋转电机，而是以电的方式来控制光束。其核心是一个微振镜，通过一个纤细的悬臂梁在横纵两轴高速进行周期振动，从而改变激光反射方向并实现扫描。MEMS 激光雷达由于仅有单个光源而大大减小了器件体积和功耗。其光路结构简单，运动部件较少，可靠性相较机械式激光雷达提升很多。同时减少了激光器和探测器数量，成本大幅降低。但是其覆盖面较小，所以需要多个 MEMS 激光雷达共同作用以实现大视角的覆盖，典型企业包括 Luminar、Innoviz、速腾聚创、雷神科技等。

转镜式激光雷达由横轴不断旋转的多边形棱镜和纵轴转动的镜子组成，横轴棱镜通过不断旋转，使光源在目标平面上不断进行水平扫描，而纵轴镜子可以不断改变光源的垂直方向。相对于机械式激光雷达，其功耗较低，同时具有满足车规级要求的寿命与可靠性。但其由于需要极高的转动频率，需要成百上千次转动，对机械部件的寿命构成了威胁。典型企业有华为、法雷奥、禾赛科技、Innovusion 等。

棱镜式激光雷达的工作原理为将两个有斜面的柱状镜头组合，可以利用光的折射控制激光的扫描方向，最终扫描出一个花瓣状的区域。调整两个棱镜的转速就可以控制扫描的区域，其扫描路径不会重复，理论上如果扫描时间足够久，棱镜式激光雷达可以扫描出前方每一个点的距离，具有高于其他技术路线的视场覆盖率和等效线数。但是棱镜式激光雷达点云分布中央密集，边缘稀疏，且控制棱镜转动难度较高。目前生产的棱镜式激光雷达主要有大疆旗下的览沃（Livox）。

表 6-19　主要企业的半固态激光雷达产品

企业	技术路线	型号	波长	测距	FOV	角分辨率
速腾聚创	EEL+SiPM	RS-LiDAR-M1	905纳米	200米（150米@10% NIST）	120×25.4	0.2×0.2
禾赛科技	VCSEL+SiPM	AT128	905纳米	200米@10%	120×25.4	0.1×0.2
Luminar			1550纳米	250米@10%	120×26	0.05×0.05
华为	转镜式	华为96线中长距激光雷达	905纳米	150米@10%	120×25	0.25×0.26
华为	转镜式	华为192线中长距激光雷达	905纳米	—	—	—
图达通	MEMS	猎鹰	1550纳米	250米@10%	120×25	0.2×0.24
大疆	棱镜式	大疆览沃HAP	1550纳米	150米@10%	120×25	0.18×0.23

注：信息来自公开资料，由中国电动汽车百人会车百智库汽车产业研究院整理。

固态激光雷达（见表6-20）可以一次性实现全局成像来完成探测，不需要考虑运动补偿；不需要扫描器件，成像速度更快，机械结构少，集成度高，体积小；对于受环境光的影响更小，探测精度更高。固态激光雷达主要分为相控阵（OPA）与闪光（Flash）两种类型。

相控阵激光雷达不需要旋转部件，主要依靠电子部件来控制激光发射角度，其通过改变发射阵列中每个单元的相位差，合成特定方向的光束，在固定位置实现不同方向的扫描。相控阵激光雷达的精度可以达到毫米级，且顺应了未来激光雷达固态化、小型化以及低成本化的趋势，但难点在于如何把单位时间内测量的点云数据提高以及投入成本巨大等问题，目前多处于实验室或初步测试阶段。Quanergy 于 2021 年发布的 S3 型固态激光雷达是业界第一款使用相控阵技术的产品。

闪光激光雷达的工作原理类似照相机，但感光元件与普通照相机不同，每个像素点可以记录光子飞行时间信息。其在短时间内直接向前方发射出一大片覆盖探测区域的激光，通过高度灵敏的接收器实现对环境周围图像的绘制。其具有结构简单、尺寸压缩空间较大和数据丰富的特点，是目前固态激光雷达主流的技术方案。然而受限于需要在有限功率下发射大面积的激光，其不得不降低单位面积上激光的强度，这势必会影响到探测精度和探测距离。目前闪光激光雷达仅在较低速的无人外卖车、无人物流车等领域应用，代表企业包括 Ibeo、大陆集团、Ouster、法雷奥等。

表 6-20　主要企业的固态激光雷达产品

企业	型号	探测距离	FOV	角分辨率
速腾聚创	E1	30 米 @10%	120 × 90	
禾赛科技	FT120	0.1 ～ 100 米	100 × 75	0.625° × 0.625°

注：信息来源于公开资料，由中国电动汽车百人会车百智库汽车产业研究院整理。

按照收发的激光波长，激光雷达可分为 905 纳米激光雷达和 1550 纳米激光雷达两类（见表 6-21）。

905 纳米激光雷达目前应用更广泛。传统的 905 纳米激光雷达可以使用廉价的硅基 CMOS 作为接收端，产业链较为成熟、成本相对较低。其光噪声和控制信号比较平稳。在天气恶劣的情况下，如雨雪天气，1550 纳米激光的穿透能力相对 905 纳米激光的较强。但是由于 905 纳米激光更接近可见光，视网膜对其更敏感，同时液态水对其吸收也更少，因此这种光线更容易直达视网膜，其发射功率受限，测距限制在 150 米以内。生产 905 纳米激光雷达的厂商有速腾聚创、禾赛科技、博世、法雷奥等。

1550 纳米激光相比 905 纳米激光对人眼有更好的保护作用和

更远的探测距离。1550 纳米激光拥有大气穿透能力强、探测精度更高、抗干扰能力强、光束准直度更好、光源亮度高等优点。但其激光器种子光源材料为 InGaAsP，需要基于 InP 体系开发，成本远高于硅基体系材料。生产 1550 纳米激光雷达的厂商有图达通等。

表 6-21　905 纳米激光雷达与 1550 纳米激光雷达对比

特点	905 纳米激光雷达	1550 纳米激光雷达
峰值功率	不能被人眼晶状体和角膜吸收，只能采用低发射功率	能被人眼晶状体和角膜吸收，不会对视网膜产生伤害，可以采用高发射功率
探测距离	约 150 米至 200 米	可达 250 米以上
抗干扰性	易受日光干扰，大气穿透能力较弱、在雨、雾、雪等潮湿环境中表现较差	不易受日光干扰，大气穿透能力较强，在雨、雾、雪等潮湿环境中抗干扰性较强
发射端	可采用 EEL、VSCEL 发射器；技术成熟度较高；成本较低；集成度较高	可采用光纤发射器；成本较高；体积大；功耗高；供应链成熟度较低
探测端	能被硅吸收，可采用硅衬底探测器；产品成熟度较高；成本较低	不能被硅吸收，须采用 InGaAs 衬底探测器；技术成熟度较低；成本较高

注：信息来自公开资料，由中国电动汽车百人会车百智库汽车产业研究院整理。

二、激光雷达发展趋势

随着中高阶智能驾驶加速落地，车载激光雷达已进入市场化驱动阶段，规模快速扩大、性能快速升级、技术路线逐步收敛。在市场、技术、资本的驱动下，我国车载激光雷达应用取得领先优势。但车载激光雷达发展仍面临综合成本偏高、数据融合算法难度大、核心零部件国产化率低等问题。高阶智能驾驶功能的普及带来的规模化应用以及技术突破驱动产品成本下降，是激光雷达发展的重要突破点。

1. 城市 NOA 落地推动激光雷达装车进入市场驱动阶段

车载激光雷达早期应用于 Robotaxi。激光雷达早期用于航空航天、军事等领域，在 2004—2007 年 DARPA（美国国防部高级研究计划署）举办的自动驾驶挑战赛中首次应用于汽车。赛后几年间 Waymo、Cruise、Argo、Zoox 等自动驾驶公司纷纷成立，激光雷达也凭借参赛车辆的优异表现成为自动驾驶感知硬件的重要选择，尤其是 Velodyne 研发的机械式激光雷达开始广泛应用于 Robotaxi 领域（见图 6-7）。但在此阶段的机械式激光雷达使用寿命仅为 1000 ～ 3000 小时，单价高达 5 ～ 6 万元，无法支持规模化量产乘用车的需求[1]。

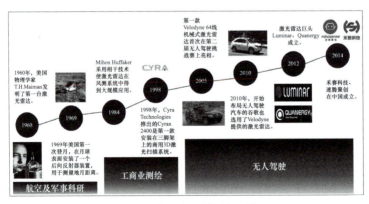

图 6-7　激光雷达早期发展历程

注：信息来源于 Yole、禾赛科技招股说明书，由中国电动汽车百人会车百智库汽车产业研究院整理。

1　在量产乘用车领域，早期仅奥迪 A8 尝试搭载激光雷达，其与 Ibeo 合作的 A8 激光雷达版车型于 2017 年上市，但由于缺乏应用场景销量不佳。

"硬件预埋"推动激光雷达进入品牌驱动阶段。2021年起，量产乘用车智能驾驶进入"硬件预埋"阶段，"堆料"激光雷达与高算力芯片成为新势力打造技术品牌形象的重要发力点。自2021年1月蔚来ET7宣布搭载激光雷达以后，小鹏P5、极狐阿尔法S华为HI版、沃尔沃XC90、威马M7、长城沙龙等多个车型相继宣布搭载激光雷达（见表6-22）。

表6-22 2017—2022年激光雷达装车车型统计

年份	车型
2017年	奥迪A8
2021年	蔚来ET5、蔚来ET7、小鹏P5、长城WEY摩卡、北汽极狐阿尔法S华为版、奔驰新款S级、丰田雷克萨斯新款LS、丰田新款Mirai、宝马iX、威马M7、广汽埃安LX Plus
2022年	小鹏G9、高合HiPhi Z、长城沙龙机甲龙、吉利路特斯、长安阿维塔11、上汽飞凡R7、上汽智己L7、上汽R-ES33、广汽传祺EMKOO、理想L9、蔚来ES7、蔚来EC7、哪吒S、奥迪A8 2022款、奥迪e-tron、奥迪A7L、大众ID.Buzz、本田雷克萨斯LS、本田Mirai、沃尔沃XC90、沃尔沃EX90、Lucid Air、极星3、本田Legend Hybrid EX

注：信息来源于公开资料，由中国电动汽车百人会车百智库汽车产业研究院整理。

城市NOA落地推动激光雷达进入市场驱动阶段。2023年下半年以来，城市NOA落地，智能驾驶开始广泛被消费者感知，并逐步成为影响用户购车的重要决策因素（见表6-23）。区别于L1、L2、高速NOA，城市NOA涉及交通路口、人车混行、"鬼探头"等复杂情况的感知，摄像头、毫米波雷达难以满足感知需求，而且由于高精地图的精度、鲜度、成本等问题迟迟未能解决，基于激光雷达的"轻地图、无图"方案成为城市NOA的主流感知定位方案，主流车企与新势力车企均开始将激光雷达搭载于旗下中高端车型，车载激光雷达迎来快速增长期。

表 6-23　部分城市 NOA 车型激光雷达配置情况

车型	激光雷达	毫米波雷达	摄像头
小鹏 G6 MAX、小鹏 P7i Max、小鹏 G9 Max、小鹏 X9 Max	2	5	12
蔚来 ET9	3	5	11
蔚来 ES6、ES7、ES8、ET5、ET7、EC7	1	5	11
问界 M9 全系、M7 MAX、M5 智驾版	1	3	11
仰望 U8、U9	3	5	16
极狐阿尔法 S 先行版	3	6	13
阿维塔 12 全系	3	6	13
理想 L7 Max、L8 Max、L9 Max	1	1	11
极氪 001、007	1	14	12
智己 L7 全系、L7S LUX 版	2	5	11

注：信息来源于公开资料，由中国电动汽车百人会车百智库汽车产业研究院整理。

2. 车载激光雷达产业进展

（1）技术路线持续演进，半固态方案已基本满足上车要求

车载激光雷达可按多种维度进行分类，技术路线众多。从测距原理上看，激光雷达分为 ToF 激光雷达和 FMCW 激光雷达两种。目前已装车产品均为 ToF 激光雷达，FMCW 激光雷达由于技术不成熟，仍处于研发测试阶段。从系统结构上看，车载激光雷达包括激光发射模块、探测回光的接收模块、扫描模块和处理反馈点云数据的控制模块，各模块存在不同的技术路线（见图 6-8）。

从扫描模块看，激光雷达分为机械式激光雷达、半固态激光雷达和固态激光雷达。3 类激光雷达的主要区别在于机械运动的程度不同，可靠性和成本也不同。机械式激光雷达可 360° 旋转，具有最大的扫描角度，但使用寿命仅为 1000 ～ 3000 小时，

不满足量产乘用车对可靠性和稳定性的要求，其主要用于测量范围要求更高的路侧和成本较低的 Robotaxi。半固态激光雷达的收发模块固定，扫描模块（镜片）旋转，其主要分为转镜式、MEMS（振镜）、棱镜式 3 种方案。其中棱镜式方案由于转速过高难以满足可靠性、寿命要求，已基本被放弃，转镜式和 MEMS 激光雷达成为当前的主流装车方案（见图 6-9），例如速腾聚创的 MEMS 振镜模组已通过 AEC-Q100 认证。固态激光雷达无机械运动结构，主要分为闪光和 OPA 两种技术方案。考虑到测距参数、测距能力、感知能力，未来几年固态激光雷达可能在角雷达、补盲雷达、路侧雷达方面落地，但是主雷达切换到固态激光雷达还需要 1 ～ 2 年的时间。闪光技术路线预计 2025 年可实现主雷达的应用，OPA 可能在 2027 年迎来主雷达装车元年（见表 6-24）。

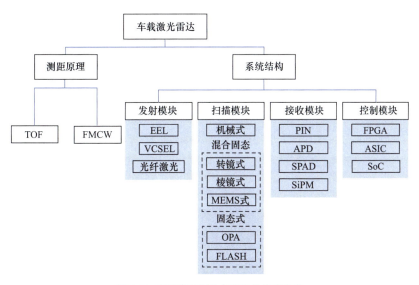

图 6-8　车载激光雷达各模块的技术路线

注：信息来源于中国信息通信研究院，由中国电动汽车百人会车百智库汽车产业研究院整理。

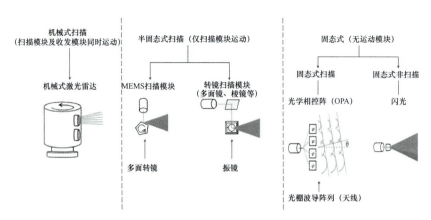

图 6-9   不同扫描方式示意图

注：信息来源于艾瑞咨询，由中国电动汽车百人会车百智库汽车产业研究院整理。

表 6-24   激光雷达主要扫描方式对比

扫描方式		优势	劣势	产业化进展
机械式		视场角大	寿命短、成本高	广泛用于 Robotaxi
半固态	转镜式	可靠性高、成本和功耗低	仍存在机械运动模块，长期运行后可能导致稳定性和准确度下降	当前量产乘用车主流装车方案之一
半固态	MEMS	体积小、运动部件小、成本低	视场角小，需要视场拼接	当前量产乘用车主流装车方案之一
固态	闪光	理论成本极低，无运动部件	功率密度低、分辨率低、探测距离短	处于研发阶段尚未成熟
固态	OPA	理论成本极低，无运动部件	抗环境干扰性差、光信号覆盖有限	处于研发阶段尚未成熟

注：信息来源于公开资料，由中国电动汽车百人会车百智库汽车产业研究院整理。

从发射模块 - 激光器看，激光雷达可分为边发射激光器（EEL）、垂直腔面发射激光器（VCSEL）及光纤激光器。EEL 凭借成熟的产业链、高发光功率和密度等优势，成为目前主流选择；VCSEL 更容易做成阵列，更适配芯片化趋势和闪光方案；光纤激光器产业链尚不成熟，主要应用于 1550 纳米激光雷达（见表 6-25）。

表 6-25 EEL、VCSEL 和光纤激光器对比

类别	EEL	VCSEL	光纤激光器
综合性能	均衡主流	低成本	高性能
探测距离	中	近	远
信号性能（噪声、谱宽、抗干扰）	中	中	好
阵列规模	小（巴条）	大（面阵）	无
成本	中	低	高
体积	中	小	大
LiDAR 体制	脉冲/连续波	脉冲/连续波	脉冲/连续波
适用激光雷达类型	机械式、MEMS、闪光	机械式、闪光	FMCW 1550 纳米
主要供应商	欧司朗、AdTech Optics、长光华芯等	欧司朗、Lumentum 等	Luminar、Lumibird、上海瀚宇等

注：信息来源于汽车测试网、五矿证券，由中国电动汽车百人会车百智库汽车产业研究院整理。

从发射模块-激光波长划分，激光雷达可分为 905 纳米、1550 纳米、940 纳米等类别。 其中 905 纳米激光雷达产业链成熟度更高，成本、功耗更低，不易受雨雪天气影响[1]，已成为主流量产方案；而 1550 纳米激光雷达具有更远的探测距离[2]，在部分高端车型（蔚来等）应用，此外，在传感器、主要光源器件、总成本、抗日光干扰、大气散射穿透能力及供应商方面有差异（见表 6-26）。由于激光雷达搭载车型逐步向中端车型下探、智驾场景对激光雷达的需求提升[3]和 905 纳米激光雷达在测距方面的突破[4]，量产乘用车

---

1 1550 纳米容易被水吸收，在形成"雨幕"的暴雨天气难以工作，但在小雨、中雨情况下受影响概率较低。

2 在 10% 反射率下，1550 纳米激光雷达测距超 250 米，905 纳米激光雷达测距为 150 米。

3 150 米 @10% 可满足乘用车 90 km/h 的测距需求；250 米 @10% 能够满足乘用车 120 km/h 的测距需求，以及制动距离更长的商用卡车的测距需求。因此，当前 905 纳米激光雷达的 150 米 @10% 的测距已能满足乘用车智能驾驶功能的主流需求，1550 纳米激光雷达主要在商用车领域更有优势，且能够提供更低反射率的长距测距能力，减轻算法压力。

4 例如禾赛凭借新一代自研的收发芯片、更先进的激光收发模块，使 ET25 接收芯片灵敏度有数倍的提升，针对反射率为 10% 的物体，将 905 纳米激光雷达的测距能力提升到 250 米以上。

激光雷达市场有进一步向 905 纳米激光雷达收敛的趋势。例如深耕 1550 纳米激光雷达的图达通在 2023 年上海车展上发布了 905 纳米激光雷达产品灵雀系列，以降低成本、拓宽客户群体；一径科技已转向 905 纳米激光雷达产品等。

表 6-26　905 纳米激光雷达和 1550 纳米激光雷达的性能对比

特点	905 纳米激光雷达	1550 纳米激光雷达
安全性	对人眼有伤害，发射功率相对受限	1550 纳米激光容易被眼睛吸收，安全性较高
传感器	GaAs	InGaAsP
主要光源器件	半导体激光器	光纤激光器
总成本	一般在 100 美元以内	1000 美元左右
日光干扰	干扰大	干扰小
大气散射	穿透能力弱，在雨、雪、雾天气下有效探测距离缩短	光源功率更大，穿透能力强，探测距离长
主要供应商	炬光科技、意法半导体、LG、Lumentum、英飞凌等	Luminar、BKtel、OEwaves、海创光电、镭神智能、Lumbird、Innovusion、光迅科技、长飞光纤、昂纳科技等

注：信息来源于公开资料，由中国电动汽车百人会车百智库汽车产业研究院整理。

从接收模块—探测器类型看，激光雷达使用的探测器类型可分为 PIN 型光电二极管（PIN）、雪崩光电二极管（APD）、单光子雪崩二极管（SPAD）和硅光电倍增管（SiPM），目前行业正处于由 APD 向 SPAD 和 SiPM 演进阶段（见表 6-27）。

表 6-27　主要激光雷达探测方式对比

对比项目	SiPM/MPPC	SPAD	APD	PIN
增益	106	106	小于 100	无
距离	长	长	长	短
读出电路	简单	复杂	复杂	复杂
系统成本	低	高	高	高

续表

对比项目	SiPM/MPPC	SPAD	APD	PIN
器件成本	中	高	高	低
波长范围	小于950纳米	小于1150纳米（硅基）；小于1700纳米（砷化镓铟）	小于1150纳米（硅基）；小于1700纳米（砷化镓铟）	小于1200纳米（硅基）；小于2600纳米（砷化镓铟）
反应时间	中	快	快	快
工作电压	小于80伏	大于150伏	小于200伏	小于10伏
前端光噪声	高	高	低	低
后端电噪声	低		高	高

注：信息来源于滨松、中航证券，由中国电动汽车百人会车百智库汽车产业研究院整理。

主流激光雷达可满足车规级要求。车载激光雷达的车规级要求大致包括性能、可靠性和成本3方面，性能方面又可细分为距离、精度、频率、功耗、体积等（见表6-28）。10%反射率下有150米感知距离、0.2°×0.2°分辨率、120°×25°视场角、3000～4000元的价格是当前已量产激光雷达装车的最低要求，但收发、扫描、计算模块的技术路线仍在持续演进，以追求更高的性价比和可靠性。

表6-28　主流车载激光雷达性能比较

厂商和产品	扫描方式	光源/纳米	FOV	分辨率	帧率/Hz	探测距离（10%反射率）/米	装机厂商
禾赛科技AT128	转镜	905	120°×25.4°	0.1°×0.2°	10	200	理想等
速腾聚创M系列	MEMS	905	120°×25°	0.1°×0.1°（ROI区域）	10～20	200	上汽、广汽等
图达通猎鹰系列	转镜+振镜	1550	120°×25°	0.05°×0.05°（ROI区域）	10	250	蔚来等

注：信息来源于公开资料，由中国电动汽车百人会车百智库汽车产业研究院整理。

（2）中国激光雷达企业专利布局处于领先地位

我国激光雷达企业布局早、产业化应用较快，在专利布局方面已构建较大优势。我国在激光雷达领域的研发活跃程度处于全球领先地位。截至 2024 年 1 月底，我国激光雷达企业申请的专利数量处于领先地位，总数高达 11122 项，远超位居第二的美国，日本和欧洲专利局受理的激光雷达专利数量分别位居第四和第五（见图 6-10）。分企业看，全球激光雷达专利申请 TOP10 企业 / 单位中，我国占 7 席，分别是速腾聚创（第一）、禾赛科技（第三）、华为（第五）、中国科学院（第七）、万集科技（第八）、北醒（第九）、镭神智能（第十），而位于第二的德国博世已于 2023 年 9 月放弃激光雷达硬件开发（见图 6-11）。我国企业激光雷达专利申请量的快速增加与国内下游高阶智能驾驶的规模化应用紧密相关。

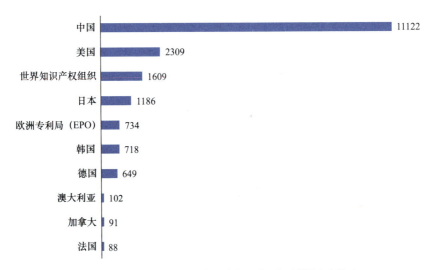

图 6-10　截至 2024 年 1 月底全球激光雷达专利数量申请情况

注：本部分仅统计与激光雷达硬件、算法等直接相关的重要专利，信息来源于 incoPat 专利数据库，由中国电动汽车百人会车百智库汽车产业研究院整理。

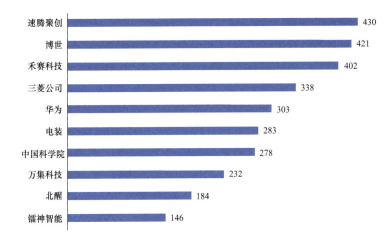

图6-11　截至2024年1月底全球激光雷达公司专利申请量TOP 10企业/单位

注：本部分仅统计与激光雷达硬件、算法等直接相关的重要专利，信息来源于incoPat专利数据库，由中国电动汽车百人会车百智库汽车产业研究院整理。

（3）高阶智驾快速落地推动激光雷达市场规模快速增长，国内企业占据市场主导地位

根据 Frost & Sullivan 数据，自 2022 年乘用车激光雷达量产以来，国内激光雷达的市场规模达到 26.4 亿元，同比增长超 300%。国金证券预测，预计 2026 年我国激光雷达的市场规模将达到 141 亿元（见图6-12）。

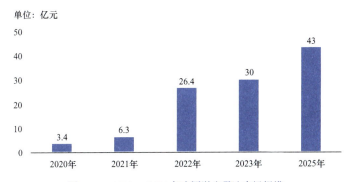

图6-12　2024 ~ 2026 年中国激光雷达市场规模

注：信息来源于国金证券，由中国电动汽车百人会车百智库汽车产业研究院整理。

　　在市场格局方面，国内激光雷达企业已占据主导地位。整体来看，国内企业已占据全球激光雷达主要市场，2022 年国内企业产品的全球市场占有率超过 70%。根据 Yole 测算，2024 年仅禾赛科技、速腾聚创、华为图达通的产品全球市场占有率总计超 90%。在无人驾驶出租车方面，禾赛科技自 2021 年以来市场份额保持在 50% 以上；在乘用车方面，2022 年，图达通以 28% 的出货量超过法雷奥成为份额第一的激光雷达厂商，禾赛科技、速腾聚创分列第三、第四位（见图 6-13）。2023 年，随着理想、小鹏、蔚来、智己等新势力车企销量增长，激光雷达企业出货量快速增长。此外，在车型定点方面，国内激光雷达企业定点项目占全球近 80%，其中速腾聚创和禾赛科技分别定点 62 款和 45 款车型，两家企业占全球超 70% 的定点项目，为未来国内激光雷达市场规模增长奠定基础（见图 6-14）。

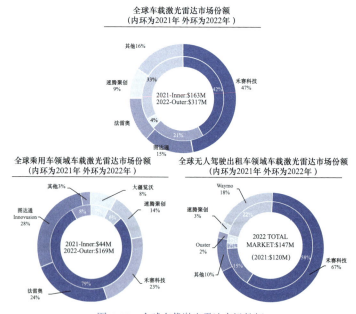

图 6-13　全球车载激光雷达市场份额

注：信息来源于 Yole，由中国电动汽车百人会车百智库汽车产业研究院整理。

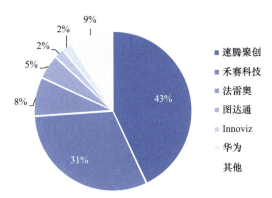

图 6-14 全球车载激光雷达定点车型市场份额

注：信息来源于 Yole，由中国电动汽车百人会车百智库汽车产业研究院整理。

在搭载车型方面，受制于激光雷达价格，现阶段搭载主力车型为 30 万以上车型，但包括小鹏 G6 在内的部分车型价格已下探至 20 万～ 25 万元。目前搭载于乘用车的主流半固态激光雷达价格普遍在 3000 元左右，仍是车载传感器中价格较贵的部分。随着激光雷达的成本逐步下降，激光雷达有望进一步下沉到 20 万元以下车型（见表 6-29）。

表 6-29 国内不同价位、品牌车型激光雷达搭载情况（不完全统计）

品牌	车型	上市时间	车型售价	雷达厂商	雷达型号	雷达类型	数量
蔚来	ET7	2022 年 3 月	45.80 万～53.60 万元	图达通	Falcon	半固态（转镜 +1 维振镜）	1
	ET5	2022 年 9 月	32.80 万～38.60 万元				1
	ES7	2022 年 8 月	46.80 万～54.80 万元				1
	ES8（2023 款）	2022 年 12 月	49.80 万～59.80 万元				1
	ES6（2023 款）	2023 年 5 月	33.8 万元				1
小鹏	P5（2022 款）	2022 年 5 月	22.59 万元	大疆览沃	浩界HAP	半固态（双棱镜）	2

续表

品牌	车型	上市时间	车型售价	雷达厂商	雷达型号	雷达类型	数量
小鹏	G9	2022 年 9 月	30.99 万～46.99 万元	速腾聚创	RS-LIDAR-M1	半固态（MEMS）	2
	P7i（2023 款）	2023 年 3 月	24.99 万～33.99 万元				2
	G6	2023 年 7 月	20.99 万～27.69 万元				2
理想	L9	2022 年 8 月	45.98 万元	禾赛科技	AT128	半固态（转镜）	1
	L8	2022 年 11 月	33.98 万～39.98 万元				1
	L7	2023 年 3 月	31.98 万～37.98 万元				1
鸿蒙智行	阿维塔 11	2022 年 12 月	34.99 万～60.00 万元	华为	96 线	半固态	3
	问界 M5（2023 款）	2023 年 6 月	24.98 万～30.98 万元	华为	126 线	半固态	1
	问界 M7	2023 年 9 月	24.98 万～32.898 万	华为	126 线	半固态	1
	阿维塔 12	2023 年 11 月	30.08 万～40.08 万元	华为	96 线	半固态	3
	智界 S7	2023 年 11 月	24.98 万～34.98 万元	华为	—	—	1
哪吒	哪吒 S（2022 款）	2022 年 7 月	32.28 万元	华为	96 线	半固态	2
腾势	N7	2023 年 7 月	30.18 万～37.98 万元	速腾聚创	RS-LIDAR-M1	半固态（MEMS）	2
仰望	U8	2023 年 9 月	109.8 万元	速腾聚创	RS-LIDAR-M1	半固态（MEMS）	3
	U9	2024 年 2 月	168 万元				3
埃安	LX	2022 年 1 月	41.96 万元	速腾聚创	RS-LIDAR-M1	半固态（MEMS）	3
	昊铂 GT	2023 年 7 月	21.99 万～33.99 万元				—
极狐	阿尔法 S	2023 年 5～6 月	39.79 万～42.99 万元	华为	96 线	半固态	3
智己	L7	2022 年	33.88 万～57.88 万元	速腾聚创	RS-LIDAR-M1	半固态（MEMS）	2

续表

品牌	车型	上市时间	车型售价	雷达厂商	雷达型号	雷达类型	数量
智己	LS7	2023 年 2 月	28.98 万~45.98 万元	速腾聚创	RS-LIDAR-MI	半固态（MEMS）	2
	LS6	2023 年 9 月	21.99 万~28.19 万元				2
极氪	001	2024 年 2 月	26.90 万~76.90 万元	速腾聚创	RS-LIDAR-MI	半固态（MEMS）	1
	007	2023 年 12 月	20.99 万~29.99 万元				1

注：信息来源于公开资料，由中国电动汽车百人会车百智库汽车产业研究院整理。

（4）投融资重心转向国内企业，资本更关注量产落地进展

激光雷达始终是智能化零部件的投融资热点。2017—2021年中国激光雷达企业融资总额超 120 亿元，其中 2021 年全年激光雷达领域的投资金额达 56 亿元（见表 6-30）。2020 年开始，国内外多家激光雷达企业陆续上市。2020 年，Velodyne、Luminar 在美股纳斯达克通过 SPAC 方式完成上市；2021 年，Aeva、Ouster、Innoviz、AEye 在美股纳斯达克通过 SPAC 方式完成上市，Quanergy 在纽交所通过 SPAC 方式上市。

表 6-30　激光雷达企业历史融资金额

企业	2016 年	2017 年	2018 年	2019 年	2020 年	2021 年	2022 年
Velodyne	$150M	—	$25M	—	$150M	—	$200M
Luminar	—	$36M	$114M	$100M	$170M、$420M	$154M	$20M
Ouster	—	$30M	—	$60M	$42M	$300M	—
Aeva	—	$4M	$45M	未披露	—	$320M	$200M
AEye	$3M	$16M	$40M	未披露	$30M	$455M	—
Innoviz	$9M	$73M	—	$170M	—	$350M	—
速腾聚创	未披露	—	$45M	$38M	—	—	$340M

企业	2016 年	2017 年	2018 年	2019 年	2020 年	2021 年	2022 年
禾赛科技	$16M	$40M	—	—	$135M	$370M	$330M
图达通	—	$30M	—	—	—	$130M	—

注：信息来源于 Crunchbase，由中国电动汽车百人会车百智库汽车产业研究院整理。

2022 年以来资本回归冷静，投融资重点转向国内，量产进展成为主要考量。 2022 年以来，国外开发出首款量产乘用车激光雷达（搭载于奥迪 A8）的 Ibeo，与主攻 OPA 技术路线的 Quanergy 相继申请破产保护，车载激光雷达的鼻祖 Velodyne 与 Ouster 合并以应对"寒冬"。而国内主要激光雷达企业凭借量产进展获得资本青睐。2023 年，禾赛科技在美国纳斯达克上市；2024 年 1 月 5 日，速腾聚创在港股上市，成为国内第二家激光雷达上市企业。图达通、一径科技、镭神智能、北醒、探维科技、亮道智能、未感科技等企业纷纷获得融资。

三、车载激光雷达发展面临的挑战

1. 在市场方面，多传感器融合方案仍面临纯视觉方案的"威胁"

多传感器融合方案和纯视觉方案孰优孰劣始终未能形成定论，方案之争仍将长期存在。 激光雷达的优势在于更准确的 3D 信息感知，劣势在于更高的硬件成本和更难的多传感器数据融合。在激光雷达大幅降低成本，实现乘用车量产装车的同时，纯视觉方案也在不断突破。2021 年以来，基于 Transformer 架构的 BEV 纯视觉算法已经可以得到准确的三维信息；感知硬件运算能力的提高以及软件算法不断地优化正在不断弥补纯视觉方案的劣势。而激光雷达企业的降低成本由于受制于规模化短期难以突破，因此面临着纯视觉方案实现技术突破后的市场挑战。

2. 在技术方面,点云处理和多传感器融合算法仍面临挑战

激光雷达点云处理算法路径尚未收敛,缺乏统一的评判标准。 应用于智能驾驶的车载激光雷达算法针对性和特殊性较强,算法路径尚未收敛,且缺乏统一的标准规范和评价体系。面对各类复杂多变的智能驾驶场景,算法的可扩展性、可移植性和自适应性尤显不足。

多传感器融合算法仍面临挑战。 激光雷达需要搭配摄像头、毫米波雷达等传感器共同使用,多传感器间需要在算法层面进行融合,以防止不同传感器结果冲突导致的安全问题。目前多传感器融合算法主要分为后融合和前融合。后融合指所有传感器完成目标数据生成后,由主处理器进行数据融合,例如通过激光雷达在各种光照条件下探测距离并完成物体形状分类;通过毫米波雷达探测附近物体距离并保障自动驾驶感知在恶劣天气条件下的鲁棒性;通过摄像头识别物体的类别及车道线、交通标识、信号灯等参与交通必须掌握的信息等。前融合指在数据层、特征层开展融合,主处理器直接收到感知结果。

后融合实现难度较低,已成为当前主要装车方案。 然而,由于后融合无法最大化利用原始感知数据,前融合仍是多传感器融合算法的演进方向,但前融合方案面临时间频率不同、数据处理难度大、多个传感器技术理解难等挑战。以时间频率为例,激光雷达和摄像头的频率差别很大,摄像头为 30 帧每秒或 60 帧每秒,激光雷达为 10 帧每秒或 20 帧每秒,双方帧率不同,同一时间段内产生的图像数量不同,当前主要的解决方法是抽帧,即取最大公约数,但这会造成较多的场景信息丢失。在数据处理方面,前融合原始数据传输量大,且对芯片算力要求高(超过 100

TOPS）。在传感器技术方面，研发前融合算法需要一个能同时理解多个传感器原理、持续跟踪激光雷达与毫米波雷达技术路线变动的团队，难度和成本较高。

3．国内激光雷达企业面临较大的贸易限制和专利诉讼风险

中国激光雷达产业的优势地位已引起其他国家关注，存在被他国政府制裁的风险。2024 年初，禾赛科技被美国列入国防部的"中国涉军企业"清单，禁止美国国防部采购其产品。由于中国激光雷达企业并无与美国国防部的业务往来，目前列入该清单并未对企业造成实际影响，但未来不排除面临更严厉的制裁手段。

在专利方面，我国激光雷达企业长期面临专利诉讼问题。2019 年 8 月，Velodyne 凭借机械式激光雷达核心专利的垄断地位，以"558 专利"起诉禾赛科技和速腾聚创两家企业侵权，达成和解后，两家企业同意支付高额专利许可补偿和每年的专利使用费。根据禾赛科技披露信息，专利许可补偿高达 1.6 亿元。进入半固态路线阶段，国内企业创新速度更快，在技术方案设计、专利布局、标准制定等方面与国外企业并跑，专利"卡脖子"现象得到缓解，但专利诉讼仍可能成为国外激光雷达企业打击国内激光雷达企业的主要方式。例如 Ouster 于 2023 年 4 月再次向禾赛科技发起专利诉讼，但被美国国际贸易委员会（ITC）于同年 10 月裁决终止。

4．在激光雷达上游零部件领域国外企业优势明显

车载激光雷达上游的激光器、探测器、芯片等核心零部件仍主要来自国外供应商，国内起步较晚，产业规模和产品性能仍有较大提升空间。如高性能 FPGA 处理器芯片被英特尔（Altera）、

AMD（Xilinx）、Lattice 等国外芯片企业垄断，激光收发器也是国外的索尼、欧司朗等企业市场份额较大。

四、车载激光雷达发展未来展望

1. 高阶智驾功能普及和激光雷达技术突破将是降低成本的主要驱动力

在需求方面，NOA 使智驾真正成为影响消费者决策的重要因素。 但目前提供城市 NOA 功能的车型主要集中在 30 万元以上车型，未来价格下探将成为必然趋势。而激光雷达作为 NOA 功能硬件成本的"大头"，未来 3 ～ 5 年可能将持续面临车企至少 3% ～ 5% 的年降要求。

在供给方面，规模化、集成化、国产化将推动激光雷达成本持续下降。 规模化能使激光雷达厂商在上游光学器件、电子料方面获得更强的议价能力，并分摊研发成本。通过将发射、接收、信号处理等单元集成化、芯片化能够大幅减少分立器件（见表 6-31），降低物料成本和安装成本，使激光雷达可以享受"摩尔定律"红利。核心零部件国产化有望进一步压低激光雷达成本，如光学器件国产化大约实现 20% ～ 40% 的降本。禾赛科技表示，在芯片自研的驱动下，2025 年下一代激光雷达产品 ATX 售价将达到千元级，仅为当前 AT128 价格的一半。

表 6-31　激光雷达芯片化示意图

扫描式架构				面阵式架构
发射　接收	发射　接收	发射　接收	发射　　接收	发射　　接收

续表

扫描式架构				面阵式架构
EEL+ 分立多通道驱动；APD+ 分立多通道 TIA	EEL+ 多通道驱动 IC；APD+ 多通道模拟前端 IC；高精度 ADC 芯片	VCSEL+ 多通道驱动 IC；SiPM+ 多通道模拟前端 IC；高精度 TDC 芯片	VCSEL+ 多通道驱动 IC；SPAD 阵列 + 线阵 SoC	VCSEL 面阵 + 面阵驱动 IC；SPAD 阵列 + 面阵 SOC
分立器件	芯片化 1.0	芯片化 1.5	芯片化 2.0	芯片化 2.5

注：信息来源于禾赛科技招股说明书，由中国电动汽车百人会车百智库汽车产业研究院整理。

2．激光雷达产品性能仍将持续提升，更具性价比的中低端产品会迎来快速增长

技术进步将不断提高主流激光雷达性能门槛。 由于智能驾驶感知、决策能力具备一定的互补关系，激光雷达性能的提升可减轻决策、控制环节压力，加上硬件性能需要一定超前性以支撑汽车全生命周期智驾功能的 OTA 升级，短期内激光雷达并不存在绝对意义上的性能溢出。例如在测距方面，主流产品的测距能力已经由 2021 年满足 90 km/h 下的 150 米，逐渐提升到支持 110 km/h 湿滑路面的 200 米，甚至在 2024 年的 CES 上，主流企业已经开始发布 400 米超长测距雷达；在角分辨率方面，由支持探测的 0.2°×0.2° 提高到支持识别的 0.05°×0.05°。

3．用户体验将成为激光雷达规模化的突破口

目前智能驾驶竞争的关注点尚处于功能有无阶段。随着高速 NOA、城市 NOA 等功能的规模化应用，L2 以下辅助驾驶的标配化，打造差异化体验将日益成为车企智驾产品的竞争关键点。例如如何实现更精准的 AEB 功能、如何打造更符合驾驶员个人

风格的人机共驾体验等。激光雷达如何在其中发挥作用，将成为其进一步摆脱"成本项"走向"价值项"的关键。

第五节　车载超声波雷达

一、车载超声波雷达的分类与应用

车载超声波雷达是一种使用超声波进行距离测量的传感器，通过发射超声波并接收反射回来的信号来计算与障碍物之间的距离，可用于检测车辆周边的静态或动态障碍物。超声波雷达具有成本较低（单颗价格在 100 元以内）、结构简单等优势，且在短距离（0.1～3 米）内具有较高的精度，因此非常适用于实现停车辅助（如倒车雷达）、盲点监测等功能。

超声波雷达主要应用于泊车场景，单车通常需安装 4～12 个。根据位置不同，超声波雷达可分为 UPA 超声波雷达和 APA 超声波雷达。安装在汽车前后保险杠上的超声波雷达称为 UPA 超声波雷达，用于测量汽车前后障碍物，探测距离通常为 15～250 厘米；安装在汽车侧面的超声波雷达称为 APA 超声波雷达，用于测量侧方障碍物距离，探测距离一般为 30～500 厘米。APA 超声波雷达不仅能检测左右侧障碍物，还能根据超声波雷达返回的信息判断停车位是否存在。通常一套汽车倒车雷达系统包括 4 个超声波雷达，而自动泊车系统在此基础上额外增加 4 个用于驻车辅助的超声波雷达和 4 个用于自动泊车辅助的超声波雷达。

超声波雷达在行车场景下局限性较大。由于超声波的传播速度易受到天气条件的影响，在不同天气下传播速度会发生变化，且传播速度较慢，导致汽车在高速行驶时，超声波雷达难以实时跟踪车距变化，从而产生较大的误差。此外，超声波的散射角较大，方向性较差，在测量远距离目标时，其回波信号较弱，进一步影响了测量精度。

二、车载超声波雷达现状与挑战

超声波雷达市场主要由传统欧、美、日供应商主导（见图6-15）。2023年美国德州仪器，欧洲博世、法雷奥、罗克韦尔、霍尼韦尔，日本村田在超声波雷达市场占有率名列前六，合计市场占有率超过70%。中国正加速进入超声波雷达市场，2024年1～8月，中国乘用车前装超声波雷达国产化率达46.23%，君歌电子、豪恩汽电、奥迪威等国内企业已进入前十。

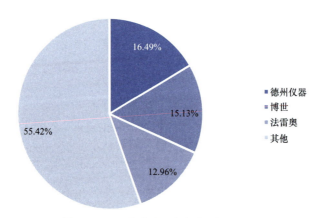

图6-15　2023年全球超声波雷达市场占有率

注：信息来源于ICVTank，由中国电动汽车百人会车百智库汽车产业研究院整理。

我国超声波雷达的核心零部件仍依赖海外企业。超声波雷达的核心零部件为探芯和芯片，成本占比超过60%，主要被欧洲企业垄断，如在探测芯片方面，博世、Elmos全球市场占有率超

95%。目前我国超声波雷达芯片处于起步阶段，佑航科技的超声波雷达探芯产品已实现量产，极海微电子 2023 年规模化量产首颗超声波雷达芯片。

超声波雷达还面临纯视觉方案的挑战。随着"BEV+Transformer+Occupancy"感知算法的迭代与改进，特斯拉宣布自 2023 年起，全球的 Model X 和 Model Y 全面取消搭载超声波雷达，采用纯视觉方案泊车。

三、车载超声波雷达未来展望

在技术上，超声波雷达在测距和抗干扰能力方面不断提升。随着泊车系统的优化及行泊一体化的推广，超声波雷达的性能要求日益提升，超声波雷达正经历从模拟信号传感器、分离式数字传感器、集成式数字传感器到 AK2 新一代编码式数字传感器的发展阶段。AK2 超声波雷达采用独特的信号编码技术，能够实现多个传感器超声波信号的同时收发。除了标准的超声波信号外，它还支持升频和降频模式，允许同时发送多种超声波信号，从而显著缩短系统的刷新周期，提高系统效率，进而提升检测性能和可靠性。AK2 超声波雷达的测量精度可达到 ±2 厘米，分辨率为 1 厘米，探测范围达到 7 米，显著优于现有超声波雷达（见表 6-32）。

表 6-32 AK2 超声波雷达与现有超声波雷达对比

项目	现有超声波	AK2 超声波
最远探测距离	450 厘米	大于 500 厘米
盲区	小于 20 ～ 25 厘米	0 ～ 10 厘米
测量距离精度	小于等于 5 厘米	小于等于 1 厘米

项目	现有超声波	AK2 超声波
测量距离分辨率	1 厘米	小于等于 1 厘米
功能安全	—	ASIL B
传感器失聪检测	无法检测	特殊诊断功能
冰、雪等覆盖检测	检出概率小	特殊诊断功能
声波加密	固定频率	频率调制
连接方式	P2P	P2P（DSI3 Bus）
传感器结构	没有标准	标准尺寸
温度工作范围	−40～80℃	−40～95℃

注：信息来源于映驰科技，由中国电动汽车百人会车百智库汽车产业研究院整理。

自动泊车系统的渗透率增长，带动超声波雷达使用量增加。近年来，整车智能化进程加快，自动泊车系统功能不断扩展，从半自动泊车发展到 APA 自动泊车、APA 融合泊车，再到远程泊车辅助（RPA）、跨楼层记忆泊车（HVP）和自主代客泊车（AVP）。据佐思汽研统计，2023 年国内乘用车 APA 融合泊车系统的装配率达到 8.2%，同比增长 3%；高阶泊车（如 HVP 或 AVP）系统的装配率为 0.7%，较上年同期增加 0.4%。随着行泊一体和舱泊一体市场规模的增长，低速 APA 泊车，特别是 APA 融合泊车，以及高阶泊车，尤其是 HVP，有望迎来快速增长。此外，随着行泊一体规模化应用，有望带动超声波雷达快速发展。据佐思汽研统计，2023 年国内乘用车行泊一体系统的装配量达到 160.2 万辆，同比增长 61.4%，装配率达到 7.6%；到 2028 年，装配率将达到 25% 左右。2021 年到 2023 年 1 月，超声波雷达安装量从平均每车 4.9 颗增加到 5.6 颗，预计 2025 年超声波雷达安装量有望增至平均每车 7 颗。

第六节　发展建议

　　我国智能驾驶领域的新型感知零部件仍处于产业发展初期，为加快产业发展、巩固已有应用优势，建议突破激光雷达、4D毫米波雷达的关键芯片与算法技术，支持多种感知技术路线研发与产业化应用，结合已有应用优势推动车载激光雷达标准制定及国际化推广，鼓励感知零部件企业建立上下游合作生态，实现感知零部件的应用驱动、标准引领、自主可控。

一、突破激光雷达、4D毫米波雷达的关键芯片与算法技术

　　智能化零部件对软硬件协同提出更高要求，应同步推动计算芯片和算法的自主研发。在计算芯片方面，鼓励激光雷达与4D毫米波雷达企业自研芯片，或者与国内芯片企业联合研发，构建安全供应链。在算法方面，支持企业研发基于深度学习的激光雷达和4D毫米波雷达点云算法，充分挖掘硬件潜力。

二、支持不同技术路线的感知方案研发及产业化应用

　　当前纯视觉和多传感器融合的技术路线尚未固化，要支持自动驾驶企业充分发掘两种技术路线的潜力。在多传感融合路线方面，支持企业研发基于前融合的多传感器融合感知算法，提升智能驾驶感知效果。在纯视觉路线方面，以特斯拉为主的企业仍在推进算法创新，形成了目前行业认可的端到端算法框架组合，感知能力得到大幅提升。同时鼓励企业布局"摄像头+4D毫米波

雷达"的纯视觉路线，探索乘用车和商用车 AEB 功能的应用，提升 AEB 的用户体验和感知精度。

三、加强本土车载激光雷达标准的制定与国际合作

充分利用国内市场应用领先优势推动产品标准化与国际化。
当前国内车载激光雷达应用引领全球，尤其是国内 NOA 的规模化应用，对促进激光雷达的产业化起到关键作用。但同时，由于现行激光雷达技术路线多，而且产品内部存在运动部件，仍存在寿命、产品稳定性和可靠性不足的问题。建议尽快推动车载激光雷达的标准制定，对测量距离、点云精度、可靠性、产品寿命及环境适应性等关键基础指标进行标准化。此外，鼓励国内激光雷达企业积极参与联合国世界车辆法规协调论坛（UN/WP.29）、国际标准化组织（ISO）及国际电工委员会（IEC）的标准制定，实现"国际标准、中国定义"。

四、支持感知零部件企业和上下游建立深度合作生态，以应用引领产品创新

在智能汽车时代，为追求更高的开发效率和开发诀窍，零部件和元器件企业开始跨过 Tier1 直接与车企合作，汽车供应链正从链状向网状演化。感知零部件企业的产品开发直接决定智能驾驶产品的安全性和用户体验，零部件企业和车企的关系越来越紧密。同时，零部件企业要充分了解车企诉求，基于国内电动智能汽车发展优势以及多样化应用场景优势，通过车企的"链主"作用推动创新技术的产业化落地，开发出本土定义的创新产品。

07

第七章

线控底盘

　　智能化已成为汽车产业发展的重要趋势，底盘作为汽车的核心组成部分，其智能化水平直接影响着整车的性能和智能化程度，是实现高级别自动驾驶和提升驾乘体验的关键基础支撑。传统的机械式底盘通过机械或液压连接进行控制，响应速度和控制精度受限。而线控底盘通过电信号代替传统的机械或液压连接进行控制，具有响应速度快、控制精度高、控制策略灵活等显著优势，能够更好地支持智能驾驶功能，并为驾乘人员提供更加舒适和个性化的体验。

　　线控底盘主要包括线控制动、线控悬架和线控转向等系统。线控制动主要有电子液压制动（EHB）和电子机械制动（EMB）两种技术路线，前者相对成熟，后者是未来的发展方向；线控悬架通过控制执行器调节悬架，提供舒适的驾乘体验，但成本较高；线控转向取消了机械连接，具有更高的控制精度和更灵活的转向策略，但安全性要求极高，目前应用较少。

　　我国在线控制动与线控悬架领域已基本实现国产化，随着技术进步和规模化生产，成本快速降低，应用加速普及。在线控转向领域，国内企业取得了一定进展，已具备量产条件，随着智能化进程的深入，有望加速应用。但我国在线控底盘领域仍然面临一些挑战，例如关键零部件（如传感器、控制芯片等）和材料的国产化率偏低、部分机械零部件的成本难以进一步下探、行业标准的制定相对滞后等。此外，与国际先进水平相比，国内企业在系统集成、控制算法和软件开发等方面仍存在一定差距。因此，国内企业需要加强技术研发和产业合作，突破关键技术瓶颈，建立完善的产业链和标准体系，以提升在线控底盘领域的竞争力。

第一节 发展背景

乘用车电动化、智能化等发展趋势，推动底盘技术实现线控化升级。当前，我国乘用车底盘行业的创新升级，在政策端、产业端和消费端已经具备一定的基础条件，未来发展空间广阔。预计到 2030 年国内乘用车线控底盘市场或将达到千亿规模，其中线控制动、线控转向和线控悬架将贡献核心增量。智能底盘是与智能电动汽车安全、可靠地行驶紧密相关的重要组成部分，其中底盘构型和底盘控制是智能底盘的关键技术。底盘构型技术包括线控制动、线控转向、线控悬架、线控驱动（线控油门和线控换挡）等智能执行系统；底盘控制技术则向底盘域控、跨域融合方向发展[1]（见图 7-1）。

目前，智能底盘主要呈现出三大发展趋势[2]：趋势一，底盘单系统集成度持续提升，主要表现为线控制动、线控转向、线控悬架等系统的集成化；趋势二，底盘域内融合实现横、纵、竖（x、y、z）三向协同控制，主要表现为在底盘域控制器的协同控制下，对线控制动、线控转向、线控悬架等系统实现融合控制；趋势三，底盘域和其他域的跨域融合，主要表现为底盘域与智能驾驶域、动力域、车身域等融合，为软件定义汽车提供更大的想象空间。

---

1 《电动汽车智能底盘技术路线图》，中国汽车工程学会，2023 年 6 月。

2 信息来源于佐思汽研。

		智能底盘1.0	智能底盘2.0	智能底盘3.0
底盘构型	驱动构型	前后桥单电机驱动、前后桥双集中电机驱动	单电机驱动、前后桥双电机驱动、三电机驱动、四电机驱动	高度集成化轮端驱动构型（轮毂电机）、智能轮胎技术应用
	线控制动/转向	普及ESC、eBooster、EPS，具备OTA功能	ESC、eBooster、冗余EPS、RWS、DAS、IBS、RBU、EMB，支持OTA、底盘信号集中域控、执行器冗余备份	支持OTA、底盘信号集中域控、执行器冗余备份、主干网络通信速率大幅提升，构建网络安全体系
	电控悬架	空气弹簧在乘用车的批量应用；实现电控减振器关键零件国产化、标准化	实现国产化多腔气囊和连续阻尼可变减振器的批量应用；产品达到批量装车水平	主动悬架国产化，产业链生态完善
	线控化程度	x、y方向实现部分线控化和独立控制	x、y双方向实现线控化和协同控制	智能底盘具备主动控制、自适应、自学习能力，可在x、y、z 3个方向实现协同控制
底盘控制	E/E架构	复杂动力学模型精确计算；高带宽、高速、低时延（如百兆以太网）的车载总线技术，如CAN FD、FlexRay等	高带宽、高速、低延时的车载总线技术（如百兆以上以太网）	普及以太网
	域控技术	驱动、制动一体化控制，域控制系统与智能驾驶系统统一接口	实现底盘一体化域控，实现软件定义底盘并与智能驾驶系统统一接口	实现四轮驱动汽车底盘的高度集成控制（四轮驱动+ESC+EPS+空气架构），支持软件定义底盘、OTA升级
	电控系统功能安全	完善智能底盘功能安全设计流程，建立预期功能安全设计分析流程；构建智能底盘信息安全防护体系	实现功能安全与预期功能安全标准在智能底盘上的示范应用；实现信息防护体系落地实施	全面实现功能安全标准和预期功能安全标准的应用；信息安全防护体系全面实施

图7-1　乘用车智能底盘发展路径

注：信息来源于《电动汽车智能底盘技术路线图》，中国汽车工程学会，2023年6月，由中国电动汽车百人会车百智库汽车产业研究院整理。

一、乘用车行业变革驱动底盘线控化升级

1. 线控底盘技术是实现高阶智驾的必要条件

乘用车行业正在迈向高阶智能驾驶发展阶段，线控底盘技术不可缺少。 全球自动驾驶政策法规持续推进，欧盟、美国、日本等国家或地区已陆续出台法规允许具备高阶智驾功能的汽车上路，我国则通过制定循序渐进的政策法规推动高阶智能驾驶发展（见表7-1）。在政策法规的推动下，全球高阶智驾应用将逐步实现落地，根据麦肯锡预测，在基准情境下，到2030年全球乘用车新车中将有12%配备高阶智驾功能，到2035年将有37%

配备高阶智驾功能[1]。

高阶智驾功能的实现依赖于感知层、决策层和执行层的高效配合，其中执行层需要具备高精度、快速响应、安全稳定等性能，而传统底盘技术难以满足要求（见图 7-2）。线控底盘系统取消了大量的机械连接装置以及液压或气压等辅助装置，根据指令利用电信号实时控制底盘执行机构做出相应动作，并随时监测车辆运动状态，实现对整车动力输出的主动控制，具有响应速度快、控制精度高的特点，能够提供较高的驾驶稳定性和安全性[2]。因此，线控底盘作为实现高阶智驾不可或缺的环节，将随之得以快速发展。

表 7-1 全球主要国家或地区的自动驾驶相关政策法规（不完全统计）

国家 / 地区	自动驾驶相关政策法规
美国	2022 年 3 月，NHTSA 发布《**无人驾驶汽车乘客保护规定**》，提出了取消车辆驾驶员座位、方向盘、转向柱以及前排只有一个乘客座位等强制要求，明确了无人驾驶汽车可不配备方向盘、制动或加速踏板等人工控制装置，强调自动驾驶车辆必须提供与人类驾驶车辆同等水平的乘员保护能力； 2022 年 9 月，NHTSA 发布《**现代车辆安全的网络安全最佳实践指南**》，旨在为车辆行业应对网络安全风险提供非约束性指导
欧洲	2021 年 7 月，德国正式实施《**自动驾驶法**》，成为全球首个允许 L4 自动驾驶汽车在公共道路规定区域常态化运营的国家； 2022 年 7 月，欧盟正式实施要求汽车制造商在新认证车型上**强制配备 30 种安全功能的法规**，其中包括 6 项 ADAS 功能，如行驶区域信息提示系统、盲点信息提示系统、倒车信息提示系统等； 2022 年 8 月，欧盟发布自动驾驶车辆型式认证法规 Reg.（EU）**2022/1426**——L4 级 /L5 ADS 形式认证的统一程序和技术规范，涉及特定区域内的载客或载货，预定路线上运送乘客或货物的点对点接驳以及在预定停车设施内的自主泊车

---

1 *Autonomous driving's future: Convenient and connected*，麦肯锡，2023 年 1 月。

2 段红艳等，《智能网联汽车底盘线控系统与控制技术》，汽车实用技术，2022 年 9 月。

续表

国家 / 地区	自动驾驶相关政策法规
日本	2022 年 10 月，日本警察厅公布《**道路交通法**》修正案，并于 2023 年 4 月 1 日起正式实施。该修正案允许高度自动驾驶车辆上路，以便促进 L4 自动驾驶车辆在特定条件下提供出行服务以及利用无人递送车开展业务
韩国	2022 年 2 月，韩国科学和信息通信技术部在自动驾驶技术研发上投资 283 亿韩元，累计投入总额达到 1997 亿韩元； 2022 年 9 月，韩国政府公布《**移动创新路线图**》，明确自动驾驶推广应用分"三步走"，即 2022 年底允许 L3 自动驾驶汽车上路，到 2025 年实现 L4 自动驾驶巴士、接驳车商业化，到 2027 年推出 L4 乘用车。此外还提出，到 2035 年，韩国市场推出的一半新车将为 L4 自动驾驶车辆，政府将彻底改革现有的交通系统，为自动驾驶制定安全标准和保险计划
中国	2022 年 8 月，交通运输部发布《**自动驾驶汽车运输安全服务指南（试行）**》（**征求意见稿**），提出了在保障安全的前提下，鼓励并规范自动驾驶车辆在运输服务领域应用，尝试为自动驾驶示范运营的规范性提供指导监督，以完善新技术产品在运输服务领域创新应用的法规； 2023 年 11 月，工业和信息化部、公安部、住房和城乡建设部、交通运输部联合发布《**关于开展智能网联汽车准入和上路通行试点工作的通知**》，其中提到遴选具备量产条件的搭载自动驾驶功能的智能网联汽车产品，开展准入试点；对取得准入的智能网联汽车产品，在限定区域内开展上路通行试点等

注：信息来源于中国信息通信研究院与公开资料，由中国电动汽车百人会车百智库汽车产业研究院整理。

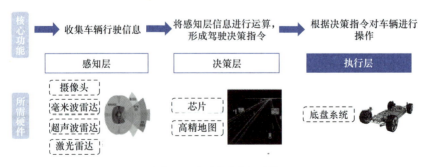

图 7-2　自动驾驶实现过程

注：信息来源于《智能化系列报告（一）线控底盘：智能竞赛的关键领域，本土厂商迎来发展良机》，银河证券，2022 年 9 月，由中国电动汽车百人会车百智库汽车产业研究院整理。

2．线控底盘技术与整车模块化发展趋势相辅相成

在整车开发模块化的发展趋势下，线控底盘技术能够提供有效支持。随着智能电动乘用车市场竞争日益激烈，为提高生产效率、降低成本、适应新技术，整车开发正在向模块化方向发展，国内外主流车企纷纷推出模块化平台，如大众 MEB 平台、传祺 i-GPMA 平台、吉利 SEA 浩瀚架构、比亚迪易四方平台等。对于传统底盘系统来说，方向盘与转向器之间、制动踏板与制动卡钳之间存在机械或液压连接，使得底盘与上车体在开发阶段无法完全解耦；而搭载全线控技术的底盘系统能够实现上下车体解耦，助力整车模块化，如脱胎于模块化平台，以线控技术为基础的滑板底盘（见图 7-3），具有高集成度、高通用率、高拓展性等优势，可以缩短整车研发周期与降低成本、满足用户的个性化需求，未来拥有较大发展潜力[1]。

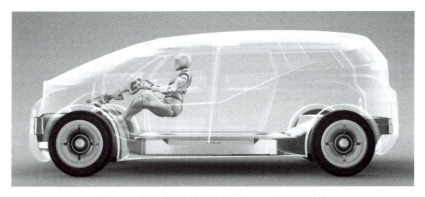

图 7-3　悠跑科技全线控滑板底盘——UP 超级底盘

注：信息来源于悠跑科技官网，由中国电动汽车百人会车百智库汽车产业研究院整理。

1　《汽车电子系列三：线控引领技术变革，智能底盘加速渗透》，中金公司，2023 年 4 月。

二、政策端、产业端、市场端共同构成我国底盘技术升级发展的基础

1. 顶层设计推动我国线控底盘产业发展

我国积极推动构建智能电动汽车政策体系（见表7-2），线控底盘作为关键技术之一，被给予高度重视。各部门多次在新能源汽车和智能网联汽车的重要政策文件中强调线控底盘技术的重要性，如工信部2018年12月发布的《车联网（智能网联汽车）产业发展行动计划》、国务院2020年10月发布的《新能源汽车产业发展规划（2021—2035年）》、2021年3月两会期间发布的《中华人民共和国国民经济和社会发展第十四个五年规划和2035年远景目标纲要》、2023年6月工信部等5个部门发布的《制造业可靠性提升实施意见》等政策文件，纷纷提到要推动线控底盘技术研发突破并加快产业化产品落地。综合来看，我国线控底盘产业发展具有良好的政策支持。

表7-2　我国发布的与线控底盘相关的智能电动汽车政策（不完全统计）

发布时间	政府部门	政策文件	与线控底盘相关的政策文件内容
2018年12月	工信部	《车联网（智能网联汽车）产业发展行动计划》	加快智能网联汽车关键核心技术攻关部分提到，加快推动高性能车辆智能驱动、**线控制动**、**线控转向**、电子稳定系统的开发和产业化，实现对车辆的精确、协调和可靠控制
2020年10月	国务院	《新能源汽车产业发展规划（2021—2035年）》	实施智能网联技术创新工程部分中提到，以新能源汽车为智能网联技术率先应用的载体，支持企业跨界协同，突破车载智能计算平台、高精度地图与定位、车辆与车外其他设备间的无线通信（V2X）、**线控执行系统**等核心技术和产品

续表

发布时间	政府部门	政策文件	与线控底盘相关的政策文件内容
2021 年 3 月	十三届全国人大四次会议	《中华人民共和国国民经济和社会发展第十四个五年规划和 2035 年远景目标纲要》	制造业核心竞争力提升部分中对新能源汽车和智能（网联）汽车的规划：突破新能源汽车高安全动力电池、高效驱动电机、高性能动力系统等关键技术，加快研发智能（网联）汽车基础技术平台及软硬件系统、**线控底盘**和智能终端等关键部件
2023 年 6 月	工信部等5 个部门	《制造业可靠性提升实施意见》	基础产品可靠性"筑基"工程中对汽车行业的规划：重点聚焦**线控转向、线控制动、自动换挡、电子油门、悬架系统**等**线控底盘系统**，以及其他汽车关键零部件，通过多层推进、多方协同，深入推进相关产品可靠性水平持续提升

注：信息来源于各部委官网，由中国电动汽车百人会车百智库汽车产业研究院整理。

2. 我国整车企业积极布局高阶智驾技术，线控底盘等核心零部件国产化替代需求强

国内主流车企纷纷推进高阶智驾技术研发和产品落地（见表 7-3）。2023 年以来，长安、上汽、小鹏、理想等车企纷纷推出具备 L2++ 城市 NOA 功能的量产车型，并预埋了支撑升级到 L3 甚至 L4 自动驾驶的高算力芯片和高精度传感器，以便于后续通过软件 OTA 升级实现高阶智驾。同时，各车企纷纷规划将在 2025 年左右实现 L4 自动驾驶技术落地[1]。

1　《高阶智能驾驶行业发展蓝皮书（2021—2025）》，高工智能汽车产业研究院，2023 年 2 月。

表 7-3　国内部分车企推出的具备城市 NOA 功能车型以及

预埋高阶智驾代表性硬件情况

车企	车型	芯片名称	芯片总算力 / TOPS	摄像头数量 / 个	激光雷达数量 / 个
长安	阿维塔 11/12	华为 MDC 810	400 TOPS	11	3
上汽	智己 LS6	英伟达 Orin-X	254	11	1
广汽	昊铂 HT	—	—	13	3
吉利	极氪 001	Mobileye EyeQ5H	48	15	1
理想	L7/L8/L9	地平线征程 5/ 双英伟达 Orin-X	128/508	10/11	1
小鹏	G9/P7/G6	英伟达 Orin-X/ 双英伟达 Orin-X	254/508	11/12	2
蔚来	ET7/ES6/ES8 等	英伟达 Drive Orin/ 四英伟达 Orin-X	1016	11	1

注：信息来源于公开资料，由中国电动汽车百人会百智库汽车产业研究院整理。

线控底盘作为自动驾驶关键执行系统，提高其国产化率有利于产业安全、稳定地发展。过去，传统底盘系统竞争格局非常稳固，基本被国际零部件巨头垄断；国内企业由于起步较晚，在产品性能、可靠性、质量等方面与国际零部件巨头相比不具优势。而随着底盘系统线控化升级，当前技术产品尚未成熟、行业格局尚未固化，因此存在较大的国产替代空间，有望培育出具有行业竞争力的自主底盘供应商，从而提高我国零部件产品的国际竞争力[1]。

1　中国贡献了全球 31% 的汽车产量，但全球前 100 家零部件企业中，中国只占 12%。来源：《如何换道超车：中国汽车零部件企业的机遇与挑战》，麦肯锡，2022 年 5 月。

3. 我国消费者更关注车辆智能化、安全性，引领底盘线控化革新

相对于欧美消费者，**我国消费者购买电动汽车更关注车辆智能化、安全性等因素，线控底盘可助力满足消费者需求。**根据麦肯锡全球消费者调研数据，在影响消费者购买电动汽车的前五大因素中，我国消费者更关注汽车先进技术以及安全、智能化汽车服务等与智能化相关的因素，而欧美消费者更关注驾驶续驶里程、驾驶效率与电池损耗等与动力总成相关的因素（见图7-4）。而线控底盘是实现高阶智驾的基础，并且拥有更快速、更高效的响应，能够进一步降低失效概率，通过多重冗余提高安全等级。因此，底盘线控化的发展方向，与我国消费者对电动汽车智能化、安全性的部分需求是相匹配的。

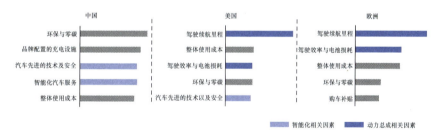

图7-4 2022年中国、欧美消费者购买电动汽车的前五大影响因素

注：信息来源于《仁者乐山，智者乐水：中国车企在国际市场中的本土化策略》，麦肯锡在2023年电动汽车百人会汽车产业国际化发展大会演讲PPT，2023年11月，由中国电动汽车百人会车百智库汽车产业研究院整理。

三、线控底盘未来发展可期，其中线控制动、线控转向和线控悬架是十分具有成长性的赛道

线控底盘各部件的发展进度不一致，线控制动、线控转向和线控悬架是未来发展重点。线控底盘与传统底盘在架构上相似，

主要由线控油门、线控换挡、线控制动、线控转向和线控悬架组成。由于各子系统的工作原理与开发难度不一致，这5个线控底盘子系统处于不同的发展阶段（见图7-5）。其中，线控油门技术成熟，现已基本成为标准配置，渗透率接近100%；线控换挡技术难度较小，主要用于燃油和混动车型，目前渗透率相对处于中等水平；线控制动技术当前主要有EHB和EMB两种路线，其中EHB市场正处在快速发展中，EMB技术、法规等仍需进一步完善；线控转向安全性要求高、技术成熟度有待提升，目前仅有少量车型实现应用；线控悬架技术相对成熟，但受制于高成本，主要搭载于高端车型，近年来随着自主品牌向上突破以及核心零部件国产化推进，搭载车型的价格逐渐下探。对比而言，线控制动、线控转向和线控悬架是未来几年内十分具有发展前景及国产替代可能的三大赛道。

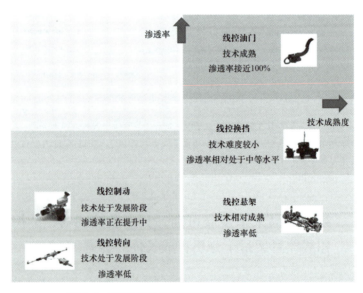

图7-5　线控底盘各子系统技术成熟度与渗透率对比

注：信息来源于盖世汽车、长江证券，由中国电动汽车百人会车百智库汽车产业研究院整理。

　　2030 年国内乘用车线控底盘市场规模或将达到千亿元，其中线控制动、线控转向和线控悬架将贡献核心增量。 线控底盘作为汽车电动化和智能化融合的有机载体，将随电动智能变革持续推进而同步向上。同时，线控底盘相较传统底盘，单车价值显著提升，再叠加自主品牌崛起、国产替代提速以及消费升级等因素，国内线控底盘的渗透率有望加速提升，未来市场空间广阔。基于对五大线控底盘子系统未来发展情况的判断，预计到 2025 年国内乘用车线控底盘市场规模将超过 600 亿元，线控油门、线控换挡、线控制动、线控转向和线控悬架分别占比 6%、5%、35%、11% 和 43%；预计到 2030 年国内乘用车线控底盘市场规模将超过 1000 亿元，线控油门、线控换挡、线控制动、线控转向和线控悬架分别占比 4%、3%、31%、26% 和 36%。从增速和规模综合而言，线控制动、线控转向和线控悬架将成为线控底盘领域的主要产值贡献部分（见图 7-6）。

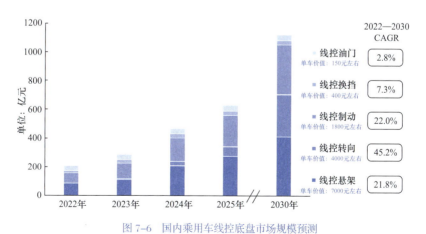

图 7-6　国内乘用车线控底盘市场规模预测

注：信息来源于公开资料，由中国电动汽车百人会车百智库汽车产业研究院测算。

　1. 右侧所标单车价值为 2030 年预测值；

　2. 线控转向由于 2022 年价值基数几乎为 0，计算结果为 2024—2030 年 CAGR；

3. 假设2025年线控油门、线控换挡、线控转向和线控悬架的渗透率分别为100%、55%、5%和12%，新能源汽车和燃油车线控制动的渗透率分别为70%和20%；

4. 假设2030年线控油门、线控换挡、线控转向和线控悬架的渗透率分别为100%、85%、25%和20%，新能源汽车和燃油车线控制动的渗透率分别为80%和30%。

第二节　线控制动

乘用车电动化、智能化共同驱动线控制动产业发展。EHB和EMB是线控制动的两大主要技术路线，其中EHB市场整体发展较快，我国自主供应商正在崛起。但EMB仍存在较多技术难点；EHB中的ESP/ESC阀块仍被外资供应商垄断，线控制动整体成本相比传统制动仍较高，并且我国线控制动行业标准发展相对滞后。未来线控制动将呈现多技术路线并存的趋势，预计到2030年我国乘用车线控制动市场规模将超过300亿元，国产替代潜力大。

一、电动化和智能化共同驱动制动系统线控化升级

在乘用车电动化方面，由于传统液压制动是依靠发动机获得真空源，而纯电动汽车没有发动机、混合动力汽车发动机时常启停，均难以获得稳定的真空源，升级制动系统成为必然。采用电动真空泵（Electrical Vacuum Pump，EVP）解决真空源缺失问题是新能源乘用车发展早期的主要方案，但EVP存在使用寿命较短、能量回收效率较低、工作稳定性不足等缺点，仍需更优的解决方案。而线控制动通过电子助力器直接建压，能够避免EVP的性能缺陷，同时可以实现较高的能量回收效率，从而延长

新能源汽车多达 10% ～ 30% 的续驶里程 [1]。

在乘用车智能化方面，线控制动响应时间短等特点更加符合高阶智驾的需求，相比 EVP 450 毫秒的响应时间，EHB 的响应时间约为 150 毫秒，EMB 的响应时间约为 80 ～ 100 毫秒。因此，随着智能电动乘用车的进一步发展，线控制动的渗透率将随之提高。

二、我国乘用车线控制动产业化进展

1. EPB 正在成为乘用车驻车制动的主流技术路线

制动系统主要分为驻车制动和行车制动（见表 7-4），其中驻车制动正在从机械拉索式驻车制动向集成式电子驻车制动（Electronic Parking Brake，EPB）转变。 EPB 是指利用电子控制方式实现驻车制动的技术，集成式 EPB 不仅能够实现静态驻车、静态释放等基本功能，还能作为行车制动的冗余部分，在制动失效的情况下介入行车制动。目前 EPB 在乘用车上的装载率已达到较高水平，据相关数据，2021 年我国乘用车新车前装标配 EPB 的渗透率已超过 70%，到 2025 年有望实现乘用车全覆盖 [2]。虽然当前国内乘用车 EPB 一半左右的市场份额仍主要被采埃孚、大陆集团、爱德克斯等外国企业占据，但国产化替代已实现一定突破，2022 年国内 EPB 供应商的总市场份额在 20% 左右，其中伯特利、弗迪动力（比亚迪）等零部件企业在技术水平、产品质量、市场份额等方面均处于国内领先地位（见图 7-7）。

1　姜国华，《纯电动汽车制动能量回收及储能策略研究》，交通节能与环保，2021 年 2 月。

2　《线控底盘深度报告：行业方兴未艾，国产曙光将至》，长江证券，2022 年 5 月。

表 7-4   制动系统分类

	人力	真空助力	电子液压助力	全电动
行车制动	—	真空助力 + ESC	EHB Two-box; EHB One-box	EMB; 轮边 / 轮毂电机
驻车制动	机械拉索式驻车制动	—	—	EPB

注：信息来源于《电动汽车智能底盘技术路线图》，中国汽车工程学会，2023 年 6 月，由中国电动汽车百人会车百智库汽车产业研究院整理。

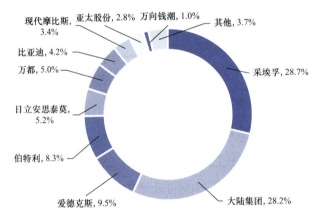

图 7-7   2022 年我国乘用车前装 EPB 市场竞争格局

注：信息来源于高工智能汽车、华西证券，由中国电动汽车百人会车百智库汽车产业研究院整理。

2. EHB 和 EMB 是线控行车制动两大主要技术路线

线控行车制动根据建压模式可分为 EHB 和 EMB[1]。受智能电动汽车制动系统升级需求、技术成熟度等因素影响，目前 EHB 是线控制动中短期主流技术路线。EHB 通过电机驱动原有液压系统实现制动，根据集成度的高低分为 EHB Two-box 和 EHB One-box（见表 7-5），其主要区别在于电子稳定性控制

---

1 为表达方便，以下将"线控行车制动"均简称为"线控制动"。

（Electronic Stability Control，ESC）系统是否与电子助力系统（eBooster）集成在一起。对于 EHB Two-box，电子助力系统与 ESC 分立，能满足一定条件下的冗余要求；制动踏板与制动轮缸之间的耦合程度分为非解耦和半解耦两种模式，能实现部分制动能量回收。对于 EHB One-box，其与 EHB Two-box 相比集成度、轻量化程度更高，但若要满足较高的冗余要求则需要增加冗余制动单元（Redundant Brake Unit，RBU）；制动踏板与制动轮缸是全解耦的，能够实现全部制动能量回收。

EMB 取消了原有液压系统，将电机直接集成在制动钳上，具有初始响应快、制动压力动态响应快、质量轻、集成度高等优点。EMB 当前处于产业化发展早期，仍有较多技术难点需要突破，中短期内较难在乘用车上实现规模化应用。

表 7-5　几种线控制动方案对比

类型	耦合程度	优势	劣势	冗余制动
EHB Two-box	非解耦 / 半解耦	实现多种风格的制动模式，可平稳均衡行驶，无缝对接自动驾驶	体积较大，不利于布置	ESC 系统冗余制动
EHB One-box	全解耦	体积小，布置简单，可实现多种风格的制动模式，可平稳均衡行驶，无缝对接自动驾驶	单体无冗余备份	RBU
EMB	全解耦	结构简单、集成度高、便于整车布置，响应速度快、控制精度高，轻量化，支持高阶自动驾驶	无失效备份制动功能、对可靠性要求极高，多个技术难点需要解决	冗余方案正在探索中

注：信息来源于中国汽车工程学会、盖世汽车及专家调研，由中国电动汽车百人会车百智库汽车产业研究院整理。

3. EHB 市场正在迈向成长期

当前 EHB 市场整体发展较快，EHB One-box 应用潜力正在显现。由于 EHB Two-box 产品灵活性更高，可兼容不同车型的需求，因此率先实现了装车应用；而 EHB One-box 产品集成度高，在不考虑安全冗余情况下，其成本相比 EHB Two-box 产品更低[1]，装车应用正在逐步增多。根据相关统计数据[2]，2023 年上半年我国乘用车前装 EHB 装配量接近 200 万台，同比增长 59%，渗透率超过 20%，比 2022 年全年渗透率增加近 5 个百分点；其中 EHB One-box 正成为主流方案，2022 年 EHB One-box 在 EHB 中的占比仅比 EHB Two-box 高出 0.66 个百分点，但到 2023 年上半年，两者差距扩大到近 23 个百分点（见图 7-8）。EHB 整体市场需求确定性正在兑现，EHB One-box 市场发展速度加快。

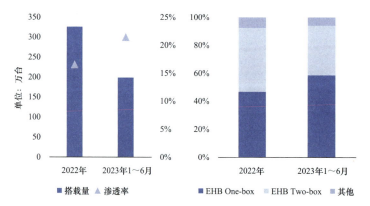

图 7-8　2022 年到 2023 年上半年我国乘用车市场 EHB 搭载量、渗透率（左图）以及 EHB One-box 和 EHB Two-box 在 EHB 市场中的占比变化情况（右图）

注：信息来源于佐思汽研，由中国电动汽车百人会车百智库汽车产业研究院整理。

1　在不考虑安全冗余下，EHB One-box 具有 1 个 ECU、1 个制动单元，而 EHB Two-box 具有 2 个 ECU、2 个制动单元。

2　信息来源于佐思汽研。

4．当前外资供应商仍主导国内线控制动市场，国内供应商正在崛起

国际领先零部件巨头处于行业领先地位。目前博世、大陆集团、采埃孚等外资企业仍是线控制动产品的主要供应商，它们在关键技术、产品稳定性和一致性等方面均具有领先性。其中，博世在国内外 EHB 市场中的份额均为第一，其推出的 iBooster、IPB 等是行业中最早一批推出且率先实现量产应用的线控制动产品，另外，大陆集团、采埃孚等企业分别拥有各自的线控制动产品并实现装车。据统计，当前在全球 EHB 市场中，博世、大陆集团、采埃孚三者总市场份额在 90% 左右[1]。对于 EMB 系统，布雷诺、博世、大陆集团、日立等外资供应商均有相关布局。

我国领先线控制动供应商实现突破，国产化替代空间大。虽然国内线控制动供应商起步较晚，但伯特利、拿森科技、同驭汽车等头部企业陆续推出的 EHB 产品，在技术水平方面与国外产品的差距越来越小。同时，国内线控制动供应商对自主整车企业的需求响应更快、决策效率更高，在发展迅速且竞争激烈的国内智能电动汽车市场带动下，头部线控制动供应商有望实现突围，抢占更多的国内市场份额（见表 7-6）。如伯特利为奇瑞、理想、广汽等实现了供货装车，拿森科技为长安、北汽等实现了供货装车，同驭汽车为合众、零跑等实现了供货装车[2]。另外，部分自主整车企业除了与供应商展开技术合作，也在自研自制 EHB 等线控制动产品，如长城、吉利、比亚迪、上汽等（见表 7-7）。

---

1 信息来源于华西证券、天风证券、长江证券。

2 信息来源于高工智能汽车、专家调研。

对于 EMB 系统，国内几家主流供应商完成了初步的样件设计和 Demo 展示，如菲格智能、同驭汽车等。

表 7-6   国内外部分供应商在线控制动方面的布局（不完全统计）

国别类型	企业名称	EHB 产品	EMB 布局	客户情况
国外	博世	iBooster1.0/2.0（EHB Two-box），IPB（EHB One-box）	研发布局	大众、特斯拉、理想、小鹏、蔚来等
	大陆集团	MK C1/C2（EHB One-box）	研发布局	奥迪、宝马等
	采埃孚	IBC（EHB One-box）	研发布局	通用等
国内	伯特利	WCBS（EHB One-box）	研发布局	奇瑞、理想、广汽、吉利等
	亚太股份	IBS+ESC（EHB Two-box），IEHB（EHB One-box）	研发布局	奇瑞等
	拿森科技	Nbooster（EHB Two-box），NBC（EHB One-box）	研发布局	长安、比亚迪、北汽等
	同驭汽车	EHB（EHB Two-box），iEHB（EHB One-box）	研发布局	合众、零跑等
	菲格智能	EAD（EHB Two-box），EAI（EHB One-box）	研发布局	长城等
	格陆博	GIBC（EHB One-box）	研发布局	奇瑞、比亚迪等
	利氪科技	DHB-LK®（EHB Two-box），IHB-LK®（EHB One-box）	研发布局	合众、江淮等

注：信息来源于公开资料，由中国电动汽车百人会车百智库汽车产业研究院整理。

表 7-7   部分自主整车企业对线控制动的自研布局

整车企业	线控制动自研布局
长城	通过子公司菲格智能对线控制动进行自主研发，布局 EAD、EAI、EMB 等多款线控制动产品，并且积极推动 EMB 产品量产进程，目前进展为 B 样制作完成，正在开展整车标定、验证
吉利	吉利系的威肯西布局线控底盘项目，并于 2023 年 3 月在盐城正式开工，总投资 10 亿元，年产 60 万套线控制动系统，产品量产后首先应用于吉利旗下品牌
奇瑞	伯特利是奇瑞的控股公司，双方合作成立底盘联合创新工作室，并成立专项底盘研发团队

续表

整车企业	线控制动自研布局
比亚迪	旗下的弗迪动力于 2021 年实现线控制动 BSC（EHB One-box）量产，目前正在研发第二代产品 BSC+RC 和 BSR+ESC，支持冗余制动，满足高阶智能驾驶需求
上汽	全资设立联创汽车电子，拥有 EBS、ABS、ESC、IEB（EHB One-box）等线控制动产品储备

注：信息来源于佐思汽研与公开资料，由中国电动汽车百人会车百智库汽车产业研究院整理。

三、我国乘用车线控制动发展面临的挑战

1. EMB 系统仍存在较多技术难点

国内外多家企业、科研机构对 EMB 系统的研究已有 20 余年，但仍有一些技术难题亟待解决。 首先，EMB 无失效备份制动功能，对可靠性要求极高，包括稳定的电源系统，更强的总线通信容错能力、电子电路的抗干扰能力等。其次，EMB 的刹车力不足，由于在轮毂处的布置空间导致电机体积不能过大，需开发配备较高电压系统（如 48 V）来提高电机功率，而当前整车大多是12 V 电压系统。另外，EMB 属于簧下部件，需要在高温、浸水、强烈机械冲击的恶劣工作环境下可靠工作，而电机在制动产生的高温下可能会产生消磁问题，从而导致 EMB 失效，无法工作。最后，相较传统制动系统，EMB 会增加簧下质量，对底盘调校、通过性等影响较大。

2. EHB 系统中 ESP/ESC 阀块存在一定"卡脖子"问题

ESP/ESC 阀块是 EHB 的核心，其长期被外资供应商垄断。
eBooster 和 ESP/ESC 阀块是 EHB 系统的两大核心，我国自主供应商在 eBooster 产品的研发和装车方面颇有成效，但在 ESP/

ESC 阀块方面与外资供应商相比差距较大。据统计，2021 年我国前装 ESP/ESC 阀块市场几乎完全被外资供应商占据，其中博世、大陆集团、爱德克斯等 3 家供应商的合计市场占有率高达 80%（见图 7-9）。博世作为行业龙头公司，对 ESP/ESC 阀块早在 2010 年就实现了量产，目前已经发展到了第 9 代。近年来，虽然伯特利、亚太股份、拿森科技、格陆博等自主供应商研发的 ESP/ESC 阀块实现小规模量产上车，并在部分传统指标上完成了追赶，但在可靠性、质量等方面与外资供应商相比仍有差距。

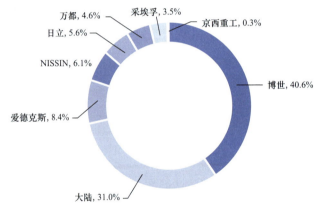

图 7-9　2021 年中国新车前装 ESP/ESC 阀块市场竞争格局

注：信息来源于高工智能汽车研究院，由中国电动汽车百人会车百智库汽车产业研究院整理。

3. 现阶段线控制动产品成本仍较高

相比传统制动产品，线控制动产品成本提高较显著。目前 EHB 是主要装车应用的线控制动产品。若不考虑冗余，由于少 1 个 ECU 和 1 个制动单元，EHB One-box 较 EHB Two-box 的成本低约 15%[1]。但整体看，EHB 产品的成本比传统制动产品的

1　信息来源于 ATC 汽车底盘、专家调研。

高约 1.3 ～ 1.5 倍，降本空间仍较大。而对于 EMB，由于其尚未规模化应用、开发费用高昂、需要增加更多安全冗余等，导致其当前成本比 EHB 高 1000 元左右，大约在 3000 元（见表 7-8）。

表7-8　各类线控制动产品成本估算

线控制动产品	成本估算
EHB One-box	1600 ～ 1700 元
EHB Two-box	1900 ～ 2000 元
EMB	约 3000 元

注：EHB One-box 的成本未考虑冗余，信息来源于专家与企业调研，由中国电动汽车百人会车百智库汽车产业研究院整理。

4. 线控制动行业标准发展相对滞后

我国现行标准不支持 EMB 系统在乘用车上应用。当前乘用车线控制动系统仍必须满足 GB 21670—2008《乘用车制动系统技术要求及试验方法》，其中要求当电控传输装置或其电源失效时，制动系统仍要能实现应急制动（见表 7-9）。然而，由于 EMB 系统没有机械连接，失效时无法通过人力提供备份制动，不符合现有标准要求。缺乏相关标准的支持，搭载 EMB 系统的乘用车难以取得整车公告，无法通过实车应用数据对产品进行迭代升级，从而对我国企业布局和发展 EMB 相关产品造成一定阻碍。

表7-9　GB 21670—2008 中制约 EMB 系统在乘用车上应用的
部分条款内容

条款号	条款内容	问题点
4.2.2.7	当行车制动系由驾驶员体力在储能器助力下操纵时，即使助力失效，也应保证能由驾驶员体力在未受失效影响的储能器（如有）助力下实现应急制动，但施加在行车制动控制装置上的力不应超过规定的最大值	EMB 没有助力，需要确认在踏板模拟器一路失效情况下如何满足应急制动

续表

条款号	条款内容	问题点
4.2.3	液压传输装置发生部分失效时，最迟应于主缸出口处测得的制动装备正常和失效部分压差超过 1.55MPa 时需要点亮红色报警信号	EMB 系统没有液压传输，需要讨论如何定义 EMB 系统的报警信号以及触发条件

其他如 4.2.4、4.2.14、4.2.20 等条款，也不适用于 EMB 系统

注：信息来源于菲格智能，由中国电动汽车百人会车百智库汽车产业研究院整理。

四、我国乘用车线控制动未来展望

未来随着更多高阶智驾车型的涌现，线控制动将呈现多方案并存的趋势。驾驶自动化级别越高，对制动冗余的要求越高，预计在中短期内，满足高阶智驾需求的多种线控制动方案将并行发展。如 EHB Two-box 方案，其中 ESC 系统为冗余备份；EHB One-box+RBU 方案，当系统发生故障时 RBU 作为安全冗余能够进行制动；前轴 EHB+ 后轴 EMB 方案，各制动执行器可互为制动冗余。EMB 全干式线控制动方案仍需克服在技术、标准、成本等层面的一系列挑战，但长期来看其发展潜力大，预计将率先在 40 万元以上车型落地，实现降本后再逐步扩大应用范围（见表 7-10）。

表 7-10　几种能够满足高阶智驾需求的线控制动方案

线控制动方案	主要特点
EHB Two-box 方案	电子助力系统 eBooster 和 ESC 均有主动建压功能，互为备份；当电源失效后，可以进行纯机械制动
EHB One-box+RBU 方案	当系统正常时由 EHB One-box 进行制动，RBU 只起到通路作用；当 EHB One-box 发生故障时，由 RBU 进行制动，RBU 可进行主动建压；当电源失效后，可以进行纯机械制动

续表

线控制动方案	主要特点
前轴 EHB+ 后轴 EMB 方案	前轮采用湿式制动、后轮采用干式制动，执行单元分布式布置且完全独立，控制部分完全集成到更高级的域控制器中；各制动执行器可互为制动冗余

注：信息来源于《电动汽车智能底盘技术路线图》，中国汽车工程学会，2023 年 6 月，由中国电动汽车百人会车百智库汽车产业研究院整理。

2030 年我国乘用车线控制动市场规模将超过 300 亿元（见图 7-10），国产替代空间可期。 对于线控制动的渗透率，由于新能源汽车、高阶智能汽车对线控制动产品的需求确定性，预计到 2030 年线控制动产品在我国智能电动乘用车的渗透率将达到 80% 左右，搭载相关产品的乘用车将接近 2000 万辆。对于线控制动系统单车平均价值的预测，综合考虑技术升级和成本下降双重因素影响，假设未来 5～8 年线控制动产品的平均价值中枢为 1800 元。综上所述，预计到 2025 年我国乘用车线控制动市场规模超过 200 亿元，到 2030 年则在 350 亿元左右，2022—2030 年均增速约为 22%。而具有先发优势的国内企业与国外企业的差距正在逐渐缩小，叠加与领先自主整车企业相互赋能的优势，未来我国乘用车线控制动市场的国产化空间广阔。

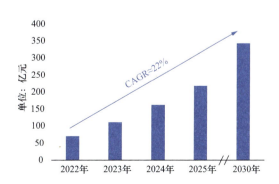

图 7-10　2022—2030 年我国乘用车线控制动市场规模预测

注：信息来源于公开资料，由中国电动汽车百人会车百智库汽车产业研究院测算。

第三节　线控转向

高阶智驾需求驱动转向系统线控化升级。EPS 在乘用车市场基本实现全面覆盖，并正迈向高性能 EPS 产品应用阶段；国内标准解除了对方向盘和车轮物理解耦的限制，但针对 SBW 的专项标准仍需制定并完善，SBW 系统产业化应用开始起步。当前 EPS 中高端市场仍被外资供应商垄断，并且部分关键上游零部件国产化率仍不高；SBW 的核心技术仍待进一步完善，并且当前成本过高、体系化行业标准亟待完善。在转向系统从 EPS 向 SBW 升级的过程中，冗余 EPS 将成为必经过程。待技术成熟、成本可控、产业链完善后，SBW 应用前景广阔，预计到 2025 年左右 SBW 具备量产条件，2026 年或 2027 年左右将实现大规模量产。

一、高阶智驾需求推动线控转向技术发展

乘用车高阶智驾技术发展驱动转向系统线控化升级。转向舒适性需求推动乘用车转向系统的发展，其经历了机械转向（Mechanical Steering，MS）系统→液压助力转向（Hydraulic Power Steering，HPS）系统→电动助力转向（Electric Power Steering，EPS）系统的迭代过程（见图 7-11）。高阶智驾技术要求转向系统要稳定、可靠执行转向动作，失效设计上从失效安全（Fail Safe）→失效功能（Fail Function）→失效操作（Fail Operation）逐渐严苛，而 HPS 和部分 EPS 难以满足需求。线控转向（Steer-by-Wire，SBW）作为高阶智驾的典型转向技术，

与智能驾驶的发展趋势匹配并具有诸多优点[1]。

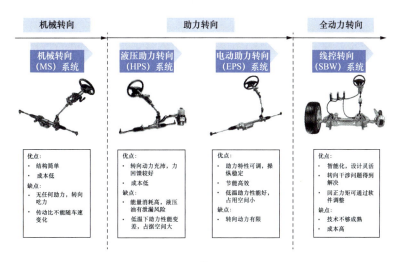

图 7-11　乘用车转向系统发展历程

注：信息来源于公开资料，由中国电动汽车百人会车百智库汽车产业研究院整理。

在智能驾驶方面，由于线控转向系统取消了传统转向系统中间轴的机械连接，在人工驾驶时，与传统转向系统基本相似；在智能驾驶时，上半部机构处于静默状态，完全由下半部的执行机构及控制单元主动执行转向指令，实现智能驾驶功能。在驾驶安全方面，线控转向的转向管柱可以设计成自动隐藏形式，从而腾出驾驶员的前部空间，显著提高车辆碰撞时的被动安全；同时，线控转向系统能够提高低速行驶的灵活性及高速行驶的稳定性。在整车制造方面，一方面，线控转向可以减小转向系统的传动空间，便于动力装置的布置；另一方面，线控转向实现了机械解耦，具有模块化特征，能够使同一套转向系统搭载在不同的车型上，提高整车开发效率、减少设计制造成本。

1　朱永强等，《线控转向系统关键技术综述》，科学技术与工程，2021 年 12 月。

二、我国乘用车线控转向产业化进展

1. EPS是当前乘用车转向系统的主流技术路线

EPS在乘用车市场基本实现全面覆盖，并正迈向高性能EPS产品应用阶段。EPS在我国乘用车市场随汽车节能减排法规的完善已基本完成渗透，据相关数据统计，近年来，我国乘用车市场EPS的渗透率已高达98%（见图7-12）。根据助力电机装配位置不同，EPS可分为转向管柱助力式（Column Type-Electric Power Steering，C-EPS）、小齿轮助力式（Pinion Type-Electric Power Steering，P-EPS）、双小齿轮助力式（Dual Pinion Type-Electric Power Steering，DP-EPS）、齿条助力式（Rack Type-Electric Power Steering，R-EPS）4种。其中，C-EPS结构紧凑、制造成本低，适用于小型乘用车；P-EPS传动效率、成本等居中，适用于中型乘用车；DP-EPS和R-EPS的传动效率、安全性等性能好，适用于中、大型乘用车（见表7-11）。随着智能电动乘用车对转向性能要求提升以及技术成熟带来的成本下降，DP-EPS和R-EPS的渗透率有望提升。

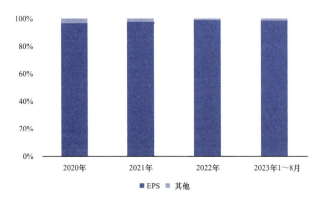

图7-12　2020—2023年8月中国乘用车转向系统市场结构

注：信息来源于佐思汽研，由中国电动汽车百人会车百智库汽车产业研究院整理。

表 7-11 几种 EPS 关键性能对比

类型	原理	特点	使用车型
C-EPS	将扭矩传感器和助力机构装在转向管柱上，下面连接一个机械转向机	占用空间小，成本最低；但路感差，噪声大	小型、中小型乘用车
P-EPS	将扭矩传感器和助力机构装在小齿轮上，电动马达的输出力矩通过蜗轮蜗杆减速机构作用在小齿轮上	与 C-EPS 相比，传动效率高，刚性好，响应速度及操纵感更优，整车 NVH 及可靠性更强	中小型、中型乘用车
DP-EPS	助力端是通过电机带动蜗轮、蜗杆进行减速（扭矩放大），涡轮与齿轮相连，齿轮与中间齿条轴配合	与 P-EPS 相比，可提供更大助力、更好的可操作性；与 R-EPS 相比，具有更高的经济性	中型、中大型乘用车
R-EPS	转矩传感器单独安装在小齿轮处，直接驱动齿条提供助力	与 DP-EPS 相比，传动效率更高，可提供更大助力，系统刚性好，响应及操纵感更优，成本高	中大型、大型乘用车

注：信息来源于蜂巢转向、佐思汽研，由中国电动汽车百人会车百智库汽车产业研究院整理。

2．国内标准解除对方向盘和车轮物理解耦的限制

GB 17675—2021《汽车转向系 基本要求》中删除了"不得装用全动力转向机构"的要求（1999 年版的 3.3）（见表 7-12），解除了以往对方向盘和车轮物理解耦的限制，为国内线控转向产品应用提供了基础条件。该标准还对全动力转向机构的失效做出了明确规定，以保证全动力转向机构的安全性。但线控转向若要通过整车认证，仍需进一步完善相关标准。

表 7-12 汽车转向系统有关新旧国家标准部分内容变更对比

国家标准	关于转向传动装置的表述
GB 17675—1999	转向控制机构和转向车轮之间的所有机构（专用机构除外）。它可为机械式、液压式、气动式、电动式或它们的任一组合

续表

国家标准	关于转向传动装置的表述
GB 17675—2021	在转向操纵装置和转向车轮之间构成功能性连接、实现信号传输和 / 或能量传输两种功能的零部件组合。（注：按照信号和 / 或能量传输方式，可以分为机械式、液压式和电动式及其各种组合形式）

注：信息来源于 GB 17675—1999《汽车转向系 基本要求》和 GB 17675—2021《汽车转向系 基本要求》，由中国电动汽车百人会车百智库汽车产业研究院整理。

3. 线控转向系统的关键技术仍在持续发展阶段

关键零部件技术进步是线控转向系统发展的重要支持，当前线控转向系统布置呈多样性。线控转向系统主要由路感模拟模块、转向执行模块和控制器及线束模块等 3 个部分构成，其中路感模拟模块由方向盘、路感反馈电机、转向管柱、转角传感器、力矩传感器和蜗轮蜗杆减速器等组成；转向执行模块由转向电机、齿轮齿条、齿条位置传感器和转向拉杆等组成；控制器及线束模块内包含路感反馈控制器、转向执行控制器、通信总线及相关传感器线束等（见图 7-13）。其中各种传感器、控制器上的关键元器件、转向电机、减速器等是线控转向系统的核心零部件，其技术水平决定了线控转向技术产业化应用的进展。

目前线控转向系统布置方式主要分为 5 类，分别为单电机前轮转向、双电机前轮转向、双电机独立前轮转向、后轮线控转向和四轮独立转向，每种布置方式各有优缺点。综合来看，双电机独立前轮转向、四轮独立转向等分布式线控转向系统更具灵活性，未来发展潜力大（见表 7-13）。

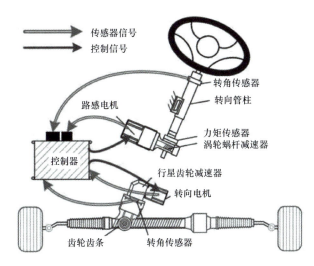

图 7-13　线控转向系统结构示意图

注：信息来源于朱永强等，《线控转向系统关键技术综述》，科学技术与工程，2021 年 12 月，
　　由中国电动汽车百人会车百智库汽车产业研究院整理。

表 7-13　几种线控转向系统布置方式的比较

布置方式	优点	缺点
单电机前轮转向	结构简单，易于布置	单电机故障冗余性欠佳，电机功率较大
双电机前轮转向	冗余性好，且对单个电机功率要求较低	冗余算法复杂，零部件成本增加
双电机独立前轮转向	去掉转向器部件，提高了控制自由度和空间利用率	无冗余功能，转向协同控制算法较复杂
后轮线控转向	控制自由度增加，转向能力增强	零部件数量增加，结构较复杂，控制算法较复杂
四轮独立转向	控制自由度最大，转向能力更强	系统结构复杂，可靠性降低，控制算法复杂

注：信息来源于陈俐等，《汽车线控转向系统研究进展综述》，汽车技术，2018 年 4 月，
　　由中国电动汽车百人会车百智库汽车产业研究院整理。

4．上下游企业正推动线控转向系统进入产业化应用初期

　　领先车企、零部件供应商纷纷布局线控转向系统，近期产业化进展有加快趋势。在车企方面，丰田、特斯拉、奥迪、长城、

吉利等国内外领先企业均针对线控转向进行技术储备工作，并计划逐步推动其应用于量产车型。2013 年英菲尼迪 Q50 是全球首款量产的线控转向乘用车，2021 年丰田量产的海外版 bZ4X 可选装线控转向系统，2023 年底开始交付的特斯拉纯电动皮卡 Cybertruck 首次采用线控转向技术；长城、吉利、蔚来等自主车企也通过自研或与供应商合作等方式布局线控转向系统，并计划有步骤地推动量产车应用。在供应商方面，外资领先企业经过多年积累，已达到量产准入阶段，如采埃孚、捷太格特、博世、耐世特等；国内供应商擎威科技、集团、伯特利等也在积极开展研发布局，部分企业已完成样车线控转向功能开发（见表7-14）。

表 7-14　国内外部分车企和供应商对线控转向技术的布局及进展（不完全统计）

企业类型	企业名称	线控转向技术布局及进展
车企	丰田	海外版纯电动车 bZ4X 搭载线控转向系统 OMG（One Motion Grip），2024 年上市的纯电 SUV 将在欧洲推出搭载线控转向技术的版本
	特斯拉	纯电动皮卡 Cybertruck 首次采用线控转向技术，并于 2023 年 12 月开始交付
	长城	通过子公司蜂巢易创对线控转向技术进行自主研发，预计 2023 年底完成技术开发，2024 年将具备量产条件
	吉利	2020 年起开始有计划地进行线控转向的技术储备工作，并逐步建立自己的设计规范、测试及验证规范等，未来将有步骤地推向市场
	上汽	线控转向技术处于预研阶段，预计 2025 年以后将有量产项目
供应商	捷太格特	2022 年线控转向系统在丰田 bZ4X 上量产搭载，2024 年将在北美地区的雷克萨斯 RZ 上搭载
	博世	2018 年在奥迪 A3 上试搭载，与初创公司 Arnold NextG 合作推动线控转向系统大规模生产，计划 2025 年前后开始大规模推广线控转向系统

续表

企业类型	企业名称	线控转向技术布局及进展
供应商	采埃孚	公司已经与欧美地区的主要汽车制造商签订了合同，并计划在全球主要市场量产线控转向系统
	万都	公司开发的线控转向系统获得 CES 2021 创新奖
	耐世特	截至 2023 年 6 月底，公司已获得全球范围内两家整车企业的线控转向项目订单
	联创	上汽集团控股公司，当前线控 EPS 处于 B 样阶段
	蜂巢转向	蜂巢易创全资子公司，2023 年量产后轮线控转向产品，并储备前轮线控转向技术
	擎威科技	吉利旗下公司，2023 年 11 月与舍弗勒签订战略合作协议，双方将在智能线控转向系统领域展开合作，共同推动线控转向技术的应用和发展
	豫北转向	当前公司的线控转向技术已经在台架上测试了基本转向功能和力感反馈功能，并完成了部分实车验证
	伯特利	公司于 2022 年 4 月收购浙江万达汽车方向机有限公司 45% 的股权，布局线控转向业务

注：信息来源于专家与企业调研、公开资料，由中国电动汽车百人会车百智库汽车产业研究院整理。

三、我国乘用车线控转向发展面临的挑战

1. 国内 EPS 中高端市场基本被国外供应商垄断，关键零部件国产化率仍待提高

我国乘用车 EPS 市场份额主要被外资企业占据，尤其是中高端车型领域。EPS 技术壁垒较高，国外供应商在技术、成本、产品质量等方面均具有领先优势，仍占据我国乘用车 EPS 大部分市场。据统计，2021 年我国乘用车 EPS 市场中 CR5 均是外资企业，合计占比超过 75%。近年来，新世宝、豫北光洋、东华、联创、万都、恒隆等国内 EPS 供应商开始供应自主车企，但目前多数集中配套 A 级及以下车型，中高端市场仍基本被国外巨头供应商垄断。国内 EPS 供应商仍需在产品质量、一致性、稳定性、可靠性、安全性等方面持续提升（见图 7-14）。

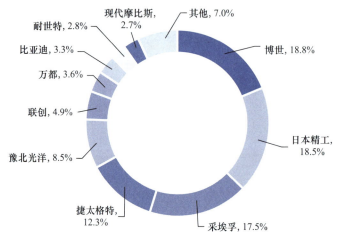

现代摩比斯,2.7%
耐世特,2.8%
比亚迪,3.3%
万都,3.6%
联创,4.9%
豫北光洋,8.5%
捷太格特,12.3%
其他,7.0%
博世,18.8%
日本精工,18.5%
采埃孚,17.5%

图 7-14　2021 年中国乘用车 EPS 市场格局

注：信息来源于高工智能汽车，由中国电动汽车百人会车百智库汽车产业研究院整理。

EPS 系统关键上游零部件国产化率仍不高。 在机械部件方面，蜗轮、蜗杆已基本实现国产化，但高端涡轮材料及配方仍依赖进口；滚珠丝杠在国内还未具有较强的国产化能力，主要供应商有日本精工、THK、斯凯孚、舍弗勒等。在转向助力电机方面，虽然大部分电机在国内生产，但供应商大多是外资企业，如日本电产、博世、德尔福、博泽、日本电产凯宇等，国产转向助力电机供应商仍需在可靠性、耐久性等方面进一步提高。在控制器方面，EPS 拥有单独的 ECU，其中的关键芯片主要依托国外供应，如英飞凌、恩智浦等。在软件算法方面，自主研发能力仍较为缺乏。综合来看，我国 EPS 系统及上游产业链的国产化率仍有较大的提升空间。

2. 线控转向技术尚未进入大规模量产应用阶段，核心技术仍待进一步完善

当前线控转向技术尚未在乘用车领域实现大规模量产应用，面临一系列技术挑战。 在安全性方面，线控转向系统功能安全需要满足 ISO 26262 中的 ASIL D 级别，对车企和供应商都是巨大的挑战，需要企业同时具备以下 3 个方面能力：建立公司层面的安全文化、建立满足 ISO 26262 或 GB/T 34590 的项目管理和产品开发流程、开发团队成员具备功能安全开发能力。但当前多数企业都有一定程度的欠缺，线控转向功能安全方案仍在探索中。另外，线控转向系统面临网络安全风险，主要来自传感器和执行器的接入、数据的运算过程、线控转向系统的内部网络和外部网络等渠道，当前针对上述风险所采取的防范措施仍相对薄弱。

在路感反馈技术方面[1]，路感反馈控制策略分为反馈力矩计算和主动回正两部分，其承担着将路面信息反馈给驾驶员的任务，需要同时满足准确性和舒适性要求，是人机共驾阶段的关键技术。当前面临的挑战包括复杂路况下路感力矩与人机工程的协调，路感反馈的评价主要依赖于驾驶员主观评价，由于路面信息复杂多变、驾驶员对相同路面反馈不同，因此复杂路况下符合不同驾驶风格的路感反馈控制是一大难题；路感模拟装置的控制精度、路感反馈力矩的大小直接影响驾驶员对路感反馈的评价，一般路感模拟装置的控制以力矩控制为主、转角控制为辅，而在准确的位置输出期望的反馈力矩，以及当外部干扰剧烈、部件老化磨损时确保控制品质等是另一大难题。另外，当进入 L4 或 L5 自动驾驶阶段，车辆可完全交由控制器操纵，相关标准可能允许驾驶员不需要进行转向操作，那么路感反馈的功能可能需要重新定义。

在转向执行控制方面，当前的转向执行控制算法对复杂路况

1　陈俐等，《汽车线控转向系统研究进展综述》，汽车技术，2018 年 4 月。

和交通环境的适应性不足，需要研发自适应性和鲁棒性强的转向执行控制算法；另外，线控转向不能孤立发挥作用，需要与感知、动力、底盘等自动驾驶子系统进行高度融合与协同，其复杂性和可靠性是较大挑战。

3. 当前线控转向系统成本较高

线控转向系统的高成本阻碍其实现大规模应用。一方面，考虑安全性，线控转向系统需要增加硬件冗余和软件冗余，其中硬件冗余包括机械冗余及电子电气冗余（如六相电机、双 ECU、双电源、多传感器、通信总线冗余等），软件冗余主要是容错控制算法和软件层面的冗余。零部件的增加、复杂算法软件的开发等，使得当前线控转向系统成本高达 5000～8000 元／套（见表 7-15），而 EPS 系统成本平均在 1000～2000 元／套，相比之下线控转向系统成本过高，难以实现大规模应用。另一方面，线控转向系统的关键零部件国产化率较低，进一步增加了我国产业链企业的开发成本，除了电机、关键芯片、滚珠丝杠等零部件的国产化率亟待提高外，转矩转角传感器市场也基本被海拉、法雷奥等国外企业垄断。

表 7-15　几种 EPS 系统和 SBW 系统成本对比

转向系统	成本（元／套）
C-EPS	1200～1500
P-EPS	1500～1800
DP-EPS	2000～2300
R-EPS	2400～2500
SBW	5000～8000

注：信息来源于专家与企业调研，由中国电动汽车百人会车百智库汽车产业研究院整理。

4．我国线控转向行业标准待进一步完善

我国仍缺乏针对线控转向系统的系列标准。虽然 2022 年 1 月 1 日起正式实施的 GB 17675—2021《汽车转向系 基本要求》解除了线控转向系统上车应用的限制，但目前还是缺乏针对线控转向系统功能、性能及测试相关的标准规范。目前，欧洲和美国已经出台针对线控转向系统的相关标准，在术语、定义、技术要求、试验方法、系统功能安全要求等方面做出规定，我国需尽快建立线控转向系统专门标准，以推动技术量产落地（见表 7-16）。

表 7-16　国内外已发布的线控转向相关标准（不完全统计）

标准名称	标准内容	国家 / 地区
ECE R79《关于车辆转向机构认证的统一规定》	规定了汽车线控转向系统的术语、定义、技术要求和试验方法	欧洲
NHTSA《线控转向系统功能安全评估》	对线控转向系统（涵盖离合器及后轮转向）进行了详细、完整的功能安全分析，得出线控转向系统功能安全要求	美国
GB 17675—2021《汽车转向系 基本要求》	规定了汽车线控转向系统的术语、定义、技术要求和试验方法	中国

注：信息来源于《电动汽车智能底盘技术路线图》，中国汽车工程学会，2023 年 6 月，由中国电动汽车百人会车百智库汽车产业研究院整理。

四、我国乘用车线控转向未来展望

在转向系统从 EPS 系统向 SBW 系统升级的过程中，冗余 EPS 系统将成为必经过程。因为冗余 EPS 系统与 SBW 系统硬件结构相似，区别在机械解耦与软件算法，因此，冗余 EPS 将成为过渡形态。一方面，增加电控单元、转矩转角传感器总成等冗余备份的 EPS 系统，在发生单点失效的情况下依然具备一定的助力能力，能够满足 L3 及以上自动驾驶需要。另一方面，线控转向与冗

余 EPS 系统的核心区别在于失效时的安全机制不同，但在硬件结构方面线控转向与冗余 EPS 系统较为相似（见图 7-15），核心硬件技术和产品能够在一定程度上得以沿用。因此，在线控转向核心技术尚未成熟、成本过高的发展阶段，冗余 EPS 系统能够为线控转向产业化应用奠定发展基础，通过满足高阶智能驾驶需求，促使线控转向软件算法迭代完善、培育关键硬件产业链更加成熟。目前，博世华域、蜂巢转向、英创汇智等企业已经推出冗余 EPS 系统的量产产品（见表 7-17），随着未来几年更多高阶智驾功能在乘用车上应用，冗余 EPS 系统产品可能率先得到更广泛的应用。

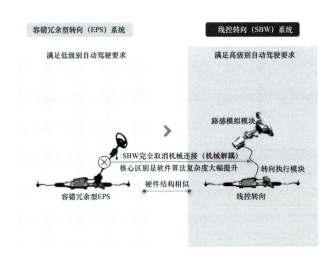

图 7-15　冗余 EPS 系统与线控转向硬件结构对比示意图

注：信息来源于义柏研究院，由中国电动汽车百人会车百智库汽车产业研究院整理。

表 7-17　部分供应商在冗余 EPS 系统产品方面的布局情况

企业名称	冗余 EPS 系统产品布局情况
博世华域	平行轴式电动助力转向系统（EPSapa）可实现半自动驾驶，未来将实现高度自动驾驶，通过可扩展的电机系列和控制单元进行性能优化配置；双齿轮式电动助力转向系统（EPSdp）支持智能驾驶以及高度自动驾驶，提高安全性，通过可扩展的组件系列进行性能优化配置

续表

企业名称	冗余 EPS 系统产品布局情况
耐世特	高可用性电动助力转向系统通过在扭矩与位置传感器、电子控制单元和多绕组电机中加入额外的冗余性能，以及双备份车辆电源和整车通信连接，实现智能化
蜂巢转向	"Gen.2 DP-EPS"采用一体式 MCU（双处理器、双桥驱动）、双路霍尔非接触式 PWM 信号传感器，支持 L3 及以上等级的智能驾驶车辆；2023 年量产 R-EPS 产品
英创汇智	冗余电控转向系统（T-RES）集成双绕组电机、双驱动电路、双传感器和双电源管理系统，满足 L3 自动驾驶冗余需求
拿森科技	"全冗余 DP-EPS"由机械转向系统、扭矩转角传感器、传动单元、电机、电控单元组成，具备支持高速公路巡航、交通拥堵巡航、自动代客泊车等 L3/L4 功能
经纬恒润	"全冗余 R-EPS"能够满足 L2 ～ L4 的自动驾驶需求，2022 年 8 月完成模具样件开发，并进行了实车路试

注：信息来源于各公司官网，由中国电动汽车百人会车百智库汽车产业研究院整理。

线控转向未来可期，预计到 2030 年我国乘用车线控转向市场规模将接近 300 亿元。对于线控转向渗透率，受高安全性要求、成本可控、技术成熟度等因素影响，我国乘用车线控转向系统发展速度相较于其他底盘子系统的线控化速度要慢些，综合判断到 2025 年左右具备量产条件，2026 年或 2027 年实现大规模量产，预计到 2030 年线控转向产品在我国智能电动乘用车中的渗透率将达到 25% 左右，搭载相关产品的乘用车将超过 700 万辆。对于线控制动系统单车平均价值，在发展初期，线控转向系统平均价值中枢约为 6500 元；随着技术成熟、产业链完善、搭载规模放量，预计到 2030 年线控转向系统平均价值中枢可能为 4000 元。综上所述，预计到 2025 年我国乘用车线控转向市场规模超过 100 亿元，到 2030 年则接近 300 亿元，2022—2030 年均增速约为 45%（见图 7-16）。

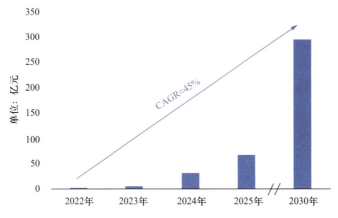

图 7-16　2022—2030 年我国乘用车线控转向市场规模预测

注：信息来源于公开资料，由中国电动汽车百人会车百智库汽车产业研究院测算。

第四节　线控悬架

电动智能催化、自主品牌向上突破与国产降本驱动线控悬架加速发展。当前汽车悬架由被动悬架向主动悬架升级，其中半主动悬架和主动悬架均属于线控悬架。空气悬架是典型的主动悬架，也是目前重点推广的主流方案，在该领域，国产替代正加速推进。但国内空气悬架产品较国外尚存一定差距，部分核心零部件依赖进口。此外，主动悬架在技术研发、成本等方面面临着一定挑战，仍需不断进步。未来魔毯悬架、智能液压悬架等新的细分赛道发展前景可期，预计到 2030 年我国乘用车线控悬架市场规模将超过 400 亿元。

一、电动智能催化，叠加自主品牌向上突破与国产降本，驱动线控悬架加速发展

1.汽车电动化和智能化浪潮驱动悬架系统升级

汽车产业加快电动化、智能化转型，带动悬架系统向线控悬架迭代。车辆行驶的舒缓稳定性和掌控可靠性在一定程度上由汽车悬架性能决定。传统的被动悬架缺乏实时改变悬架参数以提高各项性能的能力，线控悬架则能够通过传感器、控制单元和执行器等组件实现实时监测，自主调节悬架系统的刚度、阻尼及车身高度等参数，进而调整车辆的运动状态，以适应不同的路面和行驶状况，使车辆具有良好的平顺性、操作性与舒适性（见图7-17）。此外，对于高阶智能驾驶而言，车身的垂直运动控制对于实现L3和L4至关重要，从而加速推动悬架系统向线控化升级。

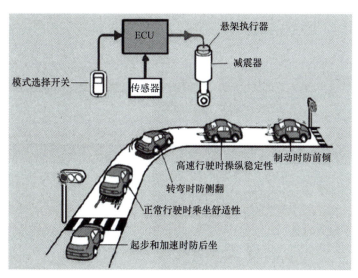

图7-17　线控悬架的主要优点

注：信息来源于搜狐汽车、汽车人，由中国电动汽车百人会车百智库汽车产业研究院整理。

2．自主品牌寻求向上突破，利好线控悬架发展

自主品牌冲击高端市场，旗舰车型开始搭载线控悬架。 在消费升级的趋势下，消费者对车的性能要求日益提升，新势力和传统车企在车辆性能方面持续加大投入，以期打造差异化竞争优势。借助新能源、智能化的产业变革浪潮，自主品牌车企纷纷推出高端智能电动汽车产品，希望通过高端化来实现品牌向上。为突破原有品牌定位，车企通常需要对智驾、座舱、底盘等多个领域进行全面提升，从而提高产品的豪华感。线控悬架作为底盘升级的重要组成之一，成为部分车企打造高品质驾乘体验的重要方向。以空气悬架为例，其是线控悬架产业中推广的主流方案，过去多配置于奔驰、宝马、路虎、保时捷等进口高端车型中，而当前岚图、蔚来、理想、智己等自主品牌车企的高端旗舰车型多数配置空气悬架，配置车型价格逐步下探至 30 万元左右。如 2023 年 6 月上市的智己 LS7 标配空气悬架的车型价格区间为 30.98 ～ 45.98万元。由此，自主品牌车企寻求向上突破，将推动线控悬架产业加速发展（见表 7-18）。

表 7-18　搭载空气悬架的自主品牌车型及指导价（不完全统计）

品牌	车型	上市时间	配置空悬车型价格／元
智己	LS7	2023.6	30.98 万～ 45.98 万
岚图	追光	2023.4	32.29 万～ 38.59 万
	FREE（2024 款）	2023.8	26.69 万
蔚来	ET7	2023.4	42.8 万～ 50.6 万
	ES7	2022.6	43.8 万～ 51.8 万
	ES8	2022.12	49.8 万～ 59.8 万
理想	L7	2023.2	33.98 万～ 37.98 万

续表

品牌	车型	上市时间	配置空悬车型价格 / 元
理想	L8	2022.9	35.98 万～ 39.98 万
	L9	2022.6 2023.8	42.98 万～ 45.98 万
小鹏	G9	2022.9	39.99 万～ 46.99 万
北京	BJ90	2022.12	47.8 万～ 49.8 万
腾势	N7	2023.7	31.98 万～ 37.98 万
红旗	HS7	2021.9	41.58 万～ 45.98 万
	H9	2023.8	45.98 万～ 86 万

注：信息来源于汽车之家、易车网、公开资料，由中国电动汽车百人会车百智库汽车产业研究院整理。

3. 国产替代带来的成本下降助力线控悬架加速普及

在国产化加速趋势下，线控悬架成本逐渐下降，推动其快速发展。当前线控悬架国产替代正在加速，已有部分核心零部件成功打破国外垄断壁垒实现国产化。以空气悬架为例，若采购国外供应商的产品，单价约 1.2 万～ 1.3 万元，其中空气弹簧和空气供给单元成本占比分别约为 30% 和 20%，单车价值分别在 3700 元和 2200 元左右[1]（见图 7-18），而当前国内自主供应商已在这两个零部件初具实力，国产化后，空气弹簧和空气供给单元单车价值可分别降至 3000 元和 1700 元左右[2]。随着国产化进程持续推进，规模化效应逐步显现，线控悬架成本正逐渐下降，将有力推动其普及程度进一步提升。

---

1 《空悬市场空间加速扩容，国产化趋势明显》，华安证券，2023 年 8 月。

2 《汽车智能化系列报告空气悬架篇：悬架技术革新，空气悬架方兴未艾》，中银证券，2022 年 9 月。

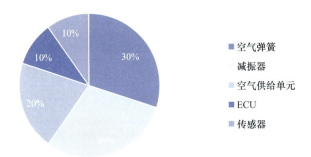

图 7-18   国外供应商空气悬架系统零部件成本占比

注：信息来源于观研报告网、华安证券，由中国电动汽车百人会车百智库汽车产业研究院
整理。

二、我国乘用车线控悬架产业化进展

1. 汽车悬架由被动悬架向主动悬架升级

汽车悬架逐渐向主动悬架演变。汽车悬架是用于连接车身
与车轮的传力机件，对车身起到支撑与减振作用。悬架系统关
键部件主要包括弹性元件、减振器、稳定杆等，其十分重要的两
个特性参数分别为刚度和阻尼。按照控制力介入程度，悬架系
统可分为被动悬架、半主动悬架和主动悬架（见图 7-19）。具
体来看，被动悬架为纯机械结构，刚度、阻尼均不可调；半主
动悬架的刚度与阻尼中有一项可调，由于改变阻尼较为容易，
一般采用可变阻尼悬架结构；主动悬架刚度、阻尼均可调（见
表 7-19）。其中，半主动悬架和主动悬架也被称为线控悬架，
即通过对弹性元件和减振器进行升级，使之成为可主动调节元件，
并加入电子控制系统，实现汽车悬架的智能化调节。在电动化、
智能化的长期趋势下，悬架系统正在由被动悬架逐渐向主动悬架
演变。

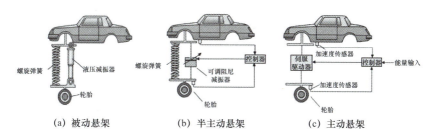

图 7-19 汽车悬架系统分类

注：信息来源于 EDT 电驱时代，由中国电动汽车百人会车百智库汽车产业研究院整理。

表 7-19 几种悬架类型的比较

类型	概念	特点
被动悬架	指刚度和阻尼不会随外部状态而变化的悬架	结构简单、造价低廉；但悬架系统内无能源供给装置，较难同时满足汽车行驶舒适性与操纵稳定性的要求
半主动悬架	指刚度和阻尼能改变其一的悬架，通常为可变阻尼悬架	可在一定程度上提高汽车行驶舒适性和操纵稳定性
主动悬架	指刚度和阻尼均能根据运行条件进行及时调节的悬架	悬架系统内配有能源供给和控制装置，性能优良，车身高度可调，但系统复杂，造价昂贵

注：信息来源于汽车维修技术网，由中国电动汽车百人会车百智库汽车产业研究院整理。

2. 空气悬架是目前主流的线控悬架方案

当下线控悬架产业中重点推广的主流方案是空气悬架。目前市面上主流的主动悬架有 4 种形式：连续阻尼控制（Continuous Damping Control，CDC）悬架、电磁行驶控制（Magnetic Ride Control，MRC）悬架、液压悬架和空气悬架（见表 7-20）。CDC 悬架通过电磁阀控制减振器中阀门的开度以改变油液流速，进而调节阻尼大小[1]，由于其成本较低、舒适性略差，在中端及中低端车型上应用较多。MRC 悬架采用磁流变材料充当阻尼介

---
1 轩元资本．轩元研究｜底盘线控悬架智能化趋势及投资思考 [EB/OL].[2023-05-21]。

质，并利用电磁反应改变材料状态，以调节悬架刚度和阻尼，由于其成本过高，目前只在部分高端车型上应用。液压悬架主要由液压缸、液压泵、液压阀等组成，通过液压传动来实现车辆对路面的适应性调节[1]。当前国外对液压悬架应用较多，国内开发较为缓慢。空气悬架主要由空气弹簧、减振器、空气供给单元、ECU 和传感器等组成（见图 7-20）。其中，空气弹簧是在柔性密封容器中充入压缩空气，利用气体可压缩性实现弹性作用的一种非金属弹簧，具有优良的弹性特性，且可以利用 ECU 接收车辆高度、行驶速度和路况信号进行工况判断，还可以通过自主充放气实现刚度和高度调节。空气悬架舒适性高、操控性好，是目前乘用车市场上主流的线控悬架，其中"空气弹簧 +CDC 减振器"是较为常用的上车搭配方案。根据高工智能汽车研究院发布的数据，2022 年中国市场（不含进出口）乘用车前装标配空气悬架交付 28.01 万辆，同比增长 142.3%；2023 年 1 ～ 8 月，中国乘用车前装标配空气悬架累计交付达到 34.94 万辆，同比增长 199.7%，继续保持高增速态势。

表 7-20 几种主动悬架类型的比较

类型	工作原理	常见搭配	优缺点
CDC 悬架	CDC 悬架又被称为电子液力式可调悬架，由 CDC 减振器、传感器、ECU 等组成。其工作原理是控制减振器中阀门的开度，改变减振器油液流动的速度，从而实现对阻尼的控制	机械弹簧+CDC 减振器	优点：响应快速，能够以 100 ～ 500 次 / 秒的高频率控制；稳定性好、耐久性强；系统成本较低。缺点：舒适性略差

1 楚海科技液压系统 . 液压悬挂系统的基本结构和工作原理 [EB/OL].[2023-06-25]。

续表

类型	工作原理	常见搭配	优缺点
MRC悬架	MRC悬架用磁流变材料充当阻尼介质。其工作原理是通过控制电磁绕组中的电流来改变电磁力的大小和方向，从而改变磁流变材料状态，进而调节悬架系统的刚度和阻尼，实现更加精细化的悬架调节效果，以适应不同路面和行驶条件	机械/空气弹簧+MRC减振器	优点：结构简单、响应快（以1000次/秒的高频率控制）。 缺点：成本高（高达2万元）
液压悬架	液压悬架主要由液压缸、液压泵、液压阀等组成。当车辆行驶在不同路况时，液压缸通过液压传动将液压能转化为机械能，推动车轮进行上下运动，从而适应路面变化。在这个过程中，液压泵和液压阀起到控制流量和压力的作用，从而实现对悬架的精密控制	机械/油气弹簧+主动液压减振器	优点：实用升降自如，后期维护成本低。 缺点：响应速度略慢
空气悬架	空气悬架主要由空气弹簧、减振器、空气供给单元（空气压缩机、储气罐、分配阀）、ECU和传感器等组成。空气弹簧用于调节刚度，减振器用于调节阻尼，从而实现对车辆行驶性能和舒适性能的调节	空气弹簧+空气/CDC减振器	优点：舒适性高、操控性好。 缺点：结构复杂、成本高、耐久性有待考验

注：信息来源于轩元资本、华西证券、楚海科技、公开资料，由中国电动汽车百人会车百智库汽车产业研究院整理。

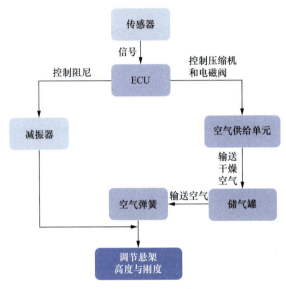

图 7-20　空气悬架的工作原理

注：信息来源于盖世汽车研究院、华安证券，由中国电动汽车百人会车百智库汽车产业研究
　　院整理。

3. 空气悬架外资垄断格局被打开，国产替代加速推进

国外供应商具有技术先发优势，积累深厚。国外的空气悬架供应商多为老牌零部件企业，在空气悬架方面布局较早，技术积累深厚，且具备量产经验和配套客户，与外资车企尤其是宝马、奔驰和奥迪等豪华品牌合作时间已久，在市场中占据重要地位。多数国外供应商如大陆集团、威巴克、威伯科等均具有空气悬架总成的供应能力，产品范围覆盖空气弹簧、减振器、空气供给单元、ECU 等关键部件。国内自主品牌车企在早期引入空气悬架时，首选也多为国外供应商，如蔚来 ES8 的空气弹簧、减振器等均由大陆集团供应，极氪 001 的空气悬架由威巴克配套（见表 7-21）。

表 7-21　空气悬架国外供应商相关情况（不完全统计）

公司	成立时间	供应产品	客户
大陆集团	1871 年	空气弹簧、空气供给单元、电子空气悬架系统等	劳斯莱斯、宾利、奔驰、宝马、奥迪、沃尔沃、路虎、蔚来等
威巴克	1849 年	空气弹簧、减振器、控制单元、空气供给单元、空气悬架集成等	宝马、奥迪、沃尔沃、大众等
威伯科	1869 年	电控空气悬架，空气供给单元、电子控制单元等	宝马、奥迪、大众、吉利、红旗、中国重汽等
倍适登	1873 年	空气弹簧、减振器	宝马、奔驰、奥迪、保时捷等
采埃孚－萨克斯	1998 年	减振器	奔驰、宝马、通用、大众、福特等

注：信息来源于各公司官网，由中国电动汽车百人会车百智库汽车产业研究院整理。

自主供应商已初具技术实力，空气悬架核心零部件逐步国产化。近几年，随着智能电动汽车快速发展，叠加消费升级、自主高端化等因素，国内空气悬架市场正逐步打开增长空间。由于外资厂商在开发资源和响应速度上很难满足井喷的项目需求，而车企自身也缺乏相应的开发经验，从而为相关配套的自主供应商提供了发展机遇。目前国内供应商在空气悬架核心零部件上已实现多点突破，空气弹簧、空气供给单元等部件正逐步走向国产化，且部分企业已掌握空气悬架总成的供应能力（见表 7-22）。其中，孔辉科技是国内首家实现乘用车空气悬架系统量产的企业，目前已获得 10 余家车企的 30 余款车型的定点，2023 年 1～10 月国内市场占有率达到 42.2%（见图 7-21）；保隆科技空气悬架产品矩阵完善，多数产品均已获得 OEM 市场定点；中鼎股份收购 AMK 布局空气压缩机业务，获得大量订单；拓普集团在空气弹簧和空气供给单元方面具有技术优势，并具备系统总成供应能力；天润工业依托商用车空气悬架产品经验，布局乘用车空气悬架市场。由于自主供应商的空气悬架技术快速追赶，且具备成本优势与响应速度优势，有望加速空气悬架国产替代进程。

表 7-22　空气悬架国内供应商相关情况（不完全统计）

公司	成立时间	供应产品	客户
孔辉科技	2018 年	空气悬架总成、空气弹簧、ECU 等	东风岚图、一汽红旗、蔚来、长城等
保隆科技	1997 年	空气弹簧、电控减振器、储气罐、ECU 等	安道拓、上海科曼、蔚来、理想等
中鼎股份	1980 年	空气供给单元、ECU 等	东风汽车、蔚来等
拓普集团	1983 年	空气悬架总成、空气供给单元、空气弹簧、电子空气悬架系统等	通用汽车等
天润工业	1995 年	空气悬架总成、减振器、空气弹簧、空气压缩机等	

注：信息来源于各公司官网，由中国电动汽车百人会车百智库汽车产业研究院整理。

(a) 2022年　　　　(b) 2023年1～10月

图 7-21　2022 年及 2023 年 1 ~ 10 月国内乘用车空气悬架市场份额排行

注：信息来源于盖世汽车研究院，由中国电动汽车百人会车百智库汽车产业研究院整理。

三、我国乘用车线控悬架发展面临的挑战

1. 国内空气悬架产品较国外产品仍存在一定差距，部分核心零部件依赖进口

虽然空气悬架技术已经相对成熟，但国内产品较国外产品仍

存在较大差距，目前总成较国外落后 3～4 年，越往上游落后得越多，大约有 4～5 年的差距[1]。由于国际知名厂商拥有更为丰富的经验和技术积累，并且在生产规模和供应链管理方面更为成熟，其产品稳定性和可靠性更高，可以实现更高效的生产和供应。相比之下，国内厂商尚存在一定短板，系统集成能力较弱，零部件开发经验较少，产品链不全，部分核心零部件如空气弹簧皮囊材料、控制阀、控制器/传感器芯片等（见图 7-22）还需通过进口解决。因此，国内空气悬架供应链仍需要时间完善，提高产品性能、实现可规模化量产是关键。

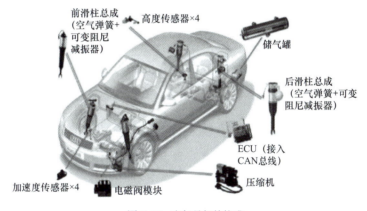

图 7-22　空气悬架的构成

注：信息来源于 ATC 汽车底盘，由中国电动汽车百人会车百智库汽车产业研究院整理。

2. 空气悬架在使用过程中故障率偏高，维修保养成本高

空气悬架与传统悬架相比，多出了空气弹簧、传感器、控制单元、管路等部件，结构设计更加复杂、精密，在实际应用过程

1　信息来源于企业调研。

中损坏的概率更大，对应的维修成本高。例如，单支空气弹簧价格约 900 ～ 975 元，其所用的橡胶由于长时间暴露在空气中，耐磨损和抗老化能力相对较弱，若空气弹簧损坏整个系统就会失效[1]，因此乘用车空气弹簧的维保周期相对钢制弹簧而言更短。此外，如果在用车过程中，驾驶工况恶劣、车辆负载过大，空气悬架也容易出现故障。一般而言，空气悬架的正常使用寿命约为 5 年，但车辆若经常停放不使用，反而使用寿命会下降到 3 年左右，因此需要车主注意维护和保养[2]。

3. 主动悬架技术研发仍面临一定挑战

目前主动悬架执行机构主要采用液体和气体这两种介质，其都具有可压缩性，但这种可压缩性具有明显的缺点——动作响应滞后，如何将执行机构的响应时间、响应频率以及响应精度进行大幅提升十分重要。同时，也要进一步提升材料、结构、工艺和稳定性，从而优化车端布置结构与使用舒适度，比如减振器电磁阀的结构可调性、阻尼一致性，气泵的振动噪声控制等。此外，目前大部分信号处理技术都是针对轮端和车身上的各类传感器的实时信号进行处理的，以此得到车轮加速度、车身姿态、悬架高度变化和路面不平度等参数用于后续的控制算法。该信号处理方式必然存在响应滞后问题，无法最大限度地进行精准控制，由此预瞄控制变成重点攻克方向之一。因此，亟须解决悬架系统相关技术难题，对多参数优化可调、多目标协同可控、控制算法快速精准的主动悬架关键技术进行深入研究。

---

1 信息来源于华安证券；浙商证券。

2 信息来源于汽车之家。

4．线控悬架成本下降空间有限，影响其应用范围的扩大

线控悬架主要解决车辆舒适性和操控性的问题，并非必需配置项。当前国内线控悬架的渗透率仅在 3% 左右[1]，且由于部分主动悬架价格较高，应用范围受到一定限制。如空气悬架当前单车价值约在 1 万～ 1.3 万元，由于其 BOM 材料以机械件为主，即使完全国产化，其成本下降空间仍有限，预计单车价值在 0.7 万元左右，整体系统价格相比传统被动悬架（约 0.1 万～ 0.2 万元）依然偏高，较难覆盖到 10 万～ 20 万元以下的车型[2]。目前进口的 MRC 悬架在 2.5 万元左右，经过国产化有望降到 1.8 万元左右[3]，但其成本过高，仍主要应用在少数高端车型上（见表 7-23）。因此，由于成本问题，线控悬架的市场规模及渗透率会受到一定影响。

表 7-23　部分悬架价格及应用范围情况

类型	当前系统价格	主要应用车型价格
空气悬架	1 万～ 1.3 万元左右	25 万以上车型
MRC 悬架	1.8 万～ 2.5 万元左右	少数高端车型

注: 信息来源于轩元资本、专家与企业调研, 由中国电动汽车百人会车百智库汽车产业研究院整理。

四、我国乘用车线控悬架未来展望

1．魔毯悬架成为新的高阶细分赛道

魔毯悬架是空气悬架的进阶版，进一步向智能化升级。 魔毯悬架一般比空气悬架多一套环境感知系统（摄像头和雷达等）和具有强大算力的控制器（也可能利用域控制器的算力）。其中，环境感知

1　信息来源于盖世汽车研究院。

2　信息来源于企业调研。

3　轩元资本．轩元研究 | 底盘线控悬架智能化趋势及投资思考 [EB/OL].[2023-05-21]。

系统基于双目立体视觉感知技术，通过摄像头和雷达扫描车前方路面状况，获取物体三维信息，以调节悬架的阻尼、刚度和高度，达到平稳通过颠簸路段的效果[1]。魔毯悬架代表方案为奔驰 Magic Body Control，近年来国内车企与供应商也加强研发量产，如 2023 年 11 月，理想宣布已累计交付超过 20 万辆搭载魔毯悬架的车型，其中在已交付的理想 L 系车型中有 93% 的车辆都配备了魔毯悬架（见图 7-23）；2022 年，保隆科技与元橡科技合作成立橡隆科技，以研发车规级双目立体视觉芯片，用于 ADAS 和路面预瞄系统（魔毯悬架）；2023 年，孔辉科技与鉴智机器人、中鼎股份和中科慧眼相继宣布合作布局双目立体视觉感知技术。此外，由于 ADAS 对车载环境感知系统的需求与魔毯悬架的配置部分重合，二者可以复用部分传感器，提供融合感知解决方案[2]。整体而言，魔毯悬架更智能、精准，具备主动观测前方道路的能力，可提前预判和快速响应，能为驾乘人员提供更好的舒适性和安全性，将有望成为新的高阶细分赛道。

图 7-23　魔毯悬架案例

注：信息来源于公开资料，由中国电动汽车百人会车百智库汽车产业研究院整理。

1　《空悬市场空间加速扩容，国产化趋势明显》，华安证券，2023 年 8 月。

2　《汽车行业深度报告：空气悬架：配置门槛下探，国产化持续加速中》，浙商证券，2022 年 10 月。

2．智能液压悬架发展前景可期

智能液压悬架集成机械、液压、电子等技术于一体，是具备高科技属性的主动悬架系统。在量产车上，液压悬架最早出现在雪铁龙车型（Hydractive 系统）上，至今已发展 4 代[1]。在结构上，每个车轮都有一个液压分泵，根据分泵向油缸内加注油液的多少来控制车身高低，阻尼则通过控制阀门大小来调节。由于智能液压悬架具备底盘升降、悬架系统刚度可调、四轮联动等功能并满足高可靠性的需求，因而受到国内车企青睐，正在加速发展，未来潜力可期。如 2023 年 9 月上市的比亚迪仰望 U8，定位百万级新能源越野车，首次搭载自研的云辇-P 智能液压车身控制系统（见图 7-24），可实现高度、刚度、阻尼的动态调节，并具备四轮联动、露营调平等创新功能，后续将应用在比亚迪其他车型上；2023 年 12 月，蔚来发布智能电动行政旗舰 ET9，该车型搭载集成式液压全主动悬架，每个减振器高度集成独立电动液压泵，可实现比空气悬架高 60 倍的车身调节速度，将于 2025 年一季度开启交付。

3．线控悬架未来市场空间广阔

2030 年我国乘用车线控悬架市场规模或将超过 400 亿元。

随着国产替代加速以及国内厂商技术进步，叠加自主品牌车企对线控悬架的装配需求增加，预计线控悬架市场将呈现单车价值逐渐降低与市场渗透率逐渐升高的发展局面。假设 2025 年线控悬架单车价值降至 8500 元，在乘用车市场的渗透率上升至 12%；

1　信息来源于高工智能汽车。

2030 年线控悬架单车价值降至 7000 元，在乘用车市场的渗透率上升至 20%。预计 2025 年我国乘用车线控悬架市场规模将超过 270 亿元，2030 年则超过 400 亿元，2022—2030 年 CAGR 约为 22%（见图 7-25）。

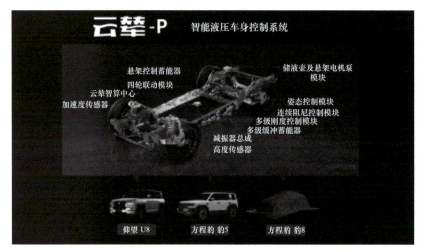

图 7-24   比亚迪云辇 -P 智能液压车身控制系统

注：信息来源于比亚迪，由中国电动汽车百人会车百智库汽车产业研究院整理。

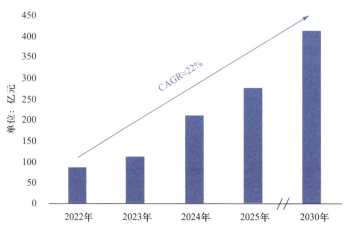

图 7-25   2022—2030 年我国乘用车线控悬架市场规模预测

注：信息来源于公开资料，由中国电动汽车百人会车百智库汽车产业研究院测算。

第五节　发展建议

下一阶段，我国线控底盘产业各主体应从行业标准、核心技术、产业链协作、培育优质企业、建设人才队伍、科学技术赋能等多方面做出行动，力争实现我国线控底盘产业自主可控、技术持续创新、产业化顺利落地的发展目标。

一、建立健全线控底盘相关标准体系

为缩短产品开发周期、提高产品质量、增强我国在线控底盘产业中的竞争力，应尽快构建我国线控底盘产业完整的标准体系，并结合产业发展逐步完善各项细则。在中短期内，需加快完善线控制动、线控转向相关的行业、技术、安全标准，如研究制定针对乘用车应用 EMB 系统的标准、明确乘用车线控转向和线控制动系统功能、编制性能及测试相关的标准规范等。另外，应推动自动驾驶对底盘冗余需求的标准建设工作，明确各场景对线控底盘系统冗余指标的具体要求。

二、加强线控底盘关键核心技术自主可控

持续加大线控底盘技术的研究与开发，对于线控制动、线控转向、线控悬架等核心子系统，进一步做好基础理论研究、技术原理研究、新技术预研、工程应用开发等工作，并加快实现电机、芯片、电磁阀、传感器等关键核心零部件的自主可控，不断提升硬件可靠性与软件安全性，从而提高客户的认可度，促进国产产

品的批量应用。此外，线控底盘新型产品与传统零部件并不完全是相互替代的关系，而是需要进行协同创新，以更好完善产品功能，打造高性价比产品。

三、推动产业链上下游协同合作，打造共性技术创新平台

加强线控底盘产业链上下游协同，引导整车企业、零部件供应商、高校及科研院所、行业协会等开展灵活多样、开放共赢的合作。对于整车企业，尽量多给国内线控底盘供应商提供合作开发、上车验证的机会，促进国内供应商提高其技术、产品、服务的水平和质量，从而使整车企业构建自主、安全、可控的供应链体系。对于零部件供应商，应加大力度提高自身研发能力和工艺技术水平，同时加强与整车企业的合作，共同建立线控底盘零部件的开发设计、测试及验证规范等，从而提升产品质量保证能力、供应链及服务体系能力。对于高校及科研院所，应加大与产业链企业的合作，促进更多科技成果转化。对于行业协会，应打造线控底盘共性技术创新平台，集中各方力量，开展核心技术攻关、关键部件研制、典型场景验证、标准制定与检测等，引领和推动线控底盘产业发展，并为政府提供决策依据。

四、集中资源培育线控底盘领域的中国领先企业

为支持我国智能电动汽车产业高质量发展，明确线控底盘是需补短板的关键领域之一。从线控底盘全产业链角度出发，梳理各个环节的关键技术、产业化需求、相关企业清单，确定发展重点和优先级。发挥政府投资基金的作用，引导资本加大对先进底盘系统及关键上游零部件的投资力度。坚持以问题为导向，创新

政策工具和服务手段，针对制约线控底盘产业链各企业面临的不同问题精准施策。争取培育出几家具有国际竞争力的我国本土线控底盘系统级供应商，并重视对上游各细分领域"隐形冠军"企业的培育。

五、持续推进复合型人才队伍建设

线控底盘技术涉及新型材料、轻量化结构、硬件设计、感知算法、数据分析、自动驾驶、芯片应用等多个范畴，应紧密结合产业需求，加快构建产学研人才培养体系，培养复合型人才。加强线控底盘相关专业的学科建设，推进学科专业交叉融合，并鼓励企业、科研院所和高校建立联合培养机制。在线控制动、线控转向和线控悬架等关键领域，加快培养和聚集一批技术专家和紧缺人才，重点支持拥有核心技术、人才、专利的优秀企业和团队发展。实施海外人才引进政策，加强人才国际交流。

六、利用数字化技术赋能线控底盘产业发展

充分挖掘线控底盘在设计研发、生产、营销运维等环节的全周期数据价值，是加速其发展的重要赋能器。在设计研发方面，可通过建立数字化协同开发平台、进行基于虚拟现实的性能验证和系统设计等，提高线控底盘开发效率。在生产方面，推动利用数字化技术改进生产流程，实现节能减排、绿色制造，并促进生产质量管理和工艺管理的优化。在营销运维方面，加快推进数字化运营工作，提升整车性能及服务体验，如基于大数据进行线控底盘安全风险评估和预警、提供"千车千面"的个性化驾乘体验等。

08

第八章

2030 年智能汽车发展展望

展望 2030 年，全球汽车智能化将加速普及。智能驾驶功能将在各车型中广泛应用，尤其是 L2 及以上智能驾驶功能将显著渗透，L3 自动驾驶有望实现规模化商用。智能座舱将从选配逐渐变为标配，为用户提供更主动、便捷、智能的人车交互体验，使车内空间逐渐演变为用户的"第三空间"。

从区域格局来看，中国庞大的市场需求和活跃的商业模式创新将引领全球智能化解决方案的应用落地；美国凭借在芯片、操作系统和 AI 算法等核心技术方面的优势，继续保持技术领先地位，但在本土应用方面可能由于传统汽车产业结构的限制而相对滞后；欧洲和日本则将结合自身在传统汽车工业和 ICT 领域的深厚积累，走出各具特色的智能化发展道路。

汽车智能化的快速发展将深刻影响产业合作模式。传统的垂直整合模式将逐渐被更加灵活和开放的合作模式所取代。软硬件授权将成为技术共享和拓展的重要途径，技术提供商将通过授权许可的方式将其先进技术赋能给其他企业。Tier 0.5 模式将成为汽车智能化领域的主要合作范式，软件供应商将与整车企业或 Tier 1 进行深度合作，共同开发和集成智能化功能，推动软件定义汽车的发展。资本投资将继续作为研发合作的重要纽带，促进技术创新和资源整合。同时，为了降低研发成本和加速技术标准化，产业联盟将更加活跃，共同定义和采购智能化软硬件。在新的合作格局下，整车企业将更加重视自主研发，以掌握核心技术并保持市场竞争力。

在技术层面，智能驾驶将朝着端到端深度学习的路线持续演进，这将极大地推动算力芯片的快速迭代，为最终实现无人驾驶的商业化应用奠定坚实的基础。在智能座舱领域，随着 AI 大模型的广泛应用，座舱芯片将朝着高集成度、高算力的方向发展，以支持更加复杂和多样化的智能座舱功能。操作系统将向整车级、AI化的方向演进，实现对车辆各个子系统的统一管理和智能控制，并为用户提供更加个性化和智能化的交互体验。

第一节　全球汽车智能化渗透率持续增长

一、全球整体发展趋势

智能驾驶加速普及，高阶功能持续渗透。 2023年，全球L1、L2智能驾驶汽车销量分别约为2814万辆、2364万辆，L1、L2自动驾驶渗透率分别约为43%、35%。在供给方面，各大车企正加强智能驾驶领域的投资，高阶智驾解决方案逐渐成熟、成本持续下降，搭载高阶智驾的车型有望从当前的20万元以上车型为主，渗透至10万元以内车型。在需求方面，随着消费者对智能化偏好增加，在购车选择中智能驾驶将从可选项变为"必选项"。同时，随着全球各国法律法规逐渐完善，L3及以上自动驾驶将正式开展规模化商用，渗透率有望持续增长。预计到2030年，全球L1辅助驾驶的渗透率将降至23%，L2辅助驾驶的渗透率将增至55%，L3及以上辅助驾驶的渗透率将接近10%（见图8-1）。

智能座舱趋于标配，AI应用持续推广。 2023年全球智能座舱渗透率约为55%（见图8-2）。消费者对座舱智能水平已提升至第二大类关键要素，成为用户购车的关键考量。随着座舱向"第三空间"转变，车内屏幕、语音交互、影音系统搭载率与质量将持续提升。同时，伴随着AI大模型的迭代更新，全球智能座舱

将加速向 AI 化发展。预计到 2030 年，全球智能座舱渗透率将
达到 80%，座舱智能化将成为标配。

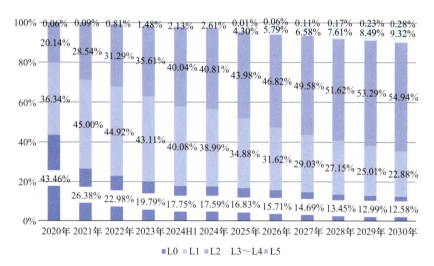

图 8-1　全球智能驾驶（含高阶）渗透率及销量预测或对比

注：数据来源于 ICVTank，由中国电动汽车百人会车百智库汽车产业研究院整理。

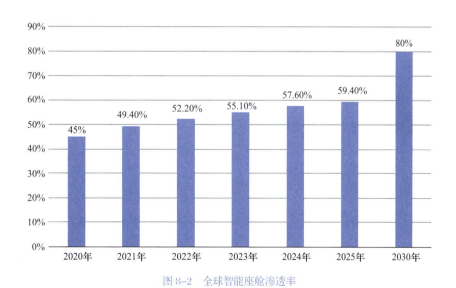

图 8-2　全球智能座舱渗透率

注：数据来源于 Omdia，由中国电动汽车百人会车百智库汽车产业研究院整理。

二、全球主要区域发展差异

中国将成为全球智能汽车最大的市场。在政府推动与市场需求下，中国智能汽车发展迅速。在政策层面，2023年底工信部等4个部门发布"智能网联汽车准入和试点运营通知"，指定北京等4个城市为试点地区；地方政府也相继出台政策，鼓励智能网联汽车发展。在市场层面，中国消费者对智能化青睐程度高，智能化已成为购车选择排第二的因素，2024年第一季度智能座舱的渗透率已达70%，远高于全球约55%的同期水平；高阶智能驾驶的渗透率也以近10%的渗透率领跑全球。高盛预计到2030年，中国L3及以上智能驾驶渗透率有望达到29.6%，高于同期的欧洲（19.7%）、日本（12.8%）和美国（6.5%）。

美国汽车智能化发展放缓。美国政府积极推动智能驾驶汽车发展，陆续发布一系列支持高级自动驾驶汽车发展与部署的指导方针与原则，包括《自动驾驶汽车4.0》《自动驾驶汽车综合计划》《无人驾驶汽车乘客保护规定》，覆盖自动驾驶产业发展愿景、技术原则、合作模式，以及全自动驾驶汽车的具体架构与设计规定。但在美国政府将中国智能化软硬件排除于美国市场之外后，相关产业政策以美国本土传统能源汽车为主，并计划将对海外汽车征收更高的关税，美国汽车智能化进度将落后于中、日、欧（见图8-3、图8-4）。高盛预测美国到2030年L3及以上智能驾驶渗透率仅约为7%。

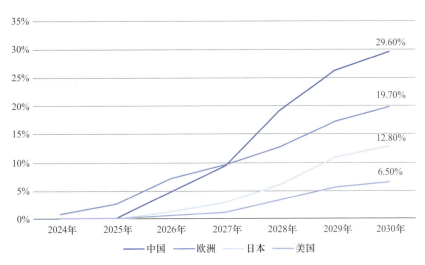

图 8-3　全球主要市场 L3 及以上智能驾驶的渗透率

注：数据来源于高盛，由中国电动汽车百人会车百智库汽车产业研究院整理。

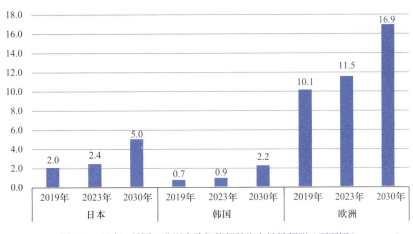

图 8-4　日本、韩国、欧洲高阶智能驾驶汽车销量预测（百万辆）

注：数据来源于地平线、灼识咨询，由中国电动汽车百人会车百智库汽车产业研究院整理。

欧洲、日本、韩国等传统汽车强国正支持更先进的高阶自动驾驶技术应用。欧盟于 2018 年发布《自动驾驶之路》，提出到 2030 年实现全自动驾驶社会的愿景，并在 2022 年实施新《车辆通用安全条例》，引入一系列强制性高级辅助驾驶系统，为欧盟自动驾驶和完全无人驾驶车辆的审批建立了法律框架。日本经济产业省与国土交通省于 2021 年联合启动 L4 自动驾驶研究、开发、示范、部署及增强型交通服务项目，并于 2022 年颁布了《道路交通法》修正案，规定了无人驾驶与自动驾驶许可制度。2023 年，日本政府计划在公路上设立自动驾驶汽车专用车道，以加速高阶智能驾驶产品的应用。韩国于 2019 年 9 月公布《未来汽车产业发展战略》，描述了其到 2030 年成为未来汽车行业领先国家的愿景，并于 2022 年公布出行创新路线图，希望确立韩国在出行领域的领导地位，并推广其创新服务。预计到 2030 年，日本、韩国、欧洲智能驾驶汽车销售将分别达到 500 万、220 万和 1690 万辆。

第二节　全球智能化零部件产业发展趋势

一、智能化零部件市场规模快速增长

在汽车智能化转型的驱动下，全球智能汽车市场规模在未来几年内将保持高速增长。在智能汽车市场中，高阶智驾解决方案和智能座舱软硬件是增长市场规模的主要驱动力。随着高阶智驾解决方案渗透率增长、单车价值增加，智能驾驶解决方案市场规模将从 2023 年的 619 亿元增长至 2030 年的超过 1 万亿元，年复合增长率接近 50%（见图 8-5）。智能座舱软硬件价值持续稳定增长，在多屏化、多模态交互、AI 应用等趋势下，预计到 2030 年，智能座舱市场规模将达到近 5000 亿元（约 681 亿美元）（见图 8-6）。

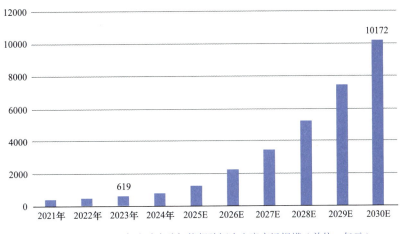

图 8-5　2021—2030 年全球高阶智能驾驶解决方案市场规模（单位：亿元）

注：数据来源于地平线、灼识咨询，由中国电动汽车百人会车百智库汽车产业研究院整理。

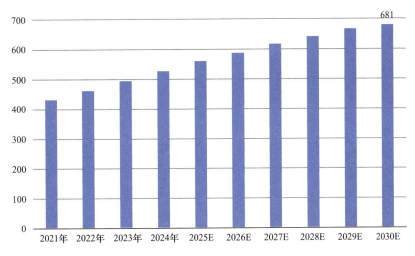

图 8-6　2021—2030 年全球智能座舱市场规模（单位：亿美元）

注：数据来源于 Omdia，由中国电动汽车百人会车百智库汽车产业研究院整理。

二、智能化零部件重塑供应链格局

中国有望在全球引领汽车智能化应用。随着中国逐步实现先进制程自主化，自主操作系统渗透率持续扩大，中国将在技术上紧追美国，并凭借具备优秀的智能化、工程化经验，更具性价比的产品方案成为全球供应链主要选择。在硬件方面，中国将达到世界先进水平。随着集成电路制程工艺逐步突破，中国智驾、智舱计算芯片将达到仅次于美国的先进水平。同时，在智驾产品快速迭代下，激光雷达、摄像头、毫米波雷达等传感器，以及线控油门、线控转向、线控制动、线控悬架等零部件将全面本土化生产。在软件方面，中国产品将逐渐成为全球主要选择。随着华为、Momenta 等企业为全球 Tier 1 及整车企业提供从低阶到高阶的高效、高性价比的智能驾驶解决方案，智能座舱软硬件解决方案市场规模逐步扩大，中国智能座舱解决方案全球渗透率将达到 37%。中国的操作系统如鸿蒙、斑马智行将跟随解决方案共同出海，成为全球主要选择。同时，百度、阿里巴巴、字节跳动、智谱等企业研发的 AI 大模型更具性价比，与操作系统和应用结合具备领先优势。但受限于地缘政治因素，中国软件、算法全球化进程将较为缓慢。

美国将引领全球智能化核心技术。美国新一届领导人上任后将加强科技领域"小院高墙"策略，进一步限制非盟友国获得先进技术的可能性，北美核心技术在全球将保持领先。在硬件方面，美国企业将拥有先进制程优势。到 2030 年，芯片制程将演进至 1 纳米级别，英伟达、高通、特斯拉等将在算力、能效比等关键参数具备优势。如特斯拉表示，下一代自动驾驶芯片 AI5.0 的算力、能效比将达到目前 HW4.0 的 10 倍以上和 5 倍以上，算力将超过 3000 TOPS，这是当前国内领先的地平线 J6P（560 TOPS）及华为 MDC810（400 TOPS）5 倍以上。在软件方面，北美将保持操作系统生态优势。黑莓 QNX、谷歌安卓结合工业、消费电子等领域发展生态。如谷歌安卓是全球最大的移动端操作系统，累计搭载设备数量达数十亿部；黑莓 QNX 除在全球超过 2.55 亿辆汽车上搭载外，还广泛应用于工业控制、医疗器械、轨道交通、航空航天等领域。同时，得益于云端算力的充足供给，北美在智能驾驶算法、AI 大模型领域通过更快迭代保持技术优势。特斯拉已拥有 100 EFlops 算力，超过国内所有车企算力之和；OpenAI 预计将号召美国投入 7 万亿美元投入 AI 基础设施，目前其与博通、台积电正合作开发 1.6 纳米制程的算力芯片。但美国高阶智驾对第三方企业工程实施能力有限，AI 大模型受成本约束应用范围偏窄。

欧洲将在细分领域保持技术优势。欧洲地缘政治影响小，智能化单点创新能力强。在硬件方面，随着欧洲芯片产业政策落地，台积电欧洲芯片代工厂 12～28 纳米工艺实现量产，欧洲的 MCU、毫米波雷达、超声波雷达等基础控制、感知芯片将随之迭代，在全球汽车芯片领域的市场占有率有望从目前的约 20% 提升至 30%。在基础软件方面，以欧洲为主导的 AUTOSAR 基础软件标准仍将在中低端车型中保持优势。欧洲整车企业及零部件企业在全球市场依然将保持市场占有率优势，但由于缺少本土驾驶与座舱智能化研发能力，产业发展以系统方案整合为主。

日韩将延续基础硬件优势。日韩作为美国盟国，具备一定地缘政治优势。在硬件方面，日韩设计与制造的先进制程芯片将延续现有优势。如韩国具备 3 纳米芯片制造能力，日本 Rapdius 2 纳米工厂有望在 2030 年前投产。同时，三星 5 纳米汽车座舱芯片已出样，即将大规模量产；瑞萨 3 纳米制程跨域融合芯片将于 2027 年规模化量产。但日韩软件开发能力偏弱，未来将结合全球基础软件与应用软件进行二次开发（见图 8-7）。

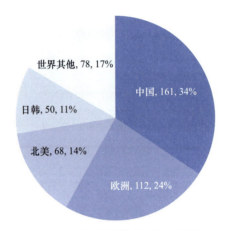

世界其他, 78, 17%

中国, 161, 34%

日韩, 50, 11%

北美, 68, 14%

欧洲, 112, 24%

图 8-7　2030 年全球汽车电子及软件市场分布（单位：10 亿美元）

注：数据来源于麦肯锡，由中国电动汽车百人会车百智库汽车产业研究院整理。

三、供应链开发合作模式多样化发展

软硬件耦合成为智能化供应基础。汽车智能化发展的实质是汽车从机电一体化的机械终端，逐步转变为可扩展、可持续迭代升级的移动终端。在智能化驱动下，软件及软硬一体的硬件将成为汽车产业发展重点。预计到 2030 年，全球汽车电子细分领域市场规模将从 2020 年的 2380 亿美元增长至 4690 亿美元，年复合增长率达 7%。其中，软件及集成、验证市场规模将从 230 亿美元增长至 840 亿美元，ECU/DCU 硬件市场规模将从 920 亿美元增长至 1560 亿美元，合计在汽车电子市场中占比超过 50%（见图 8-8）。

全球化下的软件本土化供应模式兴起。汽车需采集大量个人信息与道路信息，如智能驾驶将采集道路信息与行人信息，AI 语

音助手需要收集声纹和对话内容等。汽车智能化涉及多部门法律约束，全球已有130多个国家通过了数据保护相关法律，如美国在2024年立法规定生物识别、地理位置数据只能在美国本土存储；韩国未经有关政府部门许可不得将土地测绘结果携带出境。此外，全球各国消费者的宗教信仰、使用习惯、常用软件、驾驶习惯均存在差异。通过数据本土化采集、存储、使用，开发本土化软件，将成为全球汽车智能化发展的主要方式。Momenta、元戎启行、蔚来等已在德国设立智驾开发中心，开展智驾算法本土化开发。

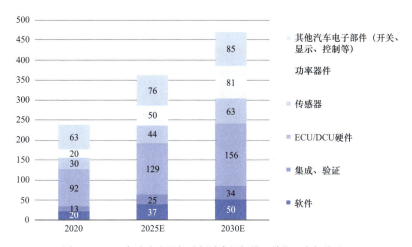

图 8-8　2030 年汽车电子细分领域市场规模（单位：十亿美元）

注：数据来源于麦肯锡，由中国电动汽车百人会车百智库汽车产业研究院整理。

展望 2030 年，汽车智能化合作模式将进一步发生变化。

（1）软硬件授权将成为先进技术拓展方式。为了防止核心技术外泄，高科技企业倾向于通过软硬件授权的方式与外部合作伙伴开展合作。在这一方式下，车企获得授权后，需对现有车型进行电子电气架构的适配与调试，即可使用相关的智能驾驶或智能座舱 AI 技术。如特斯拉宣布其智驾软件 FSD 可对外授权，目前已接洽欧洲、日本、中国主流车企讨论相关事宜。但软硬件授权通常采用"黑盒"模式，这不仅要求汽车制造商对现有车型进行深层次的电子电气架构改造，还可能需要与 Tier 1 合作或自行完成复杂的二次开发工作。因此，这种方式更适合那些拥有强大开发能力和丰富资源的领先汽车制造商。

（2）**Tier 0.5 成为全球智能化主要合作模式。**由于汽车智能化涉及整车电子电气架构的设计，需要从项目初期就开始深度介入，因此传统的汽车供应链模式已无法满足这一需求。Tier 0.5 将贯穿汽车的整个生命周期，包括前期的产品策划与技术研发、中期的零部件供应以及后期的车辆运营与数据采集。如在华为的鸿蒙智行模式中，华为不仅参与了整车智能驾驶和智能座舱功能的研发与定义，还负责相关软硬件的选型工作；Mobileye 在与吉利和领克的高阶智能驾驶合作中，提供了完整的解决方案堆栈，涵盖硬件和软件、驾驶策略和控制系统。但 Tier 0.5 模式企业在拓展国际市场时会面临诸多挑战，如芯片供应、数据安全和算力支持等，因此必须采取有效的合规措施，确保业务的顺利推进。

（3）**资本投资将成为研发合作组带。**传统汽车制造商在软件研发能力方面相对较弱，因此资本投资、合资模式并绑定双方企业的共同发展，将成为大型海外车企的重要合作模式。这种合作模式不仅能够充分利用中国企业的开发能力，还能反哺全球市场，提升整体竞争力。如大众斥资 7 亿美元投资小鹏汽车，小鹏汽车将进一步接管大众在中国几乎全部车型的电子电气架构，未来将研发出面向中国市场的整车平台 CMP，延伸至大众的全球化电动车型平台 MEB；引望（华为车 BU）已获得长安、赛力斯等超百亿元投资；丰田、上汽、通用等投资 Momenta，以共同开发高阶智驾。但资本投资模式可能会遭遇控制权、股权纠纷等问题，需在成立之初设计好相关条款。

（4）以产业联盟形式，共同定义和采购智能化软硬件。随着汽车智能化的发展，软硬件接口不统一、开发流程不一致将成为汽车智能化过程中的重大挑战。通过成立联盟，统一软硬件接口和API，并共同采购软件，可以有效降低软件开发成本。同时，汽车智能化领域将逐步形成新的软硬件标准体系，联盟有望主导这些标准的制定。如丰田、本田、日产、三菱建立汽车智能化、电动化战略合作联盟，计划统一车辆控制系统软件接口的标准。然而，联盟的建立和标准化过程较为复杂，预计到2030年可能仍无法完全实现统一。

（5）整车企业将加强技术自研与技术可控。汽车智能化采购成本较高，如第三方智能驾驶解决方案成本大约为3000～20000元；智能座舱AI大模型按量付费生命周期成本较高，如采用OpenAI最新模型GPT-4o单次语音交互成本达0.2～0.3元。通过自研硬件、算法将有效降低采购成本，提升整车企业的市场竞争力。特斯拉自研芯片、电子电气架构及操作系统；理想、蔚来、小鹏智驾芯片已流片、算法全栈自研，以降低采购成本，实现差异化竞争；比亚迪正逐步自研算法与芯片，预计将在10万元级别海洋网系列车型上标配智能驾驶。整车企业自研与第三方供应商的竞争，将成为汽车智能化发展的主要驱动力。

四、核心技术快速迭代

1. 智能驾驶

智能驾驶向端到端技术路线演进。端到端技术路线可以减少传统算法信息传递时的噪声和减损，提升算法运行效率，不需要人工编写规则和代码，具备较强的泛化能力，这不仅可以提升智驾系统落地效率，还能提升驾乘体验，让车开起来更像"老司机"中的好司机。在技术上，端到端模型正从模块化走向视觉语言大模型，乃至世界模型。

端到端技术路线将推动算力芯片加速迭代。该技术路线对云端算力与车端算力均提出了数量级的提升需求。智能驾驶端到端技术路线需要在云端处理大量标注数据及训练模型，训练数据量需达到千万 Clips 级别，云端算力需达到 1 EFLOPS，理想算力需达到 100 EFLOPS 以上。车端智驾芯片算力需求大幅增长，如特斯拉 HW3.0 的 144 TOPS 已无法运行其完整的端到端模型，下一代芯片算力将超过 3000 TOPS；元戎启行新一代 VLM 端到端模型需 700 TOPS 的英伟达 Drive Thor 芯片才能完整运行。未来，车端平均算力有望达到 3000 TOPS，以满足更强智能驾驶模型算法运行需求。

在端到端技术路线下，全无人驾驶将正式商用。随着 AI 技术的进步，端到端模型有望突破行驶区域限制，成为真正的无人驾驶车辆，全球主要企业正朝该技术路线加速发展。特斯拉无人驾驶出租车预计将于 2027 年实现量产，Waymo 也正结合 AI 大模型采用端到端模型训练；百度萝卜快跑第六代无人车应用了 Apollo ADFM 大模型方案；卡尔动力基于端到端技术的无人驾驶商用车也正式落地。高盛预计到 2030 年，全球 L3 智能驾驶渗透率有望达到 10%，而 L4 全无人驾驶渗透率有望达到 2.5%。

2．智能座舱

智能座舱将走向 AI 化。AI 大模型在汽车座舱中的应用正在重塑用户体验，推动座舱成为生活、工作之外的"第三空间"，有望形成基于汽车原生的"好玩"体验。AI 将带来人机交互的升级，从被动接收指令到主动感知舱内人员意图，任务执行从授权执行到主动执行，充分调用车内功能，可实现如智能加油提醒、堵车或疲劳场景主动聊天、根据车内外环境动态控制温度等功能。AI 将提供更强大的互联和计算能力，除车内人员、车辆本身外，综合车外环境 - 家居 / 手机互联的多源信息，提供更广泛的场景体验。

座舱计算芯片向高算力、高集成度发展。智能座舱中 AI 大模型的端侧部署，资源消耗多、计算要求高，提升车端算力及使用效率成为优化 AI 体验的重点方向。高通、联发科、英特尔的座舱芯片算力从上一代的不足 10 TOPS 提升至 30 ～ 300 TOPS。芯片集成度提升打造整车 AI 智能体。随着 AI 大模型走向文字、音频、视觉的多模态交互，汽车计算芯片正向更复杂的异构集成方向发展，不仅包含 CPU、NPU 等计算单元，以及 GPU、DSP、ISP 等图像、音频、视觉处理单元，用于处理感知信息，还需纳入各类通信、网络接口以打通不同车身域，支持更丰富的应用。此外，一芯多用还可复用单芯片算力，降低智能驾驶与智能座舱硬件成本。目前主流芯片企业如英伟达、高通、联发科、瑞萨、地平线、黑芝麻智能等均已发布跨域融合产品。高通即将发布的 8797 中央计算芯片，融合了 AI 座舱与高阶智驾功能；英伟达 Thor 具备舱驾融合能力。

操作系统向整车化、AI 化演进。一方面，AI 助手或 AI 管家需要调用各类车载软硬件提供的服务，以向用户提供完整体验。

这将加速电子电气架构向集中化方向演进，域控操作系统向整车操作系统演进，加速整车软件的 SOA 化。另一方面，AI 上车将驱动操作系统向 AI 化方向演进，从简单接入 API、集成和支持 AI 明星应用（AI in OS），到利用 AI 技术来提高操作系统的安全性、稳定性和性能（AI of OS），再到远期针对 AI 设计操作系统（OS for AI），将 AI 内化为系统级能力（AI as OS）。